DE CHANT ET D'AMOUR

www.editions-jclattes.fr

Virginie Tharaud

DE CHANT ET D'AMOUR

Roman

JC Lattès

Ouvrage publié sous la direction
de Arlette Nachbaur

Maquette de couverture : Atelier Didier Thimonier
Illustration : Jean Carolus, *Le Récital* © Bonhams / Avec la collaboration de l'agence LA COLLECTION

ISBN : 978-2-7096-5613-9

Première édition novembre 2016.

I.

1.

— Adélaïde !

La petite sursauta. Jamais sa mère n'avait usé de ce ton en public. La colère enflammait ses yeux clairs. Son mouchoir de col, les dentelles, la cotonnade à l'indienne délicatement froncée sur les paniers, tout tremblait. L'heure était grave.

Lâchant les rênes de la jument, Adélaïde sauta à terre et courut vers elle. Inutile de prendre son air contrit, c'était celui qu'elle réussissait le moins. D'ailleurs Mme de Villars détestait la comédie. Il n'y avait qu'une chose à faire, amende honorable sans chercher à se justifier. Mais que dire ? Que tout était sa faute ? Qu'elle n'aurait pas dû entraîner Madelon à la découverte de ce petit chemin derrière l'étang et s'enfoncer dans la forêt...

La première phrase semblait déjà trop longue pour calmer sa mère. Malgré sa belle obstination à fuir le soleil, son visage s'était empourpré. Les plaques rouges attaquaient avec indécence jusqu'au maigre décolleté. Il faudrait tant d'eau de cerfeuil pour réparer l'outrage ! Antoinette de Villars le sentait. Elle oscillait d'avant en arrière sur le perron, rageuse, cherchant à retrouver une contenance à l'ombre protectrice du château.

La Mauvesinière dressait orgueilleusement derrière elle ses deux ailes qui s'épaulaient de coin, inébranlables.

Trois étages de pierre austère, portes et frontons identiques, fenêtres alignées, rien ne les différenciait. Même la multitude des cheminées s'organisait en miroir sur leurs toits. Pourtant çà et là, sans aucun égard pour la symétrie, des bouquets d'herbe vagabonde surgissaient comme des clins d'œil. La petite réprima un sourire. Sous ses airs bien élevés, cette maison n'était pas plus sage qu'elle.

— M'écoutez-vous, mademoiselle ?

Le nez pincé reparut brusquement devant la façade. Quelle bêtise de l'avoir quitté des yeux ! Mme de Villars étouffait maintenant.

— J'en ai assez de vos incartades, s'écria-t-elle, des bas déchirés dans les arbres, de vos courses folles jusqu'aux métairies ! Devrai-je bientôt vous faire repêcher en chemise dans la rivière ? Vos bras sont plus écorchés que ceux d'une servante. Vous ne me laissez plus le choix. Puisqu'il en est ainsi, vous n'aurez plus le droit de sortir de cette maison, dussé-je vous y enfermer jusqu'à la fin de vos jours !

Exaspérée, elle se tourna vers sa sœur.

— Élisabeth, conduisez-la immédiatement dans sa chambre.

L'ordre n'admettait aucune réplique. La vieille demoiselle redescendit sur terre, affolée. Elle avait renoncé depuis bien longtemps à contrer sa cadette et à se mêler d'éducation. À peine lui restait-il ce petit sursaut des épaules, volontaire, qui la sauvait de toute défaite. Elle prit Adélaïde par la main et pénétra dans la maison. Les volets tirés avaient résisté au soleil de midi. La fraîcheur était délicieuse. Elles frissonnèrent tandis que la voix claironnante les poursuivait dans l'escalier :

— Et je veux qu'elle y reste en prière jusqu'à l'arrivée de monsieur le curé, vous m'entendez bien, ma sœur ? Pour une fois, veuillez oublier votre indulgence naturelle pour cette enfant et la sermonner comme elle le méri…

L'écho du palier avala sa colère. Adélaïde soupira. Le pire était passé, elle aurait aimé ralentir, mais Élisabeth attaquait déjà la deuxième volée sans demander son reste. Sa grande taille l'emportait toujours trop vite. La petite sauta quelques marches pour ne pas la perdre. Le couloir, la chambre, la fenêtre claquée sur la chaleur de juillet. Le colombier disparut avec son air penché et sa façade à trous, parfaite pour l'escalade. Elle s'assit en silence sur son lit.

Comment réclamer des explications après la scène orageuse qu'elle avait provoquée ? Elle aurait blasphémé que ses parents n'auraient pas paru plus outragés. Élisabeth elle-même, si douce d'ordinaire, avait pris cette mine sévère qu'elle réservait aux enterrements. Ce n'était pourtant pas la première fois qu'elle s'aventurait trop loin dans le bois avec Madelon et où était le drame puisque M. Carrier, l'intendant du domaine, les avait trouvées par hasard et ramenées à cheval ? En vérité c'était une histoire merveilleuse, comme dans cette gravure du salon où le paysan courageux ayant sauvé son maître, tous les personnages s'embrassent, oublieux de leur rang… Oh, la joie de ces retrouvailles ! Tout au long du chemin elle en avait rêvé, mais en lieu et place d'une famille attendrie voilà que l'attendaient sa mère écarlate, sa tante le nez bas et son père plus furieux que jamais. D'un coup de menton, il avait intimé à son intendant de le suivre. Son amabilité s'arrêtait là. M. Carrier le savait, il avait l'habitude de laisser ses bottes battre le sol et répondre pour lui. Les portes claquées, les échos de voix dans l'antichambre, dieu que cette discussion semblait rude. Et maintenant l'abbé qui était mandé sans attendre pour sa confession ! Qu'avait-elle donc fait de si terrible ?

Elle ne savait comment interroger sa tante. Élisabeth traversait la pièce de long en large. Malgré le bruissement délicieux de la jupe en taffetas, son pas manquait de grâce et de féminité.

— Adélaïde, votre mère a raison, vous devriez avoir honte de vous ! Jouer ainsi les sauvageonnes avec Madelon… oubliez-vous qu'elle n'est que la fille de votre nourrice ?

Quelle idée de disparaître avec elle pendant des heures, pour mettre le monde entier en émoi et vous faire finalement ramener par ce…

Ses lèvres se pincèrent aussi vite que l'on retire le lait du feu.

— La présence de M. Carrier a aggravé ma faute, n'est-ce pas ? lâcha la petite.

— Pourquoi pensez-vous cela ?

— Je l'ai lu dans vos yeux.

— Dieu du ciel !

Élisabeth se figea.

— Mais quand apprendrez-vous à être sotte, mademoiselle de Villars ?

Les trois mots magiques. Aussitôt la tendresse illumina son visage ingrat, les pommettes trop hautes sous le chignon et le regard doux qui manquait d'éclat. L'enfant s'élança contre elle. Au diable l'étoffe raidie du corps à baleines, c'était là son vrai refuge ; chagrins et cauchemars s'y envolaient depuis qu'elle était toute petite.

— Oh, quelle affreuse question, mon petit oiseau, murmura Élisabeth, je ne sais quoi vous répondre. Parler de ce M. Carrier, c'est vous parler du passé, d'argent, de droits… et de guerre !

Le mot avait explosé si grossièrement dans sa bouche que, déconcertée, Adélaïde se tut. Jamais elles n'avaient abordé pareil sujet. Le silence s'éternisa. Là-haut sa tante la berçait, grande comme un militaire, cherchant ses mots.

— Voyons, par où commencer… Vous savez, mon enfant, qu'avant votre naissance une guerre a opposé notre pays et ses alliés à l'Angleterre et aux Pays-Bas pour la succession du trône d'Autriche ? Votre père avait loué un appartement à Paris où il pouvait nous rejoindre entre deux campagnes et c'est là que vous êtes née, par cet été torride de 1748. Oh, seigneur, j'ai bien cru qu'Antoinette mourrait de chaleur et qu'il ne resterait que vous, vigoureuse et braillarde dans vos langes, pour accueillir messire de Villars s'il rentrait !

D'une main, elle chassa les mauvais souvenirs, comme un vol de mouches.

— Enfin par la grâce de Dieu tout le monde a survécu, soupira-t-elle, mais plus de guerre, plus d'armée, Adélaïde. Le roi alloue à ses officiers un mois de solde et une pension ridicule. Que reste-t-il à un colonel qui a acheté son régiment ? Une pension d'à peine mille cinq cents livres ! Une misère que seule la Mauvesinière peut cacher ! Nous avons repris la route et retrouvé le domaine que M. Carrier avait dirigé seul pendant toutes ces années.

— M. Carrier était déjà là ?

— Bien sûr, à sa place d'intendant, et je le détestais ! C'est un homme prétentieux, qui tient trop à cette autorité acquise en l'absence de son maître pour rabattre son orgueil devant lui. Il laisse des manants chasser sur nos terres, présente des comptes parfaitement faux et ment comme il respire à votre père ! Et dans cet affrontement quotidien, obliger Jean de Villars à être son débiteur… Oui, mon enfant, vous venez de lui offrir une victoire qu'il n'est pas près d'oublier !

La petite ouvrit des yeux ronds. Jamais elle n'aurait cru en avoir tant fait.

— Mais ce n'est pas vraiment votre faute, s'écria vivement la demoiselle, comment auriez-vous pu comprendre ces choses du haut de vos huit ans ? Ah, je déteste notre vie ici… cette solitude campagnarde me porte sur les nerfs. Si seulement nous habitions Paris.

— Mais alors vous connaissez la capitale, ma tante ? murmura Adélaïde. Et vous ne me l'aviez jamais dit ! Y avez-vous vécu longtemps avec ma mère ? Et nos domestiques ? Où cela ? Près du Louvre… de la Seine ?

— Seigneur, mon drôle de petit oiseau, coupa Élisabeth en bâillonnant le flot de ses questions d'un rire léger, une seconde le drame et d'un coup d'aile la curiosité ! Où donc avez-vous pêché un tel caractère ? Mais je préfère vous voir cette mine heureuse, allez… que voulez-vous donc que je vous raconte ?

Elle se cala sur l'oreiller, attentive. La petite battit des mains. La punition s'envolait.

— Pourquoi avez-vous été à Paris ?

— Parce que j'y ai suivi votre mère, voilà tout. Elle était ma sœur cadette, elle s'était mariée et moi je n'avais rien. Votre père m'a offert une grande chance en me permettant de partir avec eux.

— Pourquoi ?

— Pourquoi ? Eh bien, parce que le destin ne s'est pas présenté deux fois à la porte de notre vieux château d'Allière. Une famille de notre rang, même sang, même ruine. Mes parents ne pouvaient doter qu'une de leurs filles et Jean de Villars a choisi Antoinette… Mais vous vouliez que je vous parle de Paris, mon enfant ! Il n'est rien là qui puisse vous plaire, croyez-le bien. Un dédale de ruelles coupe-gorges et de grandes rues bruyantes où un carrosse ne demande qu'à vous faucher, un air vicié par les déchets des commerces que le fleuve lui-même ne peut emporter…

— Mais vous le regrettez.

Échappant à sa joue câline, Élisabeth sauta sur ses pieds et tournoya au milieu de la chambre.

— Auriez-vous oublié, mademoiselle, que votre tante a la plus jolie voix du canton ? Sachez que j'ai été engagée dans la Musique du Roi. Je chantais dans les chœurs à Versailles !

— À Versailles ? Vous, ma tante ? Vous avez vu le roi ?

Adélaïde ne pouvait le croire. Sa tante si peu attachée à sa mise, qui portait les mêmes robes depuis huit ans, qui ne commandait un gant que quand le précédent lui sortait un trou, qui arborait chaque jour un chignon parfaitement fidèle à celui de la veille, sa grande tante toute simple parmi les ors de cette parade orgueilleuse ! Elle ne savait plus comment la regarder. Ce n'était pas pour déplaire à la demoiselle.

— Non, je n'ai pas vu le roi, mais la Pompadour, la favorite.

— Qu'est-ce qu'une favorite ?

Élisabeth porta une main à sa gorge comme elle le faisait toujours avant d'entrer dans une pièce. La confusion la défigura une seconde, ce beau rouge flamboyant qui lui montait aux joues le dimanche, à l'église, pour communier devant tout le village.

— C'est une grande amie, une…

Deux coups discrets la sauvèrent de l'apoplexie. Elle se précipita vers la porte. Madelon tortillait son jupon.

— Monsieur le curé est à la chapelle, murmura-t-elle.

La mine cramoisie de sa maîtresse ne lui dit rien qui vaille. Elle avait reçu assez de sermons pour aujourd'hui et préféra se sauver. Adélaïde aurait volontiers suivi l'écho de ses sabots, mais Élisabeth rajustait sa coiffure.

— Allons, un peu d'ordre, je vous prie. Descendez calmement et ne faites pas attendre le père Gabriel.

Elle montrait son sourcil en accent circonflexe. La petite promit. Son aventure avait pris un tour si inattendu. Comment aurait-elle pu imaginer que sa tante avec qui elle chantait à la messe, s'amusant à composer des contre-chants tout au long de l'office, avait appartenu à la Musique du Roi ? Elle n'était même pas sûre que Madelon comprenne l'importance de cette découverte. En bonne paysanne, l'imagination n'était pas son fort. Qu'importe, elle en avait pour deux et il serait bien temps de tout lui raconter demain.

Elle sauta gaiement les marches jusqu'au rez-de-chaussée. Là, il fallait ralentir : la chapelle était en réalité une crypte glacée où mettre un pied était la première des pénitences et ses marches effilées tournaient sur elles-mêmes jusqu'à tuer le bon chrétien s'il n'y prenait garde.

Monsieur le curé l'attendait sur une chaise. Son air fermé ne la surprit pas. Cette confession qui le privait de sa sieste ne l'incitait guère à l'indulgence. Adélaïde savait que sa mère demandait à cet espion de lui parler beaucoup. Elle n'omit rien de ce qui pouvait offenser Dieu mais tout ce qui pouvait offenser Mme de Villars. Il restait peu à dire. L'abbé la dévisagea avec déception. Il ressemblait à Madelon quand elle ne lui volait pas de dessert.

— Est-ce bien tout ? Quelle sagesse, mon enfant ! Parlez-moi de votre escapade alors. J'espère que vous avez compris l'importance de votre faute. Croyez-vous que le Seigneur puisse vous pardonner ce soir ?

La question était difficile. Le bon Dieu, elle n'en doutait pas. Elle secoua la tête dans tous les sens possibles.

— D'ailleurs souhaitez-vous seulement être pardonnée ? s'écria-t-il. Rien ne m'étonne plus chez vous, je sais trop ce que cache cette petite tête orgueilleuse !

D'une main il fit bouffer la masse des boucles châtaigne. « La chevelure de ta grand-mère, l'héritage des Villars », déclamait sa mère avec une moue méprisante quand elle songeait à poser les yeux sur elle. Elle recula, vexée. L'expression mécontente de l'abbé, ses joues fardées, sa mise élégante, la soutanelle courte relevée sur les bas noirs, tout lui déplaisait. Mais il ne savait pas se taire.

— C'est bien ce que je pensais, le pardon vous importe peu ! Qu'avez-vous donc en tête, mademoiselle ? Que souhaitez-vous, enfin, pouvez-vous me le dire ?

Ses manches de dentelle virevoltaient avec autorité sous son nez. Elle eut envie de le voir s'étrangler.

— Je souhaite la guerre, murmura-t-elle.

Il s'étrangla effectivement.

— Ma tante aussi ! ajouta-t-elle aussitôt pour amenuiser ces paroles qui, à la couleur que prenait son cou, lui parurent un peu vives.

— Votre tante… ?

— Oui, ma tante Élisabeth, elle s'en excuse auprès du bon Dieu mais elle la voudrait bien tout de même.

— Vraiment, vraiment, bégaya-t-il, voilà des propos dont je vous tiendrais rigueur, ma fille, si je ne les savais liés aux circonstances.

Elle sursauta. Heureusement, il ne la regardait plus. Il tournait en rond, battant l'air glacé de la crypte à deux bras comme s'il transpirait. Mais cette promenade ne sembla pas le calmer beaucoup. Son regard la transperça.

— Voyons, il suffit. Pourquoi voulez-vous donc la guerre, mademoiselle ?

— Je ne la veux pas… j'aimerais seulement que Dieu permette à ma tante de regagner Paris avec ma mère parce que ça lui ferait plaisir.

— Et à vous ?

Elle hésita.

— Peut-être, avoua-t-elle.

Il hocha la tête comme s'il s'énumérait mille arguments. Ses lèvres tambourinaient l'une contre l'autre. Au moins avait-elle eu la bonne idée, sans y penser, de mettre sa mère dans l'histoire. La balance en pencherait peut-être au jugement dernier.

— Je vois que vos prières sont pures, admit-il enfin, bien qu'elles soient pour le moins désarmantes et finalement prémonitoires… mais ne croyez surtout pas que le Seigneur vous ait entendue ! Car vous en êtes capable, Adélaïde de Villars, vous qui pensez tout savoir et qui ne comprenez rien ! Tenez, si je vous disais que les Anglais viennent de saisir trois cents de nos navires de commerce, que la France et l'Angleterre n'attendaient que cela pour s'opposer à nouveau car le traité d'Aix-la-Chapelle n'a rien réglé, pourriez-vous disserter longtemps sur le sujet ?

Il lui releva le menton mais ne rencontra que ses yeux d'enfant, si prompts à s'échapper.

— Vous pouvez être contente, soupira-t-il. La France est agressée et abandonnée par le roi de Prusse. Elle est bien obligée de se laisser entraîner dans ce conflit. Personne ne sait ce que notre pays y gagnera mais vous, mademoiselle, vous y gagnerez sans doute Paris. Agenouillez-vous.

Elle obéit par réflexe. Son cœur battait tellement fort qu'elle n'avait qu'une peur, c'est qu'il l'entende. Mais non, il avait pris sa bible et en tournait les pages. Deux Pater, deux Ave, un évangile pour sa conscience, la sentence tomba avec une bénédiction du bout des doigts. Elle se garda bien de souligner cette avarice. Pas de questions, pas de morale, son péché semblait oublié. Déjà il passait l'arc de pierre et époussetait son bel habit. Qu'allait-il raconter à Mme de Villars ? Pour la première fois, elle l'avait mis dans l'embarras.

Une douce envie de rire l'envahit. Elle baissa le nez et fit mine de se plonger dans sa lecture : « Chapitre selon saint Jean. » Les caractères minuscules dansaient sur la page. Elle relut trois fois la première phrase, incapable d'y trouver le moindre sens.

Versailles brillait de mille feux dans son missel.

*

La porte s'ouvrit. Elle lâcha la bible où son souvenir s'était perdu. Nicolas entra avec un plateau, le posa sur le guéridon, reprit le déjeuner auquel elle n'avait pas touché et vérifia les rideaux. Les gestes habituels, la routine. Il ne jeta même pas un œil au feu qui se mourait. La serrure claqua deux fois.

Elle frissonna. Sa chambre était glacée, plus encore que la chapelle autrefois. Le ciel de novembre filtrait à peine entre les planches clouées de la fenêtre et ne lui laissait plus discerner le jour de la nuit. Heureusement que la rue de la Harpe, étroite et commerçante, résonnait de mille échos. En fermant les yeux elle imaginait des visages, des couleurs, parfois même des histoires insensées. Compter les jours et revivre le passé ne lui suffisaient plus. Trois mois qu'elle n'avait quitté cette pièce pour respirer l'air de Paris. Trois mois que seul Nicolas changeait ses chandelles, son broc de toilette et ses pots de chambre sans un mot, en automate. Sans doute était-elle devenue une autre ; cette réalité l'enfermait mieux qu'aucune serrure au fond de sa prison.

Car si le vieux domestique qui l'aimait depuis dix-huit ans ne la voyait plus, où pourrait-elle encore aller sans être damnée ?

2.

Nicolas avait été le seul valet à être du voyage quand la soubreveste bleue avait porté son message royal à la Mauvesinière. L'abbé ne s'était pas trompé, la guerre était inévitable. Qu'elle s'en était sentie heureuse alors ! Une plume au chapeau, le mousquetaire avait sauté de cheval et sonné le branle-bas de combat des malles et des panières. Toute leur vie s'était pliée, en acrobate de foire, dans deux voitures sur lesquelles Nicolas avait veillé orgueilleusement ; sans doute était-il trop vieux et trop fidèle pour être oublié. Côte à côte, ils avaient supporté les embarras du voyage, les ornières de boue, l'entrée dans Paris et la surprise du quatre pièces en enfilade.

La rue de la Harpe s'étirait à leurs pieds. Face à leurs fenêtres les larges vitrines du pâtissier Lesage éclipsaient celles de La Gibecière, de l'Arbalestre et du chapelier À la main fleurie. Un gant de tôle peinte, enseigne d'un gantier-parfumeur, se balançait à sa poterne en reflétant les humeurs du ciel parisien. À certaines heures, l'air embaumait l'odeur croustillante et fumeuse des rôtisseurs de la rue de la Huchette, qui débouchait à l'angle. Adélaïde s'y rendait avec sa tante pour observer les marchands ambulants : « Croquets, gobets, craquelins, pâtés chauds… » Elle avait mis des semaines à comprendre leurs drôles de cris ! Nicolas était aussi perdu qu'elle. Le patois des confréries, celui des porteurs d'eau auvergnats, des raccommodeurs de faïence normands ou des petits scieurs de bois savoyards, réclamait un véritable apprentissage. Il avait fallu engager une servante à l'oreille exercée.

Les sorties n'étaient pas toutes aussi plaisantes. Se rendre à l'église Saint-Séverin pour l'office était un défi. Le vacarme des carrosses, les pavés crottés, les arrière-boutiques nauséabondes lui soulevaient le cœur. Plus question de sortir seule. La permission de sa mère et le bras de sa tante étaient devenus son quotidien ; mais tout cela n'était rien encore. Elle le comprit quand le grand échalas noir planté au milieu du salon ouvrit la bouche.

— Mademoiselle, pour donner à votre corps une situation agréable, il faut avoir la tête droite, sans être gênée bien sûr, les épaules en arrière, les bras pendants à côté de soi, mains ni ouvertes ni fermées, et puis la ceinture ferme, les jambes étendues, les pieds en dehors.

La liste était longue. Avec elle s'effaçaient les années bénies de l'enfance à escalader l'arbre crochu derrière la ferme, gagner à la course le frère de Madelon et chercher des œufs en grimpant à mains nues dans le colombier. Pourtant il fallait remercier d'une révérence. Le sieur de la Cuisse et son art ne lui offraient-ils pas le privilège d'entrer dans un monde nouveau ? Car ce qui différenciait les hommes de la gent animale n'était pas comme certains le croyaient l'esprit, la réflexion ou la capacité de parole mais bien la danse, ce code précis qui régentait chaque geste de la bonne société.

Ainsi le monde, le monde bien né, ne tournait-il pas. Il dansait.

— En prenant ces précautions, vous ne pouvez tomber dans le ridicule d'être gênée, ou raide, ou dans l'affectation, vous trouverez ce beau naturel que réclame la bienséance et que seule la danse peut procurer ! C'est pour cela, mademoiselle, que toute personne de qualité doit la travailler dès son plus jeune âge et acquérir ainsi la grâce qui sied à son rang.

« Naturel. » Le mot était dit qui nécessitait des heures d'apprentissage et de rigueur. Depuis elle n'avançait plus qu'en prenant garde à respecter entre ses pieds la distance de leur taille, puisque c'était ce qu'on appelait très exactement le « pas ». Il ne lui fallait pas marcher trop vite, au risque d'être jugée étourdie, ni trop lentement, ce qui trahissait l'indolence.

Le cérémonial des cours était toujours le même. Elle accueillait le maître poliment avec deux révérences, l'une très profonde, l'autre moins, et le menait à son fauteuil sous l'œil sévère de sa mère. Les quatre révérences en première position exécutées, elle faisait le tour du salon en s'attachant à la hauteur de ses bras, si importante pour corriger les défauts de la silhouette. La chaleur la prenait au creux de l'estomac et le plancher commençait à tanguer comme le pont d'un bateau, rendant la dernière révérence plus périlleuse.

— C'est bien, mademoiselle, vous pliez souplement et avec un joli maintien. Cela suffit aux femmes, qui n'ont pas le même embarras que les hommes avec les révérences en arrière, en avant et en passant.

À ce premier compliment, deux mois tout juste après le début des cours, elle loua Dieu d'être une femme, bien que le miroir lui renvoyât encore ses fossettes d'enfant, les yeux verts trop grands et les épaules désespérément fluettes sous la masse des boucles.

— On m'a dit que j'avais des grâces, lâcha-t-elle.

Sa mère se redressa, outrée. Le sieur de la Cuisse lui ôta les mots de la bouche.

— Il ne sied guère à une jeune fille d'être aussi orgueilleuse, mademoiselle ! D'ailleurs il est bien difficile d'avoir des grâces, comme d'en faire, et c'est un bien grand défaut que de courir après elles ! Il faut laisser le goût les distribuer, c'est lui qui leur donne leur valeur et les rend aimables. Sans lui plus de charme, plus d'effet. Il ne reste qu'une insupportable minauderie !

Le teint marbré par l'émotion, il sortit la pochette de son étui et l'accorda.

— Passons aux jetés, je vous prie. Comme pour les autres sauts, les demoiselles doivent adoucir le mouvement. Il leur faut prendre le temps en pliant et en se relevant se laisser tomber sur l'autre pied, car une femme ne peut pas sauter…

— Pourquoi ? lança la petite qui avait des envies de mordre. Pourquoi, puisque les hommes le font et les danseuses à l'Opéra aussi ?

Elle réalisa aussitôt sa sottise : sa tante avait obtenu deux fois le droit de l'emmener au spectacle, mais en promettant l'honorable Comédie-Française. L'aveu était irréparable. Si seulement elle avait été moins impulsive ! La terre s'était ouverte. Sa mère penchait dans son fauteuil, des éclairs plein les yeux, et le sieur de la Cuisse agitait désespérément son mouchoir au milieu du désastre. Ses mouvements étaient si anarchiques qu'elle eut envie de lui rappeler que la hauteur des bras était essentielle. À cet instant, la porte claqua et Élisabeth jeta dans la pièce ce long corps qui à lui seul était un affront au maître à danser.

— Oh, Adélaïde, j'ai réussi ! J'ai auditionné ce matin devant M. Papillon de la Ferté, le nouvel intendant des Menus-Plaisirs, et j'ai retrouvé ma place dans les chœurs de la Musique du Roi !

Elle la prit dans ses bras, la fit tournoyer. Le tapé, qui crêpait les cheveux et les enroulait en boucles sur de petits coussinets autour du visage, lui allait à merveille. Elle paraissait beaucoup plus jeune ainsi. Toute à son bonheur elle ne voyait même pas le maître immobile, bouche ouverte, cherchant son air. Sans doute était-il un de ces dévots persuadés qu'il fallait interdire la musique aux femmes, leur cœur étant si prompt à la folie que toute émotion était pour elles un danger. Cette apparition diabolique venait renforcer sa foi.

— Ma sœur, vous aviez oublié la leçon de danse sans doute ? articula Mme de Villars. Vous connaissez le sieur de la Cuisse, renommé jusqu'à Versailles.

Le mot appuyé attendait des excuses. Connaissant son aînée, il valait mieux les réclamer. Mais le maître avait déjà rangé son instrument et leur tournait le dos. Adélaïde exécuta une révérence à tout hasard, se demandant si les leçons n'étaient pas finies ad vitam aeternam. Antoinette de Villars se précipita dans l'entrée pour le raccompagner. La porte était à peine fermée que sa colère éclata.

— Élisabeth, à quoi pensiez-vous ? Dois-je vous rappeler que nous avons quitté la Mauvesinière, qu'il n'est plus temps de faire de cette enfant une petite paysanne aux robes rebrodées et à l'esprit impertinent ?

— Et que voulez-vous faire d'Adélaïde ?

La question lui était revenue aussi sûrement que le volant de liège au bout d'une raquette. Elle tiqua, touchée par ce jeu qu'elle ne connaissait pas.

— Ceci ne vous concerne en rien.

— Peut-être, mais c'est vous qui avez abordé le sujet, coupa la demoiselle. Je sais bien votre rêve, Antoinette, élever votre fille au couvent et la marier honorablement, en lui trouvant un époux digne des Villars et aussi ruiné qu'eux… la belle affaire ! Mais pourquoi ne donneriez-vous pas d'autres chances à Adélaïde ? Elle a la grâce, l'intelligence, une voix déjà bien placée, un sens inné de la mélodie. Elle sera douée pour la musique. Or les habitués des salons parisiens aiment les petits prodiges ! Voyez les concerts que l'on donne chez le fermier général de la Pouplinière à Passy, chez le duc d'Aiguillon, les comtes d'Albaret et de Noailles, et surtout au Temple, chez le prince de Conti. Toutes ces portes pourraient s'ouvrir devant elle !

— Comme devant la Pompadour, je suppose !

— Oh, ne soyez pas bête, Antoinette, oubliez la galanterie. Il ne s'agit pas d'entrer à l'Opéra, dans une troupe de comédiens, ou de danser n'importe où ! Je vous parle de laisser s'épanouir un esprit épris de liberté, de mettre en valeur des qualités qui ne manqueront pas de séduire demain...

La petite ferma les yeux. L'air narquois de sa mère la blessait autant que cette voix de couturière vantant son étoffe qu'avait prise Élisabeth pour la convaincre. C'était un affreux marchandage. On l'estimait pour mieux la vendre. Elle aurait voulu disparaître, ne plus entendre sa tante insister, tremblante au milieu de la pièce, les bras croisés sur sa poitrine comme on serre un enfant contre soi pour le protéger de tout. Et brusquement elle réalisa. Élisabeth se battait pour elle. Son cœur se souleva. Tout était là sous ses yeux, sa vie en balance, les chemins du possible et le bonheur, peut-être, suspendus aux lèvres de sa mère.

Antoinette de Villars réfléchissait. Avec son teint laiteux, elle semblait aussi fragile qu'une porcelaine et pourtant inflexible. Dans la rue un carrosse passa à vive allure. Le cocher donna du fouet, une femme cria.

— C'est entendu, soupira-t-elle, Adélaïde apprendra la guitare et vous vous chargerez du clavecin et du chant, Élisabeth. Mais que ce soit clair, vous vous en tiendrez là.

Elle toisa sa sœur, si grande devant elle.

— Pas d'exotisme théâtral, pas le moindre récit de coulisses dans cet appartement, n'est-ce pas ?

Adélaïde serra les poings. La peur était passée, c'était le moment de négocier. Mais Élisabeth ne la regardait pas ; elle promettait. La porte claqua.

— Oh, ma tante, il ne fallait pas ! s'écria la petite.

Elles s'appuyèrent ensemble au carreau, abasourdies par ce duel imprévu. La victoire et la défaite d'un seul tenant. Adélaïde en aurait pleuré. Avoir sa tante pour professeur, partager la musique, la découverte du clavecin, le bonheur de chanter toutes les deux mais tout ignorer de l'illusion du spectacle, des décors enchanteurs, des ballets d'opéras ! Tant de rêves à sa portée et pourtant inaccessibles !

Élisabeth avait du mal à reprendre souffle. Du menton elle lui désigna l'établissement de Lesage de l'autre côté de la rue. La file des domestiques s'allongeait devant la vitrine. À côté des génoises de Savoie et des gâteaux aux amandes s'étalaient jambons de toutes tailles et pâtés aux truffes.

— Cette devanture ne diffère guère des autres, murmura-t-elle, mais savez-vous, mon petit oiseau, qu'autrefois les maîtres pâtissiers dressaient sur le haut de leurs boutiques des pancartes de papier transparent, enluminées de personnages et de bêtes, des éléphants, des chats, des lièvres et des renards ? Le soir ils allumaient des chandelles derrière ces décorations et la rue s'éclairait d'un spectacle fantastique. Animés par les flammes, ces personnages s'en allaient danser sur le mur d'en face !

Instinctivement la petite recula.

— Voyez, Adélaïde, il n'est pas nécessaire que Lesage orne ses toits pour que vous sentiez cette magie vous chatouiller l'esprit ! Mais en cet instant, mon enfant, si votre mère regardait ce mur, elle n'y verrait rien. Sa réalité est bien différente de la vôtre. Quand je vous conterai des rêves, c'est votre imagination qui leur donnera vie et ainsi je ne serai pas parjure.

Elle sourit, finaude. Oh, le beau deus ex machina ! L'enfant émerveillée applaudit à tout rompre. La fenêtre était ouverte, la file leva la tête comme un seul homme. Alors elle exécuta une révérence que le sieur de la Cuisse ne connaissait même pas et éclata de rire.

*

La douleur la saisit au bas du ventre. Elle s'immobilisa dans son lit. Il n'était plus temps de rire. Le vent de novembre s'engouffrait dans la rue de la Harpe, malmenant volets et enseignes. Elle n'en pouvait plus de se blottir sous la plume pour rester vivante. Oh, pourquoi n'avait-elle pas retenu la belle leçon de sa tante ?

Contourner la vérité. Ne jamais avouer. La confession, c'était pour les petites filles. À dix-huit ans, une femme devait savoir qu'être née de Villars la condamnait avant même qu'elle n'ouvre la bouche, que sa vie n'était rien, que seul comptait le devoir de famille : sauvegarder l'honneur à la face du monde et du ciel, pour les siècles des siècles !

Elle ne cherchait pas ce que ses parents avaient inventé pour justifier son absence et ses volets fermés toute la sainte journée. Sans doute une fatigue nécessitant une cure à la campagne, une maladie contagieuse, un deuil de famille… L'imagination était à la hauteur de l'enjeu, elle leur faisait confiance. Si seulement elle avait osé le mensonge avec autant d'assurance ! Elle aussi aurait changé le cours du destin. Mais où était passé son courage, et ce sens de la repartie qu'admirait Élisabeth dans son enfance ?

Elle n'était plus que faiblesse. En vérité, elle ne pouvait reprocher aux autres de lui avoir tout pris. Ce n'était pas difficile. L'amour l'avait désarmée.

3.

L'amour. Le plus joli des rêves, le plus intrigant aussi. Inutile d'interroger sa tante, c'était le seul chapitre sur lequel elle n'était d'aucun secours et à Paris personne n'avait remplacé Madelon. Adélaïde restait solitaire, passant de longues heures au clavecin. Elle travaillait patiemment substitutions, trilles et ornements, le clavier n'avait plus de secret pour elle. Il lui était plus dur de garder la position ouverte à droite vers le public et cette impassibilité totale que réclamait la bienséance. Malgré sa bonne volonté elle finissait toujours par quitter la partition et improviser de face ses propres variations, incapable de cacher ses sentiments. Sa tante avait posé un miroir sur le porte-musique pour tenter de la corriger.

Ce carcan l'horripilait. Elle se vengeait sur sa guitare. Elle aimait la tenir contre elle avec sa rosace joliment ouvragée et sentir les sons vibrer dans tout son corps. Si elle n'avait dû couper ses ongles aussi court et laisser la corne lui manger le bout des doigts pour affronter l'épaisseur des cordes doubles, elle aurait adoré l'instrument. Le maître ne venant qu'une fois par semaine, elle travaillait le reste du temps seule et sans surveillance. Les danses étaient vite oubliées avec leurs rythmes répétitifs. Elle préférait se lancer dans les chansons et réinventer les paroles. Malgré cela elle avait fait d'assez rapides progrès pour que son maître, un élève de Robert de Visée, la présente à M. de la Pouplinière. Comme l'avait prédit sa tante, de nombreuses portes s'étaient ouvertes. Ce public aisé, friand de jeunes talents, la réclamait souvent, souriait, se taisait pour l'écouter puis l'applaudissait ; elle n'avait plus qu'à disparaître dans le décor. Les autres musiciens passaient sans lui adresser la parole. La seule avec qui elle s'était liée était une brune ravissante, de deux ans son aînée, Félicité de Saint-Aubin. Elle avait commencé la harpe avec Gaiffre, un vieil Allemand qu'on surnommait le roi David et qui n'avait que quatre ou cinq élèves. Après des heures de technique par jour, l'invention de nouveaux doigtés et l'adaptation de pièces pour clavecin de MM. Rameau, Scarlatti, Haendel et Mondonville, elle avait finalement surpassé son professeur : la harpe devenait l'instrument à la mode, tout le monde voulait en jouer et Gaiffre faisait fortune !

Félicité en riait. Elle était spontanée, toujours souriante. Adélaïde adorait la retrouver dans ces soirées élégantes, si importantes financièrement pour sa mère et si ennuyeuses pour elle. Après le concert elles se cachaient toutes les deux pour critiquer ces dames, leurs profils et leurs toilettes : Félicité n'avait pas son pareil pour inventer la vie de chacune sur un regard, un coup d'éventail ou la couleur d'une robe, comme une diseuse de bonne aventure scrutant les lignes de la main.

Le reste du temps elles parlaient musique. Adélaïde ne songeait qu'à cela. Jusqu'au jour où son amie lui avait annoncé son mariage : son père était décédé, elle devait épouser M. de Genlis, il était jeune et de bonne noblesse, bien que peu fortuné, et puis il l'aimait. Elle disait tout cela sur le même ton. Qu'elle ne jouerait plus, qu'elle ne la verrait plus. Derrière elle le jardin oscillait dans la brise avec ses terrasses d'angles envahies de rosiers. Adélaïde retint sa respiration. Des mots d'enfance, des cancans, des rires, il était trop tard pour partager autre chose.

— Il vous aime, il vous l'a dit? murmura-t-elle sans réfléchir.

Félicité se mit à rire.

— Comme vous êtes… Eh bien oui, puisqu'il m'a demandé si je consentais à l'épouser!

— Et ensuite?

— Quoi ensuite? Il a ajouté que ma mère était d'accord. De toute façon, il connaissait bien mon père qui l'appréciait! Il est très brave, il a obtenu la croix de Saint-Louis à vingt et un ans.

Son visage resplendissait comme si cette décoration était un gage de bonheur éternel. Elle était si jolie ainsi, les cheveux relevés en chignon de boucles, un ruban de soie bleue autour du cou. L'homme sur le seuil la mangeait des yeux. Il hésita, cherchant mille mots et n'en trouvant aucun. Le silence lui fit mal. Alors, d'un seul élan il se jeta vers elle, prit sa main et enfouit ses baisers au creux de la paume offerte, avec la tendresse qu'on prend à embrasser un oiseau. Adélaïde sentit le sol se dérober sous ses pieds. Elle était dans le colombier de Mauvesinière avec ces tourterelles qui gardent au cou, en secret, une tache d'une douceur insoupçonnée. Mais déjà l'homme relevait la tête. La violence de son regard ne fut qu'un éclair, foudroyant, malheureux. Il balbutia des excuses et disparut en courant.

— C'était M. de Monville, expliqua Félicité comme si elle faisait les présentations.

— Il vous aimait…, balbutia Adélaïde.

— Oui, je crois! Je le connais depuis longtemps, il était un des premiers élèves de Gaiffre. Sa femme est morte et il m'a demandée en mariage, mais mon père a refusé car il n'a pas de charge à la cour… M. Dufort de Cheverny a obtenu celle d'Introducteur des Ambassadeurs qu'il espérait!

Adélaïde acquiesça sans un mot. Tous ces détails lui paraissaient si loin de l'instant d'émotion qu'elle ne savait plus quoi dire. En une seconde, elle avait compris comment douleur et bonheur ne faisaient qu'un. C'était terrifiant mais Félicité souriait. Deux laquais entrèrent pour emporter la harpe dorée vers le salon et elle les suivit. Adélaïde la vit s'installer sur sa chaise, remettre en ordre les plis de sa jupe et pencher l'instrument. Elle attaqua sans attendre. Ses doigts pinçaient les cordes avec aisance et la musique coulait d'elle comme une source naturelle. Rien ne semblait subsister de la scène qu'elle venait de vivre.

Les mois passèrent sans qu'elles se revoient. Adélaïde s'en sentait presque orpheline. Avec qui aurait-elle pu parler d'amour maintenant que le sujet lui brûlait les lèvres ? Seules les héroïnes d'opéra acceptaient d'avouer leur émoi, mais « prisonnières » de l'être aimé elles ne connaissaient que « nœuds délicieux », « souffrances » et « tempêtes »...

Heureusement les leçons de chant, elles, étaient douces. Élisabeth s'installait au clavecin. Elles respiraient ensemble. Les vocalises commençaient lentement sur une note, cherchant les résonances, contrôlant la fin des sons ; puis venaient les notes conjointes, les piquées, la virtuosité et enfin les arpèges. La jeunesse de sa voix peinait sur certaines voyelles. Sa tante s'arrêtait aux paliers, lissait et polissait avec patience. Enfin elle pointait un doigt au plafond :

— C'est bien, revenons à M. Lully, déclarait-elle.

Elle en revenait toujours à M. Lully. C'était son cheval de bataille. Bien sûr il n'était pas inutile de travailler ornements, roulades et trilles dont étaient défigurées les chansons à la mode, mais Adélaïde ne devait jamais oublier que l'opéra français créé par M. Lully restait une forme originale en Europe, qui tenait vaillamment tête à l'opéra italien... « Une gloire, un orgueil pour notre nation ! »

La jeune fille acquiesçait dans la respiration. Munie de cette bénédiction, Élisabeth enfourchait son couplet préféré : l'articulation sur la phrase musicale, la vraie qualité du chant français, qui tenait au respect du texte comme à celui du public.

— La valeur du mot, Adélaïde ! Ainsi les spectateurs ne suivent pas seulement l'évolution d'un récit mais peuvent saisir la force d'un sentiment soudain, l'émotion pure, humaine, qui fait des héros et des dieux nos semblables…

Elle frémissait tout entière en attaquant le récitatif. Aucune indulgence n'était plus de mise. La diction devait rejoindre la souplesse du rythme parlé, elle y tenait comme à la prunelle de ses yeux : M. Lully ne faisait-il pas réécrire cinq ou six fois son texte à M. Quinault, lui qui avait tant travaillé sur la voix de la Champmeslé pour trouver le phrasé parfait ?

Adélaïde passait docilement du parlé au chanté, du ralenti pour la justesse à la rapidité pour l'interprétation. Sa tante était attentive à tout. Enfin satisfaite, elle acceptait d'accompagner les mélodies italiennes et leurs mots d'amour, charmeurs comme des philtres. Là elle oubliait sa rigueur. Sa taille ployait avec le phrasé, quelques roulades réussies et elle battait des cils, les pommettes roses. La musique était sa sensualité. Le reste du monde y disparaissait. Que la foudre s'abatte sur la rue de la Harpe ou qu'un visiteur se présente, elle l'ignorait. En général il s'arrêtait à la porte du salon, aussi étonné par ce frisson-là que par son talent. Quand Adélaïde avait aperçu l'uniforme écarlate appuyé au chambranle, la mélodie de M. Gasparini avait continué sa route sans faillir. « *Lasciar d'amarti per non penar* »… effarée elle avait entendu sa voix s'arrondir et s'élancer à sa rencontre. Il était grand, le poitrail large, les jambes minces. À l'écouter, son corps s'abandonnait malgré le fier uniforme. Petit à petit il s'était mis à respirer au même rythme qu'elle, puisant son air à sa source, comme ensorcelé. L'admiration arrondissait ses yeux bleus. Alors, oubliant les convenances, il avait souri, la lèvre un peu relevée de côté pour avouer son impuissance. L'onde brûlante l'avait traversée. S'était-elle jamais rêvée plus audacieuse ? Fée, sorcière, sirène, tous les pouvoirs lui étaient donnés. « *Di strali et catene* »… ces flèches et ces chaînes pouvaient bien aller au diable, les souffrances n'étaient rien, elle était prête à aimer cet homme jusqu'à la fin de sa vie, cette certitude la comblait plus que n'importe quel rêve ! À chaque mot, ses lèvres s'en allaient frôler les siennes, déjà caresse, déjà baiser. « *Ah si, ah si, ti voglio adorar !* » Pour la première fois, les sons prenaient réellement possession de son corps et l'étonnaient à l'en faire trembler. C'est là que le désir avait atteint ses reins. Plus de mémoire, plus de voix, elle s'était tue en plein vol.

Le silence s'éternisait. Elle ne bougeait plus. Seule sa tante sursautait, rougissante, minaudant pour débiter d'horribles banalités. Elle avait la sensation de la détester. C'était affreux. Une scène de mauvaise comédie.

Mais Philippe de Beaumesnil souriait. Ses yeux ne la quittaient pas. Cette entrevue avec son père n'était qu'un prétexte désormais, ils le savaient tous les deux. Le destin les avait réunis.

*

Le plancher grinça. Le reflet de Philippe, si beau dans son uniforme, disparut brusquement. Un billet passait sous la porte. Il y avait quelqu'un, tout près.

— Qui est là ? supplia-t-elle.

Elle tenta de se redresser et buta au bord du lit. La douleur résonna à nouveau. Décidément ce corps lourd qui n'était pas le sien lui refusait tout. Elle pesta face au miroir, maudissant ses joues épaisses et son ventre poussé. C'était trop tard. Les pas feutrés s'éloignaient. Elle resserra son châle sur sa chemise et se leva en frissonnant. Le billet restait sur le tapis, minuscule, plié en quatre. Elle y reconnut l'écriture serrée de sa tante :

« *Mon petit oiseau, j'ai supplié votre père jusqu'à me faire détester de lui. J'ai assiégé votre mère, je l'ai dorlotée, malmenée et n'ai rien pu faire pour vous. Messire de Villars a pris sa décision. Une sage-femme vous attend à Clichy pour vos derniers mois de grossesse, j'ai ordre de vous accompagner chez elle cette nuit, nous nous habillerons en servantes. Aussitôt né, l'enfant sera placé chez une nourrice inconnue dont vous ne pourrez retrouver la trace. Votre entrée au couvent de Faremoutiers est prévue une semaine après votre délivrance. Votre père ne m'a permis d'écrire ces quelques lignes que pour vous prévenir de votre départ. Préparez vos affaires, mon enfant. Je vous embrasse comme autrefois, à Mauvesinière, quand le ciel nous avait encore épargnées.* »

Un trou noir, béant sous ses pieds. Elle ferma les yeux et se laissa glisser. Ainsi cette prison n'était rien. Il faudrait vivre encore enfermée quelque part, sans rêve d'avenir, en oubliant les bras de Philippe, ce sourire dans ses yeux pour venir à bout d'elle… le plaisir brûlant d'être femme et de perdre la partie. Sœur Adélaïde, sans nom, sans passé, n'était-ce pas le meilleur moyen d'ensevelir les déshonneurs de famille ? Et si le Seigneur s'en contentait, pourquoi pas le monde entier ?

Elle ne survivrait pas. Élisabeth non plus. Elles mourraient sans se revoir, loin de la Mauvesinière, de sa façade moussue et de sa liberté. La rage l'envahit. Elle ne s'était que trop laissée faire. La porte allait s'ouvrir et son père lui montrait si bien la route ! Cette idée de costumes était parfaite. Il y avait mille autres endroits qu'une cellule de pierre pour la cacher sur cette terre… À Dieu ne plaise, elle avait assez de talent pour jouer n'importe quelle comédie !

Elle se releva d'un bond. La douleur la transperça de bas en haut sans qu'elle sache où la retenir. Les jambes fauchées elle se tourna vers la bergère et ne put faire un pas. La chambre basculait, tournait de plus en plus vite. Ce poids au creux du ventre tambourinait sans pitié. L'enfant se fâchait, sa colère courait dans ses veines à l'en faire trembler jusqu'au bout des doigts. Il fallait le calmer. Tout de suite. Comment ? Elle qui n'avait même pas réussi à lui parler une seule fois ! Ce petit sauvageon lui avait tout volé. Dieu qu'elle le détestait, presque autant que Philippe de l'avoir abandonnée ! Mais quelle folie! Jamais elle n'avait pensé le perdre. Il était là, il était à elle et elle le voulait, elle avait tant besoin de lui, lui seul pouvait ramener son père à ses côtés…

La secousse la fit trébucher. Deux, trois, les giclées de sang suivirent, rapides, loin de tout écoulement menstruel. La chaleur glissait entre ses cuisses. Elle tomba à genoux dans cet enfer. Ne plus bouger, laisser passer l'orage, retrouver l'instant où tout était encore possible. Pitié, elle avait si peur. Elle put à peine soulever sa chemise. Sur le tapis la tache écarlate suçait la trame.

Elle hurla. Il y eut un bruit de courses. Des portes qui claquent, des voix épouvantées. La maison entière semblait s'être mise en branle; et brusquement le mur de sa prison tomba. Des bras la soulevaient et l'emportaient. Il n'était plus question de pudeur. Sa chemise découvrait ses jambes nues. Le timbre aigu de sa mère fusa dans la pièce pour annoncer la crise de nerfs, avalant la voix d'Élisabeth, ces mots d'amour qui ne s'adressaient qu'à elle, auxquels elle ne pouvait répondre. Il y avait dans sa gorge l'envie de parler et cette souffrance, inconnue, qui étranglait tout.

L'entrée de son père mit fin à cette panique. Il lançait des ordres brefs comme pour une bataille. Le silence se fit. Chacun courait, chacun lui obéissait. La barque tangua et la déversa dans son lit. De quel droit était-il le centre de son malheur? Elle voulut lui échapper. La main épaisse la bâillonna et la ficha au matelas. L'oreiller suivit. Plus question de mordre. En quelques secondes le torrent fou atteignit ses oreilles.

Et elle s'évanouit.

4.

La lueur d'une lanterne filtrait à peine entre les planches clouées de sa fenêtre. La pendule restait invisible, mais en trois mois elle avait appris à tendre l'oreille : la ville s'éveillait à six heures avec les sabots des jardiniers en route pour les marais. Ils croisaient les boulangers de Gonesse apportant le pain chaud de Paris dans leurs charrettes. Les ouvriers et les commis de bureaux leur emboîtaient le pas, pressés, tandis que les libertins traînaient des pieds pour rentrer chez eux. Alors les femmes se glissaient dans les rues, la fontaine de café au lait sur le dos.

Rien de tout cela ne dérangeait la nuit. Seul le vent d'hiver balayait la rue de la Harpe, régulier, pour mieux bercer le sommeil des gens heureux. À cette image, son cœur se serra et aussitôt la violence de l'instant précédent ressurgit, et le vide écrasant. L'enfant l'avait quittée. Elle n'avait pas besoin de toucher son corps pour en être certaine, elle qui n'avait rien voulu savoir de son existence. L'odeur du sang séché empestait la chambre. Les larmes lui piquèrent les yeux, si douces, si fraîches qu'elle s'y abandonna, comme on lâche un fardeau trop lourd. Cette eau pure soulageait son visage et sa bouche brûlante. Si seulement elle avait pu la laver ainsi tout entière…

Mais la source était traître. Elle grondait, grossissait, devenait torrent. Oh, sangloter de plus en plus fort, se laisser emporter jusqu'à l'inconscience ! Elle n'avait pas la force de lutter dans ces eaux inconnues. La folie lui tendait les bras. Fuir ailleurs, c'était si simple. Une délivrance. Soudain seule l'autre rive lui parut supportable. Elle lâcha prise et se laissa couler.

— Allons, allons, mon petit oiseau…

Élisabeth l'avait saisie aux épaules. Ses bras se refermaient autour d'elle avec ses baisers. À l'instant, Adélaïde retrouva le cocon de l'enfance. Sa tante la berçait joue contre joue comme autrefois, quand tout était encore pardonnable. Son bonnet de nuit sentait la lavande ; aucun cauchemar ne lui résistait. Sa voix même était une caresse. Les flots se retiraient. Elle ouvrit les yeux. La pièce reprit forme dans l'obscurité avec son tapis maculé de sang et son guéridon à terre.

Elle était vivante.

— Ma tante…

— Taisez-vous, c'est à moi de parler, à moi seule ! supplia la demoiselle. Le médecin a ordonné une semaine de repos avant votre départ au couvent et, étant donné votre état, votre père m'a permis de passer ces quelques jours avec vous…

Elle en souriait presque malgré son désespoir. Le couvent, bien sûr, le chemin tracé par Dieu ; même une fausse-couche ne pouvait le dévier.

— Oh, ma chère enfant, chuchota-t-elle, mais pourquoi ne m'avoir rien dit ?

Adélaïde la dévisagea sans comprendre. Depuis des mois qu'elle se reprochait de s'être laissé prendre au piège aussi bêtement que les lapins de Mauvesinière aux mains des braconniers, jamais elle n'avait imaginé que sa tante puisse être d'un quelconque secours. Son seul espoir était Philippe. Contre quelques sous, la petite vendeuse de chez Lesage avait accepté de déposer sa lettre au bureau général des postes, rue Plâtrière. Attendre le messager d'amour, le guetter à chaque instant lui avait semblé une éternité. L'homme qui l'avait abordée sous les voûtes de Saint-Séverin était bien loin de ses rêves. Sa cape sentait le voyage et le vin. Le sceau de Beaumesnil pouvait briller entre ses mains, elle s'était sentie trahie avant même de lire : « *Mademoiselle, je déplore la situation que vous m'apprenez. Vous trouverez ici une lettre de change pour couvrir les frais. Je me suis récemment remarié.* »

« Mademoiselle. » Pourquoi Philippe avait-il écrit d'autres mots ? Un seul l'avait anéantie. Oubliant la file de la communion elle s'était appuyée à la colonne, prête à vomir. Où était passé ce beau tutoiement qui l'avait emportée dans ses bras, si troublant qu'elle en avait oublié l'inacceptable et laissé ses lèvres trouver les siennes, embrasser son cou, chercher au bord de son décolleté ses seins dressés vers lui. Il avait tant de promesses en bouche pour caresser sa peau. La douceur attendue l'avait bouleversée. Elle n'était plus qu'une tourterelle à sa merci. Mais le plaisir l'avait ranimée. De victoire en victoire, elle avait retrouvé ses forces, l'orgueilleuse. C'était à elle de mener le combat et à lui de se laisser faire, les yeux agrandis d'admiration comme au premier jour. Elle en riait. Sa voix lui avait appris à séduire, elle connaissait tous les pouvoirs désormais…

« Mademoiselle » ! Sa mère s'était dressée sous le vitrail. Le regard des commères l'offensait. Elle leur avait déjà confié tant d'espérances : un veuf de trente-cinq ans en extase devant la voix de sa fille, qui réclamait des leçons de musique avec elle, sans parler de ce château sublime et des hectares de terres à l'horizon ! Il n'était plus question de raison. Elle avait vendu ses bijoux pour vivre au rythme des dîners audacieux. N'avait-elle vraiment rien soupçonné des baisers dans les silences et des fenêtres ouvertes à la nuit ?

Elle l'affirmait, tout auréolée de vertu. Alors Adélaïde avait avoué, ne serait-ce que pour la voir tomber près d'elle, blanche comme la chaux. Fichu caractère. Elle ne s'en débarrasserait sans doute jamais.

— Mais qu'auriez-vous pu pour moi, ma tante, soupira-t-elle, quand l'homme que j'aimais n'était plus là, qu'il refusait de me protéger...

— Je pouvais tout, que croyez-vous donc ? coupa Élisabeth. De telles choses arrivent tous les jours et dans les meilleures familles ! Les filles n'avertissent personne, Adélaïde, elles annoncent un séjour à la campagne et changent tout bonnement de rue pour loger quelques semaines chez des sages-femmes qui ne vivent que de leur discrétion. Et croyez-moi, les lits sont chers et nombreux dans ces pièces cloisonnées de drap ! Les plus habiles cachent leur grossesse le plus longtemps possible pour ménager leur bourse. Vous auriez fait comme les autres et vous seriez sortie de là délivrée, redevenue aux yeux de tous le meilleur parti de Paris.

— Pour mériter plus tard le scandale ? s'écria la jeune fille. Auriez-vous été heureuse qu'on me marie et que mon époux ne découvre...

Une folle pudeur l'arrêta. Si elle avait pensé avoir un jour cette conversation avec Élisabeth ! Mais celle-ci soutenait son regard.

— Il y a mille moyens de retrouver une virginité perdue, mon enfant. Mes compagnes de chœur ne sont pas toutes de vieilles demoiselles comme moi. Le vinaigre du sieur Maille est bien connu pour effacer en une nuit les passés inavoués.

Adélaïde se tut. Ainsi elle avait creusé son propre piège. Ce lapin-là était encore plus bête qu'elle ne l'avait cru. Tant pis pour lui, elle ne voulait plus regarder en arrière. Tout était possible maintenant qu'Élisabeth était à ses côtés. Et si elle se présentait à la Comédie-Française ? Antoinette de Villars les laissait s'y rendre autrefois et Préville avait pris l'habitude de leur ouvrir sa loge. Le comédien l'écoutait réciter des scènes entières en assurant qu'elle tiendrait facilement les emplois de Mlle Dangeville. La Clairon passait parfois la tête. C'était une femme courageuse, qui avait réussi à faire supprimer les paniers dans les tragédies à l'antique et se battait pour les droits des comédiens, excommuniés par l'Église et si souvent déshérités par leur famille. Elle se battrait aussi pour elle, c'était certain !

Mais Élisabeth hochait la tête. Une fille était à son père avant d'appartenir à son époux, où qu'elle aille le sien la ferait chercher. À la Comédie-Française ou ailleurs. Pourtant elle hésitait.

— Il n'y a qu'une personne qui ait plus d'autorité sur vous que votre père.

— Oh, ma tante, mais qui ? s'écria Adélaïde.

— Eh bien… le roi, avoua-t-elle.

La jeune fille faillit éclater de rire. Sa Majesté ! Mais que croyait donc Élisabeth ? Que ceux qui l'écoutaient jouer de la guitare iraient jusqu'à demander pour elle une faveur à Louis XV, quand ils n'avaient que trop à quémander pour eux-mêmes ?

— Ce que je veux vous dire, reprit la demoiselle, et je ne m'y résous que parce que rien d'autre ne peut vous sauver, c'est qu'il existe un lieu où messire de Villars n'a plus aucun droit… Vous souvenez-vous de Mme Pitrot, cette danseuse de la Comédie-Italienne qui voulut quitter son mari l'an dernier ?

Adélaïde acquiesça. L'affaire avait fait grand bruit dans les journaux. Brûlant son contrat de mariage, la dame s'était déclarée fille et avait quitté le domicile conjugal avec ses enfants. Son mari s'était décidé au procès.

— Je ne vois pas comment cette histoire peut m'aider, cette femme a été reconnue épouse légitime de Pitrot et condamnée à vivre avec lui…

— C'est vrai, mais quand le jugement est tombé, il était sans effet, car elle s'était inscrite comme surnuméraire à l'Académie royale de musique, qui est placée sous la seule autorité du roi. Les femmes savent qu'elles peuvent ainsi y trouver un refuge officiel. C'est une loi qui n'a jamais été écrite, mais dont l'usage…

— … est merveilleux ! s'écria Adélaïde qui n'écoutait plus.

Élisabeth sauta sur ses pieds. Son visage s'était fermé. Elle se mit à marcher nerveusement devant la fenêtre, entrant et sortant du rayon blafard sans y prêter attention.

— Enfin, mon enfant, comprenez que si on laisse ces femmes hors-la-loi, c'est qu'elles sont les plus prisées de la hiérarchie galante ! L'Opéra est devenu l'antre du vice par excellence, un temple où les fidèles n'adorent Euterpe, Terpsichore et Polymnie que dans la mesure où ces muses font bon ménage avec Éros, Vénus et Bacchus ! Ah, l'Académie de musique qu'a créée M. Lully a bien changé et cette pratique dégoûte le monde. Ce n'est qu'un abus honteux pour protéger la prostitution !

Elle reprit souffle et dignité tout à la fois.

— Cependant, par bonheur, les choristes de la danse y sont plus recherchées que celles du chant et en entrant comme surnuméraire, je pense que vous pourrez passer inaperçue le temps que votre père vous oublie.

— Et si je restais à l'Opéra, avança Adélaïde, j'y gagnerais de quoi vivre et…

— Vous n'y pensez pas ! s'écria Élisabeth en se signant trois fois. Je veux vous sauver, ma petite fille, pas faire de vous une femme perdue ! Je demanderai à Pierre Berton, le chef d'orchestre de l'Opéra, c'est lui qui nous fait répéter pour le voyage de Fontainebleau. Il faudrait qu'il vous auditionne la veille de votre départ. Oh, grands dieux, c'est dans six jours à peine ! Serez-vous remise ?

Elle en tremblait. Adélaïde lui tendit les bras. Elle s'en voulait tant de l'avoir perdue en chemin. Élisabeth avait dû souffrir et pas un reproche ne l'avait effleurée.

— Bien sûr, je me sens déjà mieux, assura-t-elle sans mentir. Vous devriez retourner dans votre chambre, ma tante, vous êtes épuisée. Allez prendre un peu de repos.

La demoiselle ne protesta pas. Elle avait veillé des heures et les cernes attaquaient ses pommettes. Pourtant elle ne pouvait se décider à partir. Quelque chose la retenait dans la pièce. Quand elle ranima le feu, les flammes éclairèrent son visage creux.

— Le petit vous aurait été retiré tout de suite, murmura-t-elle.

La serrure claqua derrière elle. Adélaïde s'enfonça dans l'oreiller. Un garçon. Ainsi elle ne s'était pas trompée. Peut-être aurait-il eu les yeux de son père et ce sourire en coin pour obtenir ce qu'il voulait… Elle posa les mains sur son ventre, prête au combat. Mais ce torrent de larmes qu'elle attendait ne venait pas. Son corps s'était calmé. Il reposait loin d'elle et reprenait des forces. Il y aurait d'autres enfants. Elle ne voyait plus que le point de lumière qui s'élargissait au carreau.

Elle n'était pas seule au monde. Sa tante l'aimait au point de se damner pour elle et sa voix sommeillait, quelque part, qu'on ne pouvait lui ôter. Sa décision était prise. Elle ne serait jamais surnuméraire.

5.

La porte accepta de se refermer sans bruit. Elles descendirent l'escalier sur la pointe des pieds et se glissèrent dans la rue. Par bonheur, les employés de chez Lesage étaient trop occupés pour faire attention à elles. Adélaïde baissa la tête. Ce vent et ce ciel immense lui coupaient le souffle autant que la peur d'être reconnue. Elle remercia Dieu en apercevant un fiacre sur la place du Pont Saint-Michel. Si tôt, c'était inespéré.

— Il faudra patienter au moins trois heures, expliqua Élisabeth pour justifier la générosité de la somme.

Le cocher haussa les épaules et leur fit signe de monter. Aussitôt la voiture s'élança à vive allure sur les pavés. Les sabots des chevaux déchiraient l'aube silencieuse. Elles durent renoncer à faire quelques vocalises pendant le trajet comme elles l'avaient imaginé. Le pont Royal apparut et au-delà de la Seine le château des Tuileries, avec l'enfilade de ses pavillons accolés dominant le jardin.

Elles attendirent devant si longtemps qu'elles se mirent à trembler.

— Ma tante, ne vous fâchez pas, murmura enfin Adélaïde. Laissez-moi aller seule et restez ici.

Élisabeth releva sur elle un regard inquiet.

— Je dois apprendre à être forte, vous ne serez plus là tout à l'heure, insista la jeune fille.

Le mensonge lui brûlait les lèvres, mais Élisabeth acquiesça et elle en profita pour sauter de voiture sans un mot. Le jardin gris frissonnait à peine dans le vent, à moitié mort. Derrière lui la place Louis XV et les Champs-Élysées ouvraient une longue perspective jusqu'au ciel plombé. Elle inspira à pleins poumons cet air triste et se dirigea vers le pavillon de Marsan, à l'extrémité nord du palais.

Un Suisse l'attendait.

— Vous êtes la petite protégée de M. Berton ? s'écria-t-il.

Il l'avait déjà jugée. Pas d'homme à son bras, pas de chaperon à sa suite. Sans plus de politesse, il lui tourna le dos et partit au pas de course. Elle dut rabattre ses paniers pour ne pas le perdre. Les couloirs se suivaient, plus étroits les uns que les autres. L'Opéra avait trouvé refuge ici après l'incendie de la salle du Palais-Royal trois ans plus tôt et M. Soufflot avait dû rapidement réduire les proportions de cette immense salle des Machines aux cinq mille places pour les chanteurs ; cela expliquait sans doute l'étrange labyrinthe.

Arrivé à une porte de fer, il lui barra le passage. Ils étaient seuls. Sa bouche s'entrouvrait grossièrement sans douter de son dû. Elle passa sous son bras et se jeta en courant en coulisses. Les lattes de plancher mal jointes, les cordages entassés et la quasi-obscurité l'arrêtèrent. Elle dut avancer avec prudence entre deux toiles vers la scène qui, seule, était éclairée de flambeaux. Un homme chantait près du clavecin qu'on avait porté là. Deux femmes l'écoutaient, une blonde qui à son carquois semblait jouer l'Amour et une brune, grande, très pâle. Le diadème de Diane brillait en croissant de lune à son front. L'homme au clavier, qu'elle supposa être M. Berton, murmura enfin quelques mots. Tous trois disparurent. Les portes des loges claquèrent. Adélaïde ne pouvait attendre que l'on éteigne les flambeaux et que la fumée la prenne à la gorge. Elle s'avança. Devant elle, le parterre sans sièges s'ouvrait en une sorte de noir cratère. Le reste de la salle s'enfonçait dans la pénombre. C'est à peine si elle devinait la coupole en mosaïque, les trois étages de balcons, les panneaux de marbre et leurs piliers d'or.

— Mademoiselle de la Harpe ?

Le chef d'orchestre lui sourit. Il devait avoir une quarantaine d'années et, malgré la fatigue, ses traits reflétaient une réelle bonté. Elle acquiesça d'une révérence. Sa tante avait pensé à tout. Il rit devant sa partition d'*Atys*.

— Oh, cela, c'est inutile…

— Monsieur, je ne sais ce que Mlle d'Allière vous a dit, coupa-t-elle, mais je ne veux pas entrer dans les chœurs. Je demande à être reçue comme Premier Sujet.

Son aplomb la sidéra elle-même. Elle tremblait pourtant de tous ses membres. Le sourire de M. Berton s'était figé ; sans doute la trouvait-il effrontée. S'il la renvoyait sans l'écouter, tout était perdu.

Elle s'agrippa au clavecin.

— Des circonstances malheureuses me conduisent à vous, monsieur, vous êtes mon seul recours, que puis-je dire d'autre ? Je vous supplie de m'accorder cette chance.

Il lui jeta un regard étonné et d'instinct tendit la main. Leurs doigts se touchèrent sur la partition. Il hésita, puis la posa sur le porte-musique et arpégea l'accord. Ses yeux posés sur elle ne lui laissaient plus le choix. Elle inspira le plus lentement possible. Sa voix allait être froide, petite, elle n'avait pas travaillé depuis des mois et ce n'étaient pas les vocalises bouche fermée tentées dans sa chambre qui l'avaient préparée à cette épreuve. Il lui aurait fallu la confiance et elle se sentait plus faible qu'une enfant. Comment en une phrase s'enraciner dans le sol, retrouver la belle provocante et faire corps avec elle ?

Elle craignait son attaque. Le premier son la surprit. Ce théâtre vide résonnait comme une église et lui renvoyait l'écho de sa voix comme Philippe lui avait rendu son regard à l'instant où l'amour était devenu une évidence. Il n'était plus ni solitude ni inconnu. Sa peur s'envola et l'aigu avec elle dans la langueur du tempo : « Atys est trop heureux »... Elle reprit son air plus bas, ses côtes s'ouvrirent, sa poitrine se souleva et brusquement le son courut dans tout son corps pour vibrer en elle et hors d'elle. Elle rayonnait, ne faisait plus qu'un avec l'espace. Les murs frémirent comme la corde sous l'archet. Chacun de ses phrasés trouvait la courbe de ses lèvres et sa sensualité. L'amour pour guide. Elle ouvrit les bras pour embrasser le mot béni, « heureu-eux »... Les résonances s'envolèrent sur l'appogiature et enfin la note s'arrondit comme l'étreinte qui n'admet plus de retenue, offerte, éternelle.

La coupole trembla. Le bout du souffle. Le silence.

— Mademoiselle, c'est magnifique...

Berton bafouillait. Il se leva d'un bond.

— ... que dis-je, c'est miraculeux... Venez, jeune fille, suivez-moi !

Il se précipitait déjà en coulisses. Il courait si vite dans les couloirs qu'elle eut du mal à le suivre, sa cape à la main. Elle avait presque envie de rire. Les loges se suivaient, le grand foyer, la partie réservée à l'administration, le bureau du directeur.

— Ah, Rebel, je vous amène une surprise, nous sommes sauvés ! s'écria-t-il.

Le vieil homme sursauta et faillit lui répondre vertement quand il aperçut Adélaïde. Son visage anguleux, trop fardé, se composa aussitôt une expression aimable. Il lui baisa la main.

— Quel âge avez-vous, ma chère ?

— Dix-huit ans...

Elle frissonna. Son bec d'oiseau de proie la flairait. Il ne lui avait même pas demandé son nom. Mais derrière lui Berton sautait de joie.

— Adélaïde de la Harpe, que le ciel nous envoie ! Extrêmement musicienne, elle peut apprendre Sylvie en trois jours, j'en suis certain ! Nous jouons lundi en offrant au public un début exceptionnel, au pied levé, c'est un triomphe et nous rattrapons notre fin de saison !

Trois jours. Adélaïde tomba sur une chaise.

— Vous êtes bien pâle, mon enfant, lâcha Rebel.

Le mot prenait dans sa bouche des allures si gourmandes qu'elle se demanda s'il avait des crocs ou des dents. Mais il ne souriait pas.

— Laissez-moi vous expliquer : vous connaissez Sophie Arnould, n'est-ce pas, notre Première Actrice, chargée des rôles de princesses ? Une maladie de nerfs l'a mise hors d'état d'assurer son service cet été et, à son retour, le public a manqué d'indulgence pour la fatigue dont elle souffrait encore.

— Et Mlle Arnould s'est déclarée incapable d'assurer la suite du spectacle ! renchérit Berton. Or personne ne peut la doubler en ce moment, Marie-Jeanne Larrivée est l'Amour, Mlle Chevalier vient de prendre sa retraite et Mlles Dubrieulle et Dubois, comme Françoise Duplant, n'assurent que les rôles à baguette. Cesser de jouer deux à trois semaines pour remettre un nouvel ouvrage serait fatal à l'Opéra…

La mine de Rebel l'arrêta. Adélaïde les dévisageait tour à tour. Oui, elle comprenait ; que Dieu existait et que ces deux-là n'étaient pas loin d'attendre d'elle précisément ce qu'elle était venue chercher.

— Messieurs, je suis prête à travailler Sylvie pour vous sauver la vie, affirma-t-elle d'une voix ferme, en échange de quoi je veux être reçue comme Premier Sujet. Sachez que l'autorité d'un père m'attend à votre porte. Si vous ne m'engagez pas maintenant, vous ne me reverrez jamais.

Il y eut un silence. Berton sourit, ravi de cette connivence dans laquelle les entortillait le destin. Rebel n'était pas si enthousiaste.

— Et le règlement de l'Opéra, petite demoiselle ? tonna-t-il. Vous vous croyez maligne peut-être, mais sachez que le public doit entendre une artiste et lui offrir par ses applaudissements un jugement favorable pour que nous puissions la recevoir comme Sujet ! Ceci étant, pas de pleurnicheries, s'il vous plaît… j'ai peut-être une solution. Je vous inscris sur la liste des espaliers, nos figurantes, et vous avance le premier quartier de leurs quatre cents livres d'appointements. Vous avez les cartes en main. Débutez lundi par un triomphe et je vous reçois le lendemain comme Premier Sujet.

Tout en parlant il avait sorti de son bureau une feuille, de l'encre et un texte à recopier par lequel elle acceptait le règlement et promettait d'être présente à toutes les répétitions et représentations exigées par la direction. Il ne doutait déjà plus d'elle.

— Portez ce bon au caissier du théâtre, Berton, donnez son argent à la petite et mettez-la au travail dès cet après-midi ! ordonna-t-il comme s'il les condamnait tous deux aux galères. Il faudra une répétition avec les rôles et un raccord lundi matin avec l'orchestre, les chœurs et le ballet. Je vais faire gratter tous les livrets qui ont été imprimés avant la Première. Quel nom voulez-vous que j'inscrive dans la distribution ?

Elle resta interloquée.

— Avez-vous entendu, jeune fille ? Quel est votre nom déjà ?

— Adélaïde de la Harpe, murmura-t-elle.

— Eh bien, Adélaïde, peu de femmes portent ici leur vrai nom, que ce soit pour ne pas déshonorer leur famille ou pour s'en cacher… J'ai cru comprendre que votre situation n'était pas loin de ressembler à cela, non ? Alors trouvez-moi autre chose et pas votre prénom, nous avons déjà une Mlle Adélaïde dans les chœurs.

Mlle Adélaïde. Sans nom, sans passé. C'était donc comme au couvent ici.

— Beaumesnil, lâcha-t-elle.

— Beaumesnil, Mlle Beaumesnil… C'est bien, décréta-t-il, écrivez cela ici.

Il frappait le papier. Elle obéit, maudissant le crissement de cette plume et sa folie. Elle avait parlé sans réfléchir mais les lettres s'arrondissaient sous sa main. Son acte de naissance était signé.

— Adélaïde Beaumesnil…

Les doigts du vieux beau glissèrent sur sa nuque. Séduction, menace. Le dégoût la souleva. Elle se retourna et le regarda en face. Il dansait d'un pied sur l'autre, les yeux brillants de satisfaction.

Il est bon de choisir l'instant où l'on capture sa proie.

*

Le vent s'était calmé. Sa tante apparut, inquiète, à la porte du fiacre.

— Je suis engagée, murmura Adélaïde.

— Oh, mon petit oiseau, je suis si heureuse et si malheureuse à la fois !

— Et je débute lundi dans *Sylvie*.

Les yeux d'Élisabeth s'agrandirent.

— Dans *Sylvie* ? Grands dieux, jamais je n'aurais dû vous laisser aller seule, je savais que vous commettriez une folie ! Vous avez toujours répliqué. Même quand vous étiez petite, il fallait tout vous justifier et vous n'en faisiez qu'à votre tête. Oh, mon Adélaïde, si raisonnable et le cœur à l'aventure…

Sa voix se brisa. La jeune fille se jeta contre la voiture.

— Oh, ma tante, venez avec moi !

— C'est impossible, vous le savez, murmura la vieille demoiselle. Votre mère a besoin de moi, et moi d'elle dans ma solitude ! Nos chemins doivent se séparer là, ne tentez pas de me joindre, ma chère enfant, promettez-le-moi ! Ce serait trop dangereux pour nous deux.

Imaginer le pire la rendait nerveuse. Elle lâcha le ballot qu'elle lui tendait, une robe, quelques dessous, des mouchoirs de col, son nécessaire de toilette, tout ce qu'elles pouvaient porter sans se faire remarquer.

— Et ne refusez pas ceci… j'avais ramassé la lettre de change de M. de Beaumesnil.

Adélaïde prit la bourse sans un mot. Sa gorge se nouait. Ainsi depuis des mois Élisabeth ne songeait qu'à la sauver… Et elle qui n'avait même pas réalisé que cet instant serait le dernier ! Les souvenirs la submergeaient. Ce premier pantin accroché ensemble, leurs interminables parties de trictrac et de jeu de l'oie, et ces fortunes de petits sous échangées à la blanque… le bonheur du mail au jardin, des courses derrière le cerceau et des cachettes du cligne-musette ! Elle se revit serrée contre Élisabeth à lire les contes de M. Perrault dans la Bibliothèque bleue au milieu des récits de théâtre. Comment rappeler tout cela en une seconde ?

Elle monta sur le marche-pied et enlaça le visage blanc comme neige qui avait veillé ses jours et ses nuits.

— Taisez-vous, nous savions cela toutes les deux, coupa Élisabeth. Je ne veux pas que vous pleuriez, mon petit oiseau. Donnez du bec, chantez et défendez-vous puisque c'est votre destin… Et n'oubliez pas mes leçons, que la richesse de la vie, comme celle de la musique, tient à la générosité du cœur ! Allez, mon enfant, il le faut ! Soyez forte, je vous aimerai toujours…

Elle l'embrassa en frappant la voiture. Le cocher à l'air soupçonneux n'attendait que cela. D'un coup de fouet il lança ses chevaux. La jeune fille hurla. La voiture arrachait à ses bras celle qui avait été sa mère, son enfance, sa tendresse. Elle se mit à courir. Le ballot l'entravait, ses talons heurtaient les pavés. Des passants se retournèrent. Qu'importe, elle serait morte plutôt que de s'arrêter. Mais le vent charrié par la Seine avalait sa voix. Le fiacre avait pris de l'élan. Il s'engagea dans la cohue du pont et disparut.

Elle se détourna avec désespoir. La jeune femme qui lui faisait face était à peine plus âgée qu'elle. Elle la reconnut à la longue chevelure brune qui l'auréolait : c'était la grande Diane chasseresse.

— Je pensais bien que vous étiez dans le malheur, murmura-t-elle. Je suis Françoise Duplant, de l'Opéra, et je vous ai entendue dans la coulisse tout à l'heure. Quel joli timbre vous avez, souriant malgré ce vibrato un peu serré, sans doute à cause de la peur… et ces aigus si légers, si naturels… Vraiment, vous vous êtes bien défendue ! Rebel vous a engagée ?

Il y avait un rien d'admiration dans sa voix. Adélaïde en aurait souri si elle n'avait été si malheureuse. Elle essuya ses larmes d'un geste.

— Oui, je débute lundi dans *Sylvie*.

— Seigneur ! Moi qui étais venue vous proposer mon aide, vous allez en avoir drôlement besoin ! Vous savez que vous volez son rôle à Sophie ?

— Je ne lui vole pas, protesta Adélaïde, elle est malade et…

— Malade ? Oh, la belle histoire, qui vous l'a racontée ?

Françoise avait posé ses poings sur ses hanches, mi-amusée, mi-scandalisée. Cette attitude était fort déplacée au beau milieu de la rue, mais elle ne semblait pas s'en soucier. Familièrement, elle passa son coude sous le sien et l'entraîna.

— Allons, je vais vous dire la vérité, autant que vous la sachiez tout de suite. L'Opéra est un royaume où les règlements sont très stricts mais leur application très indulgente, tout dépend du sujet, vous me suivez ? Et Sophie est la reine de cette hiérarchie de privilèges ! Madame n'est pas plus malade que vous et moi, elle s'évente entre tisanes et sels pour qu'on la réclame. Le public l'a mal accueillie, elle n'avait pas chanté depuis des mois, ni travaillé bien sûr et elle s'est vexée : « Vous ne me voulez pas, vous ne m'aurez plus ! » Tout en pensant tout bas « je vous suis indispensable et vous me supplierez à genoux dans trois jours »... Imaginez quand elle verra que vous mettez tous ses plans par terre !

Sa moue n'était guère encourageante.

— Mais je comprends que cela ne vous amuse pas tant que cela, reprit-elle plus doucement. Ce n'est pas de gaieté de cœur que vous vous présentez à l'Opéra, n'est-ce pas ? Avez-vous un logement au moins ?

— J'ai un peu d'argent, murmura Adélaïde.

— Et vous n'en auriez pas qu'on aurait trouvé tout de même ! Allez, je vous emmène chez ma logeuse, Mme Dorgeville, rue Saint-Marc. C'est tout près d'ici. Vous pourrez économiser les fiacres et vous verrez, chaque jour, c'est appréciable.

Bras dessus bras dessous, elles contournèrent le Palais-Royal et s'engagèrent dans la rue de Richelieu. La voie était si droite que les carrosses pressaient l'allure. Nullement impressionnés, les passants s'écartaient sans même tourner la tête. Devant la Bourse il y avait tellement de monde qu'elles durent traverser en courant entre les voitures. Adélaïde sentait à peine ses jambes. Heureusement, le discours ininterrompu de Françoise l'aidait à avancer. La rue Saint-Marc accueillait de nombreux marchands d'art. La boutique de la veuve Sorin faisait face aux longs murs de la propriété du duc de Montmorency. Un pavillon y renfermait des animaux empaillés, des loups pris au piège, des coqs qui se battaient pour une poule et même deux colombes se becquetant sur le carquois de l'amour ! Quant au coin de la rue Feydeau, c'était la maison de la Brissault. Son mari était tailleur mais il s'en passait bien d'autres chez elle et on n'y voyait jamais les volets ouverts...

Son manchon avala son rire. La façade devant laquelle elle s'était arrêtée était accueillante avec ses carreaux propres et ses rideaux aux fenêtres. Adélaïde la suivit avec plaisir à l'intérieur. Dès l'entrée la maison bruissait comme une ruche. Mme Dorgeville s'était réservé le rez-de-chaussée mais sa porte était toujours ouverte. Le premier étage se partageait en deux appartements, dont l'un était loué par le boucher qui entretenait Françoise, et plusieurs chambres s'alignaient au deuxième. Les filles s'interpellaient dans l'escalier. L'une d'elles se pencha sur la rampe pour leur souhaiter la bienvenue.

Françoise n'eut pas à parlementer longtemps avec Mme Dorgeville. La grosse dame parut les bras ouverts, une mouche au coin des lèvres.

— Vous êtes ici chez vous, mon petit. Avez-vous quelques affaires à monter ? demanda-t-elle avec un clin d'œil engageant.

La vue du ballot lui suffit. Elle enfourcha les marches.

— Vous avez séduit Françoise, dites donc, la voilà prête à payer votre loyer, la peste, elle qui est toujours en retard pour le sien ! Elle n'est pas la seule, remarquez, c'est Tout-Paris qui les jours de terme fuit son propriétaire. Les commissaires n'en finissent plus de courir et les familles d'envoyer leurs filles chez les apprentis coiffeurs gagner assez d'argent pour échapper à la justice.

Elle s'arrêta en soufflant, une main sur son imposante poitrine ; mais ce qui l'empêchait de respirer ne l'empêchait nullement de parler.

— Paris est dur pour ses locataires, il faut le reconnaître ! Comme je vous vois, vous avez de la chance de débarquer chez moi. Les petites locations sont prises d'assaut quand l'écriteau d'un hôtel à deux cents livres reste un mois… Mais je bavarde, je bavarde, voici votre chambre. Interdiction de jeter son seau par la fenêtre, bien entendu, vous êtes priée de descendre dans la fosse.

La petite pièce était mansardée. Un lit, un paravent de toile, une table de chevet avec son volet à rideaux, une cheminée, deux chaises. Adélaïde tomba sur le lit. Mme Dorgeville s'adoucit.

— Oh, je vois bien que vous avez eu des déboires, mon petit... des déboires de femme, à ne pas s'y tromper ! Allez, ne cherchez pas l'orgueil entre nous. Ici les filles mettent tout en commun, l'argent et le bonheur quand il y en a, et les chagrins toujours. Tenez, moi par exemple, je me sens si proche de vous que je sais ce qu'il vous faut.

Elle eut un geste de magicienne. En d'autres temps, la dame avait eu son public.

— Une assiette ! termina-t-elle dans une révérence. Bah, la tristesse, ça ne nourrit pas son homme, et encore moins la femme ! C'est que nous sommes comme cela, nous autres, le cœur faible et l'estomac résistant ! C'est l'apanage de notre sexe et c'est pour cela que vous allez survivre, petite Beaumesnil ! Vous allez survivre et je vais vous chercher de quoi.

Elle courait déjà dans l'escalier, la poitrine rebondissant à chaque marche. La fille qui parut à la porte sourit. Petite, brune, elle salua de la tête, en artiste. Elle s'appelait Geneviève Hus et faisait partie des chœurs de la danse à l'Opéra. Françoise lui raconta l'audition du matin tout en préparant du feu dans la cheminée. Ses applaudissements étaient sincères. La chambre se réchauffait. Mme Dorgeville apporta son festin sur un plateau, elles tirèrent la table de nuit et s'installèrent toutes les quatre pour déjeuner, à moitié assises, à moitié couchées.

Il flottait un parfum de sérail qu'Adélaïde respirait sans y croire. Elle retrouvait la liberté de son enfance quand elle courait dans la plaine avec Madelon et montait aux arbres en égratignant ses bas. Françoise projetait une promenade à la foire du Saint-Esprit : on y trouvait tous les vêtements de première nécessité à bas prix. La logeuse sourit. Cette faculté d'organisation chez Françoise l'amusait ; dieu sait si en mettant un enfant au monde la jeune femme avait perdu sa belle inconscience d'autrefois ! Adélaïde sursauta. Pas une seconde elle n'avait imaginé que sa nouvelle amie pouvait être mère. Elle pensa brusquement à l'enfant, et à sa tante disparaissant au milieu de la foule. Pourvu qu'Antoinette de Villars se contente de cette répétition annoncée de si bonne heure et de cette clé disparue dans le vase, et ne se venge pas sur sa sœur. Elle s'absorba dans la contemplation du feu pour cacher son émotion. Mme Dorgeville n'y voyait rien et faisait son numéro de comédienne, qu'elle réservait aux nouvelles. Ah, Françoise en avait séduit des dindons avant d'être sage, même un procureur au Parlement… « Cela ne l'empêche pas de voler », avait osé dire l'impertinente Sophie Arnould.

— Et cette petite, elle chante ? lança-t-elle d'un ton enjoué.

— Oui, répondit Françoise, elle remplace Sophie justement, lundi.

La dame fardée resta muette, la bouche ouverte. « Cette peste n'en fera qu'une bouchée », pensa-t-elle si fort qu'Adélaïde le lut dans ses yeux. Le joli guêpier qui l'attendait. Si elle ratait cette première, elle se retrouvait à la rue. Si elle était reçue, Sophie la tuerait : et ce nom de Beaumesnil qu'elle avait donné au directeur… pauvre petite fille humiliée s'accrochant à son rêve ! Un simulacre de mariage, une illusion de théâtre. La rage la submergeait. Elle en aurait pleuré de honte. Que ferait-elle lundi si quelqu'un la reconnaissait dans la salle ? Ou si Philippe, passant par Paris, découvrait son nom sur une affiche de l'Opéra ?

Le petit bois craqua. Une étincelle sauta de la cheminée pour exploser sur le pare-feu comme un feu d'artifice. Elle ferma les yeux. Elle n'était ni folle ni inconsciente. Une plante muselée pousse ailleurs, voilà tout. C'est la loi de la nature. Cet homme était le sien, elle l'aimait et l'aimerait toujours, en dépit de tout… et sa route croiserait à nouveau la sienne. Il le fallait. N'avait-elle pas eu conscience de leur destin au premier regard ? Un homonyme sur la première scène parisienne, une femme célèbre, désirée, Philippe n'y résisterait pas. Il voudrait savoir. Il se présenterait à sa porte et aborderait tout sourire cette actrice qu'il volerait pour un soir aux grands du royaume. Puis, les yeux dans les yeux, il comprendrait. Le passé l'affolerait. Il tendrait les bras, supplierait qu'elle lui pardonne. Alors elle accepterait ses baisers à sa peau et louerait Dieu. Et dans la nuit bienheureuse, il s'abattrait sur elle, ébloui.

— Adélaïde…

Elle sursauta. La pauvre Mme Dorgeville lui pressait l'épaule.

— Berton m'attend à l'Opéra et je ne sais même pas comment y retourner, murmura-t-elle pour justifier ses larmes.

— Ah ça, ma petite fille, pas de découragement chez moi ! Je vais vous accompagner si vous voulez.

La grosse dame la secoua comme Madelon autrefois les pommiers, quand on ne la regardait pas.

— Et vous allez vous battre, Rebel n'a pas dû vous engager pour rien ! Quand on a du talent comme vous et un petit minois aussi appétissant, allez, on ne s'inquiète pas de l'existence et on court avec plaisir jusqu'à demain !

Elle ne savait comment la réconforter. En désespoir de cause elle lui pinça les joues comme aux enfants mal élevées. Adélaïde se jeta à son cou. Être reçue, séduire, accéder à la première marche. La route lui semblait claire tout à coup, plus droite encore que cette rue de Richelieu qui l'avait fait trembler tout à l'heure. Elle embrassa la logeuse de deux baisers sonores. Elle n'avait plus peur de rien.

6.

Cette première séance de travail passa comme un rêve. Pierre Berton avait composé *Sylvie* avec son ami Jean-Claude Trial : phrasé, nuances, ressorts rythmiques, le chef d'orchestre chantait les phrases une à une avec tous leurs secrets. Adélaïde n'avait qu'à se laisser conduire par son oreille pour les répéter et les mémoriser. Ce jeu-là était bien plus rapide qu'un simple déchiffrage. Elle le voyait sourire, conscient de sa musicalité, presque fier d'elle. Son enthousiasme lui donnait envie de le connaître mieux mais il semblait discret. Elle n'osa poser aucune question.

Le lendemain, sa présence la rassura pour la répétition avec les rôles. Françoise était là aussi, un peu inquiète, comme si elle imaginait parfaitement cette nuit passée à se tourner et se retourner dans un lit inconnu où elle se sentait perdue. Elle lui présenta elle-même son partenaire, Joseph Legros, à l'en croire l'homme le plus gentil de la terre. Joseph avait appris le chant aux bancs de la maîtrise et à vingt-sept ans, haute-contre attitré de l'Opéra depuis deux ans, était musicien dans l'âme. Adélaïde resta fascinée par sa voix ronde et brillante à la fois qui se jouait des vocalises et des aigus les plus tendus. Quelle que soit la difficulté, il évoluait librement en scène en prenant le temps de la guider, d'un geste, parfois d'un clin d'œil :

— Au sort d'un malheureux vous êtes trop sensible,
L'honneur de combattre pour vous
A rendu mon bras invincible…

Ces vers paraissaient écrits pour elle. Émerveillée, elle osa le complimenter. Il ne sut répondre et lui baisa la main. Il y avait en lui une timidité extrême qui s'effaçait quand il chantait et revenait sans crier gare dès que la musique l'abandonnait. Les femmes l'impressionnaient, sans doute à cause de son physique de putto italien, court en jambes, joufflu, les yeux globuleux. Les petites danseuses adoraient s'en moquer. Adélaïde remercia seulement le ciel de lui offrir un ange gardien.

Henri Larrivée, qui jouait Vulcain, ne lui ressemblait en rien. Bel homme, élancé, la chevelure abondante, le chanteur n'appréciait guère l'usage qui voulait le dieu boitillant et interprétait le rôle bien campé sur ses deux jambes. Tenir sans rival les emplois de basse-taille, avec ce timbre grave et généreux tant aimé du public, lui permettait manifestement de faire ce qu'il voulait. Il la salua d'un grand rire en assurant que maintenant Sophie Arnould n'avait plus qu'à « bien se tenir » ! Il l'aurait volontiers embrassée pour jouer ce bon tour à la Première Actrice si la jalousie de sa femme ne pesait sur ses épaules. Marie-Jeanne Larrivée était pourtant loin d'être une mégère : elle avait quitté tous ses amants pour l'épouser, même le prince de Conti qui payait désormais mille écus par an ses concerts au Temple. Simplement elle avait trente-trois ans et lui vingt-neuf ; autant dire qu'elle le surveillait jour et nuit. Tout l'Opéra en riait. Quitter des protecteurs fortunés pour se faire vulgairement tromper par son mari, la chute de l'histoire promettait d'être amusante !

Adélaïde n'avait pas d'attraits pour ces ragots. L'actrice blonde au grand cœur lui plaisait. Personne ne pouvait incarner comme elle l'Amour. Son visage lisse, sans réelle beauté, se plissait drôlement quand elle souriait.

— Ne t'inquiète pas, assura-t-elle, le public est toujours indulgent pour un début. Attends-toi seulement à une soirée mouvementée ! Une inconnue de dix-huit ans, un remplacement au pied levé…

Adélaïde acquiesça sans un mot. Un spectateur des loges pouvait l'avoir vue dans un concert et la reconnaître pendant la représentation. S'il excitait le parterre, sa vie s'arrêterait là. Voilà la seule chose qu'elle craignait. Mais elle n'avait pas envie d'y penser. Le parfum de la scène l'enivrait, tout autant que ce théâtre vide, ses recoins obscurs et ses mystères. Elle entendait les cris des machinistes et le claquement de leurs cordages comme perdus au loin, par-delà les vagues. Le vent lui traversait la poitrine. Cet océan était immense.

Berton semblait satisfait de cette répétition. Il voulut la raccompagner vers les loges, à son pas de course habituel. Déjà il envisageait leur travail de l'après-midi sur la mémoire, qu'elle puisse affronter lundi l'orchestre, les chœurs et le ballet. Elle revint brusquement à la terre ferme. La fosse lui apparut, et les coulisses bruissant de murmures, tous ces regards posés sur elle à attendre le faux pas. En vérité, ce matin n'était qu'une épreuve parmi d'autres. Le temps jouait contre elle et courait aussi vite que Berton dans les couloirs.

Le chef d'orchestre vit son trouble. Il s'arrêta, passa un bras autour de ses épaules. Son habit de velours bleu soulignait la douceur de son regard. Sans y penser elle posa son front à son col. Il était gentil et un peu inconscient.

— Tout ira bien, Adélaïde, j'en suis certain. Vous avez une jolie voix, beaucoup d'instinct musical… et un véritable don pour inventer les fins de phrases quand vous les oubliez !

Il rit. Son corps trembla contre le sien. Ils ne faisaient plus qu'un.

— Où avez-vous appris tout cela ?

Elle se raidit. Il bafouilla aussitôt mille excuses en rougissant. Sa maladresse était si touchante qu'elle s'en voulut.

— J'ai confiance en vous, Berton, assura-t-elle.

— Appelez-moi Pierre…

Il avait pris sa main et la gardait dans la sienne, si grand devant elle qu'il ployait comme un roseau tendre. Le souvenir brûlant l'envahit. Elle resta silencieuse, bêtement émue.

— Je suis heureux que Françoise Duplant ait proposé de partager sa loge avec vous, murmura-t-il. Elle est calme, de bon conseil, loin des jalousies habituelles des filles depuis qu'elle a eu un enfant de son protecteur. Un boucher parvenu, peu sympathique d'ailleurs ! Épouser une aristocrate ruinée et entretenir une demoiselle d'Opéra lui ont permis de trouver bonne place en société, et il le clame haut et fort dans nos couloirs quand il vient la chercher…

Joignant le geste à la parole, il entreprit d'imiter le personnage. Ses bras si nobles pour tenir le bâton de mesure brassaient désespérément l'air. Elle pouffa malgré elle. À cet instant, Françoise ouvrit la porte. Berton s'inclina avec une moue d'enfant pris en faute mais l'actrice était loin de penser aux reproches. Elle attira Adélaïde dans sa loge, tout excitée.

La pièce sans fenêtre était minuscule : la console occupait un mur entier avec ses pots de fards, de poudre, et sa boîte à mouches ; deux chaises côte à côte ; un paravent près du poêle. Françoise remua les braises. La douce chaleur contrastait avec le couloir. Adélaïde se sentait bien dans ce lieu protecteur, isolé du reste du monde, et y serait volontiers restée à rêver sans le billet de Rebel posé en évidence : « *Trois paires de bas blancs, chaussures, chatons pour la coiffure* »… L'écriture du directeur était hérissée de coups de plume. Il ne fallait pas tarder à chercher ses accessoires. Françoise était du même avis. Elle lui tendit sa pèlerine et elles partirent à pied vers la place du Carrousel pour rejoindre la rue Saint-Nicaise.

Il avait plu toute la nuit. Le froid s'était adouci. Elles contournèrent le Magasin aux décors qui sentait l'humidité et montèrent au premier. Les ateliers des tailleurs, des couturières et des brodeuses se suivaient. Françoise pressa le pas en se faisant discrète. Sur les tables s'étalaient des mètres et des mètres de tissu. Ces pauvres gens travaillaient là de six heures du matin à huit heures du soir, avec une seule heure pour déjeuner et un salaire de misère, et l'inspecteur ne s'étonnait guère après cela de noter des vols quotidiens de soie et de galons, ou même de braises et de bouts de chandelles en hiver. Heureusement, M. Pelet n'aimait pas la dénonciation.

L'antre du vieux monsieur était une grande pièce cernée d'armoires. Il y trônait derrière un comptoir presque aussi haut que lui. Aunes de soie, de satin, de taffetas et de gaze s'empilaient partout, bien étiquetées par qualité et par provenance : « Taffetas d'Angleterre », « Taffetas de Florence »... Les couleurs se heurtaient, unies, en attente du travail de l'imprimeur. Parfois c'était l'étoffe qui lui était donnée pour qu'il en fasse du tigré, de la mosaïque ou de la moire d'acier ; parfois c'était le costume fini qu'on lui livrait pour qu'il peigne des tourbillons sur un habit de Borée, des cadrans sur les jupes des Heures ou des étoiles sur la longue tunique du Destin.

Adélaïde tendit la liste de Rebel sans un mot. Françoise l'avait prévenue, l'inspecteur était bavard. Toute nouvelle arrivante était une fête pour lui.

— Commençons par les bas, décida-t-il en mesurant sa taille du regard.

Il fit son chemin entre les cartons à chapeaux. Un tiroir ouvert laissait apparaître paillettes, boutons d'argent et franges à barbes. D'une hanche, il le repoussa et monta sur une chaise pour atteindre les écrins plats où reposaient les bas blancs, chair et feu de tout l'Opéra.

— Deux cent soixante et onze paires à mon dernier inventaire !

Il lui tendit les siens. Elle n'eut pas le temps de vérifier la longueur qu'il fourrageait derrière son comptoir pour en sortir des chaussures. Un genou au sol, il la fit asseoir et lui prit la cheville. Ses mains étaient si douces qu'elle ne put s'empêcher de penser à sa tante.

— Vous devez vous sentir un peu seul ici? murmura-t-elle attendrie.

— Seul… mais ma petite mademoiselle, tous les fournisseurs de Paris viennent jusqu'à moi me faire des courbettes comme aux grands du royaume! se récria-t-il. Quant au marchand de mode, il me respecte plus que n'importe quel aristocrate qui grossit chez lui ses dettes. Croyez-moi si vous voulez, c'est chapeau bas que je vois défiler le joaillier avec ses chatons et ses milieux de rosettes, le passementier, le gantier, le plumassier-panacher, le fabricant de fleurs artificielles et de guirlandes, l'épinglier…

Il prit une fière inspiration.

— … le pelletier pour les bonnets moscovites et les habits polonais, le raccommodeur de paniers et le vannier pour les corselets d'armes et les boucliers! ajouta Françoise en récitant son texte par cœur.

M. Pelet la toisa, vexé.

— L'Opéra est une véritable fourmilière, reconnut Adélaïde.

Il lui tapota le pied avec reconnaissance. La chaussure lui allait aussi bien qu'à Cendrillon. Le monsieur avait l'œil.

— Et vous, demoiselle nouvelle, vous chantez? Quel est votre nom?

— Beaumesnil, je remplace Sophie Arnould.

M. Pelet faillit en perdre l'équilibre. La même mine désolée que Mme Dorgeville. Mais quel monstre la Première Actrice était-elle donc pour provoquer tant de frayeur? Adélaïde n'eut pas le temps de l'interroger. L'inspecteur s'était repris et sortait une paire de boucles de sa poche.

— En cadeau, petite Beaumesnil, un talisman pour vous protéger! dit-il en les fixant sur ses chaussures.

Elle lui sourit. C'était sceller leur entente. Il se lança aussitôt dans la visite de sa caverne aux trésors. Il ouvrait tiroirs et boîtes avec un plaisir évident et savait faire l'article. Adélaïde était à la foire. Les masques surtout étaient impressionnants : elle s'attarda devant les tritons vert et argent du Ballet, les dieux marins, les fleuves et ondines vert-de-pré, et surtout les physionomies bouffies des vents sans lesquels on n'aurait pu les reconnaître.

Françoise qui piaffait le pressa de lui montrer la réserve. Adélaïde était prête à l'émerveillement. L'odeur de moisi la prit à la gorge. Les costumes étaient pendus à de grosses cordes, recouverts de toiles grossières où s'inscrivaient de biais « dix habits de Tritons », « dix habits de Plaisirs », « vingt-deux habits de Faunes »... Des lambeaux d'étoffe pendaient jusqu'au sol. On devait jeter des costumes entiers mangés par les rats. Cela n'empêchait pas l'inspecteur de raconter mille anecdotes et de rêver à la lumière du spectacle. Elles le laissèrent à sa passion. La marchande d'oublies de la rue de l'Échelle pliait bagage. Ses gâteaux sentaient bon, elles lui achetèrent les derniers et les bras chargés de leurs trésors rentrèrent à l'Opéra en courant.

Le costume de Sophie les attendait dans la loge. Adélaïde se glissa derrière le paravent le cœur battant pour essayer la large jupe bleue ouverte sur le jupon blanc et son bustier de satin assorti. La draperie de futaine tigrée formait une guirlande de l'épaule aux paniers, les manches du corsage se fronçaient joliment en deux cercles de fleurs. Elle jeta un œil au miroir. Dans son dos le voile de gaze flottait à chacun de ses pas. Françoise resserra le tissu à deux doigts. Il ne fallait pas qu'Adélaïde s'inquiète : la parure serait rehaussée de fleurs fraîches que le semainier déposait dans les loges juste avant la représentation et la couturière allait faire des merveilles. Quelques fils de bâtis et il n'y paraîtrait plus.

— De toute façon, l'habit du rôle est le seul auquel tu peux prétendre en tant que remplaçante, expliqua-t-elle. Et si tu n'es pas d'accord, il t'en coûtera deux cents livres d'amende !

Elle éclata de rire devant son air éberlué et sortit de la coiffeuse une liasse de feuillets. Le règlement s'alignait en paragraphes serrés. Le premier concernait les retards : ne pas être là à cinq heures pour la représentation de cinq heures et demie ou rater son entrée en scène valait douze livres la première fois, vingt-quatre la seconde. Manquer une représentation sans prévenir se payait d'une amende, puis d'un mois d'appointements, enfin d'un congé immédiat. Quant aux troubles pendant la représentation, comme un fou rire en coulisses par exemple, il fallait compter vingt-quatre, puis quarante-huit livres avant d'être renvoyée !

— Tu comprendras qu'ici il y a des gens qui ne savent ni lire ni écrire, mais que tout le monde sait compter jusqu'à trois, affirma Françoise par-dessus son épaule. Maintenant il y a autre chose que tu dois savoir.

Au regard qu'elle tourna vers la porte, Adélaïde se tut. Elle n'avait pas besoin de leçon. Rebel ne s'était montré à aucune répétition et elle avait déjà compris que les qualités musicales ne l'intéressaient guère.

— Nos deux directeurs sont très différents, murmura son amie, Francœur a près de soixante-dix ans et laisse toute autorité à Rebel pour gérer le personnel. Ce qu'il assure très bien ! Il faut te préparer, toutes les petites nouvelles y passent. Si lundi soir personne ne se présente pour te protéger…

Sa voix resta en suspens. La jeune fille haussa les épaules. Les paniers bleus dansaient autour d'elle. Puisque la couleur était un peu pâle, elle ajouterait du fard, voilà tout. Il ne restait que deux jours à Mlle de Villars pour sauver sa vie. Le vieux rapace lui importait peu dans cet enjeu. Il n'était qu'une raison de plus de devoir triompher ; elle en avait de meilleures.

*

Les forges de Vulcain s'élevaient au milieu des ruines antiques. Se jouant de sa béquille, Henri évoluait avec élégance. Cela même ne fit pas sourire Adélaïde. Ses mains étaient glacées, comme mortes malgré le petit manchon offert par Françoise. Le froid l'avait saisie de l'intérieur. Elle ne connaissait pas cet état. Un cadavre. Est-ce qu'un cadavre peut chanter ?

Le bruit des poulies lui fit lever la tête. La Machine des Grâces descendait des cintres, si bien équilibrée par M. Bandieri de Laval que Mlles Audinot, Duperrey et Dervieux entrelaçaient les figures entre les guirlandes de fleurs sans craindre l'accident. Le maître de ballets avait une véritable passion pour les machines. C'est lui qui avait conçu l'an passé pour Fontainebleau la Machine de Minerve, la première de cette taille sans aucun cordage visible. Il avait également débarrassé le théâtre des flambeaux de carrosses qui provoquaient fumée et puanteur. La scène, éclairée par ses nouveaux feux à la poudre de lycopodium volée aux artificiers, était bien plus brillante désormais. Marie-Jeanne y terminait son air dans un sourire : l'Amour demandait à Vulcain de lui forger des traits pour soumettre une nymphe de Diane, Sylvie…

Le dieu ne pouvait lui résister. Henri s'élança d'un pas assuré. Le long tablier jaune de forgeron laissait apparaître ses jambes fuselées sous le collant chair, les sandales nouées jusqu'au genou. Déjà les Ris et les Jeux dansaient autour des forges pour en activer les feux. Un torrent de feu liquide jaillit comme un miracle.

La grande Diane se devait d'intervenir. Françoise saisit son arc en coulisses. Elle fit un signe à Adélaïde derrière la toile avant de se tourner vers le public sous les applaudissements. Sa voix ample faisait merveille dans les rôles à baguette, ceux de déesses et d'allégories. La jeune fille ferma les yeux. Elle ne songeait qu'à cette salle lumineuse, capable du meilleur ou du pire, dont elle ne voyait presque rien et qui allait lui apparaître tout à coup. L'attente la clouait sur place. Pourtant la musique venait à elle de plus en plus vite. Chaque mesure, chaque note la rapprochait du précipice. Quels étaient ses premiers mots ? Où devait-elle se placer ?

Elle ne savait plus rien. Le ballet des Cyclopes la bouscula dans un bruit de chaînes, le maillet sur l'épaule. Les forges de Vulcain s'envolaient dans les airs, la toile de fond tombait avec sa forêt et son temple de Diane. Changement à vue. Ainsi allait sa vie. Elle avala sa salive. Cette pauvre Mlle de Villars ne respirait plus. Que le diable l'emporte, la Beaumesnil n'avait plus besoin d'elle.

Elle fit un pas dans la lumière.

Berton l'attendait, le bras haut tenant le bâton de mesure. Derrière lui les hommes se tenaient serrés au parterre, debout, le tricorne sous le bras. Plus de noir cratère et de coupole perdue dans l'ombre, la salle s'était métamorphosée : les bougies brillaient aux lustres et aux feuillages des appliques pour sublimer les étoffes vert tendre. Les diamants se jouaient fièrement de leurs reflets, mouchetés sur les robes et dans les cheveux poudrés, soulignant les décolletés sur l'arrondi des balcons. Dans les loges, les éventails battaient l'air comme des papillons de nuit outragés par tant de lumière. Attirées par leur vol, les têtes penchaient au paradis. Ce monde en mouvement n'était pas un miroir mais un être vivant qui la regardait dans les yeux.

Elle avait craint une bataille. C'était un défi.

Le clavecin arpégea son accord pour la seconde fois. Les yeux de Berton s'agrandirent, suppliants. Elle eut soudain envie de rire. Il était si pâle, pauvre homme, devant cette salle haletante… Mais ce plancher était le sien, elle l'avait su à l'instant où elle y avait posé le pied. Son corps tremblait d'excitation. La première note résonna à la racine de ses cheveux. La salle se figea. En quelques secondes, l'attention devint palpable. Chacune de ses respirations y trouvait son écho, chacun de ses sons lui était renvoyé, décuplé, comme si elle frappait d'une baguette magique la peau tendue d'un tambour. Le spectacle se déroula dans cette tension muette qui portait chacun de ses pas. La violence d'Hylas et de ses Faunes enlevant Sylvie, le courage d'Aminte volant à son secours avec ses chasseurs, ses aveux innocents, le courroux de Diane, rien ne souleva l'enthousiasme ; même la fin des actes fut applaudie du bout des doigts. La salle haletait, fière de son jugement dernier.

Enfin Adélaïde s'approcha de l'autel.

— Plus je vois Amintas, plus j'augmente mon crime.

Il est temps que j'offre à vos yeux

Et la coupable et la victime.

L'émotion malmena sa voix. Elle saisit le poignard.

— Ah, Sylvie, arrêtez…

Joseph s'était jeté vers elle. Le silence restait suspendu avec ses respirations étouffées et ses éventails morts. Marie-Jeanne parut :

— Temple où régnait l'indifférence,

Disparaissez au gré de mes déesses !

Par un effet de ma présence

Devenez à l'instant l'asile des Plaisirs !

Elle leva les bras d'un geste vainqueur. Aussitôt le temple de Diane disparut dans les cintres et celui de l'Amour le remplaça. Les colonnes tombèrent entre eux. La salle explosa en applaudissements. Les cris partirent d'en haut et ricochèrent en milliers d'échos. Adélaïde renversa la tête vers cette coupole illuminée. La mosaïque dorée resplendissait. Le public debout hurlait, battait des mains. Ce feu d'artifice la pénétrait par tous les pores de la peau. Son ventre tremblait comme en plein fou rire.

Elle salua les bras en croix. Un jour Philippe serait là, au milieu de cette foule, éperdu d'admiration. Elle le voyait si bien la dévorer des yeux comme au premier jour ! Le désir conduirait ses pas tandis qu'il apparaîtrait en coulisses. Quel que soit son rival il voudrait la gagner. Elle en rirait dans ses bras, la nuit serait folle et à l'aube la vie reprendrait son cours…

Mais déjà les danseurs la poussaient. La chaconne finale emportait l'orchestre, l'Amour touchait les couples l'un après l'autre : Vénus retrouvait Adonis, Bacchus Ariane, Zéphire Flore. Les Plaisirs distribuaient leurs guirlandes de fleurs, emblèmes des chaînes de l'Amour. Tous les artistes souriaient.

Le rideau provoqua un hurlement de joie.

— Pas un accroc, mes compliments, Adélaïde !

Joseph lui baisa la main. Elle n'eut pas le temps de remercier son partenaire. Les deux lignes de chœur, rangées par ordre d'ancienneté de chaque côté de la scène, applaudirent à leur tour. Françoise affichait des airs de mère orgueilleuse, le ballet l'entourait, elle passait de bras en bras.

— Jean Dauberval, pour vous servir ! pensa à préciser celui qui la saluait.

Elle rit. Pas question d'oublier cet homme-là, ses sauts impressionnants et son sourire enchanteur. Son pas de deux avec Marie Allard, une petite brune toute en rondeurs, avait obtenu une ovation. Les enfants chéris du public s'étaient surpassés, elle en robe à paniers légers et lui en costume de berger, corps de satin blanc et culotte de soie rose, le tonnelet aux hanches recouvert de mosaïque d'argent.

— Vous avez cabriolé comme le plus léger des Sylphes, osa-t-elle.

Il s'inclina sous son panache de plumes. Berton accourait de l'orchestre. Elle l'embrassa.

— Rien n'aurait été possible sans vous…

Elle croisa son regard tendre. Il pleurait presque.

— Pierre, chuchota-t-elle.

On relevait le rideau. La belle panique retrouva aussitôt un ordre parfait. Les applaudissements n'en finissaient plus. Adélaïde sourit à tant d'enthousiasme. Il n'y avait pas eu un mot dans le public, pas l'ombre d'une accusation. Avec le maquillage, l'éloignement et la surprise de son début, personne ne semblait l'avoir reconnue.

Le flot bavard et excité l'emporta jusqu'à sa loge. Françoise referma la porte sur de grands éclats de rire. C'était soir de fête. Les rouleaux cachetés de rubans jonchaient la coiffeuse.

— Lettres tendres, éloges en vers, propositions galantes et demandes chiffrées ! énuméra-t-elle avec bonne humeur.

Adélaïde n'en revenait pas.

— Oh, ces messieurs n'écoutent pas toutes les notes ! soupira Françoise. Viens, regardons cela…

Elle avait déjà placé les chaises au coude à coude et, dans un relent de parfum, écartait les beautés poétiques d'un soir pour parer au plus pressé ; les griffes du vieux beau entaillaient la porte. Adélaïde l'aida à ouvrir les billets sans aucune envie de les lire. Le plaisir de la représentation flottait dans ses veines. Elle aurait tout donné pour retourner en scène ne serait-ce qu'une seconde. De toute façon, Françoise n'avait pas besoin d'aide. Son tri était fait. Sur trois propositions, l'une émanait du comte de Stainville et elle était formelle : à peine la quarantaine, le frère de Choiseul était en bonne place à la cour et estimé de Sa Majesté, jamais Rebel n'oserait s'y frotter. C'était le meilleur parti à choisir, même si sa situation de « cocu de Paris » le rendait aigri et parfois violent. Sa femme était amoureuse d'un acteur de la Comédie-Italienne, Clairval, et avait quitté le foyer conjugal pour vivre avec lui. Le comte hésitait à intervenir de peur d'un scandale public bien plus important !

— Pour garder un semblant de dignité il entretient quelques filles en vue avec lesquelles il se permet une jalousie féroce, expliqua-t-elle. Aucune n'y résiste bien longtemps. Mais pour un soir, il te sauvera du vieux vicieux ! Ensuite tu feras comme les autres, tu trouveras mieux.

— Mieux… qui donc ? demanda Adélaïde.

Françoise poussa les hauts cris.

— Mon dieu, c'est arrivé il y a trois jours, ça débute avec un brin de chance et ça voudrait séduire les plus grands !

Sa voix grave n'avait rien à envier, soudain, à la vendeuse de marée. Mais elle s'amusait. Elle posa les rubans devant elle par couleur, comme des cartes à jouer tout en dressant son jeu. Le prince de Condé, qui aimait les chanteuses, était plus ladre qu'un bourgeois malgré sa jeunesse. Il avait osé réclamer des bijoux à une maîtresse qu'il quittait pour les offrir à la nouvelle ! Le duc de Richelieu, en bon Gentilhomme de la Chambre, préférait les actrices de la Comédie-Française. Dommage pour les filles, car à soixante-dix ans c'était un jeune homme des plus alertes. Le prince de Ligne, grand amateur d'opéra, furetait dans leurs coulisses dès qu'il était à Paris… et adorait Sophie Arnould. Enfin venaient l'honneur suprême, les pères de l'Opéra : le prince de Soubise, protecteur en titre de Madelaine Guimard, Première Danseuse, et le prince de Conti, celui de Sophie. Personne n'avait plus d'influence que ce dernier sur le Bureau de la Ville dont dépendait le théâtre : il était le grand prieur du Temple.

— Alors autant te dire que celui-là ne t'appartiendra jamais, prévint Françoise, Sophie préférerait te tuer, déjà qu'elle risque de…

Elle se mangea les lèvres. Deux coups à la porte la tirèrent d'affaire. Geneviève Hus passa la tête.

— Désolée, Adélaïde, Rebel demande de te préparer…

— Va lui dire que Mlle Beaumesnil appartient désormais au comte de Stainville, lança Françoise, qu'il s'adresse à lui !

Leur voisine de chambre s'enfuit avec ce message inespéré. Adélaïde passa derrière le paravent. L'ouvrière avait des doigts de fée, la robe de Sophie semblait taillée pour elle et elle regrettait de s'en défaire maintenant, comme si elle s'apprêtait à perdre toute la magie de cette soirée.

— Comment vais-je trouver le comte, murmura-t-elle, je ne sais même pas à quoi il ressemble…

— Ne t'inquiète pas, je serai avec toi, promit Françoise en l'aidant à lacer sa robe. De toute façon, son carrosse t'attend déjà devant la sortie des artistes. Tu reconnaîtras les armes de Choiseul, d'azur à la croix d'or, et le blason des Stainville au centre avec sa croix ancrée de gueules.

Elle hésita.

— Cette cérémonie des carrosses, c'est notre quotidien à toutes, Adélaïde, et tu dois comprendre qu'il ne s'agit pas seulement de l'envers du décor. Là encore il va te falloir sourire, jouer la comédie et plus encore pour cet homme qui te paye.

Adélaïde retirait le caleçon de protection qu'une ordonnance royale obligeait à porter en scène. Elle laissa retomber sa robe sur son sexe nu et se sentit brusquement sans défense. L'heure était venue. Ni l'assurance ni les conseils maternels de Françoise ne pouvaient plus rien pour elle.

Elle s'accrocha au bras de son amie dans le couloir. La sortie des artistes bruissait comme une foire ouverte. Les cochers criaient pour organiser la file des voitures écussonnées à coups de fouet. Les plus chanceuses se lançaient à l'assaut des portières, les autres s'attardaient, comptant les points. Ici les successions étaient plus rapides que chez le notaire.

— Laisse-le prendre, murmura Françoise, et surtout laisse-le croire…

Elle eut un geste désolé. Le vent balayait le ciel d'ébène. C'était une nuit sans lune.

7.

La porte était fermée. La sensation d'étau l'étouffa, comme au premier jour dans sa chambre. Élisabeth ne paraîtrait pas cette fois pour la sortir de cette prison. Son visage défait, mort d'inquiétude, flottait sur le mur. Elle détourna les yeux.

Le comte retirait son bel habit de Pékin de soie. Il avait payé et prenait son temps. Dénouant la bande de mousseline autour de son cou, il soupira d'aise avant de déboutonner lentement sa culotte, sans abîmer les prodiges de satin de son tailleur. Sur le mur, dans un cadre doré, une petite paysanne jouait de la vielle. Son regard enjôleur semblait attendre un peu de compassion. Une seconde, Adélaïde pria avec elle pour que cet homme ait un cœur, mais il l'avait vue pâlir. Son sourire se fendit en traversant la pièce.

D'un geste il releva sa jupe, dénoua ses paniers et les enjamba. Il connaissait son chemin, il avait mené cent fois cette bataille. Seul le dégoût qui la cabrait sous lui l'attirait encore. Sans une caresse, sans un mot il se mit à frotter son corps maigre à ses hanches à travers sa chemise, comme une bête folle. Il ne s'arrêtait plus. Sa tête allait et venait avec son corps mou. À chaque mouvement, elle sentait son relent de sueur mêlé au parfum du musc. Un gémissement lui échappa.

Aussitôt son sexe se raidit. Il enferma ses bras dans son dos et souleva sa chemise. Pas de contrat et une vierge effarouchée pour le prix d'une débutante, il en tremblait de plaisir. Alors elle comprit qu'il ne la déshabillerait pas, qu'il la prendrait debout, troussée comme une servante. La pièce se mit à tourner sous ses pieds. Les lames de bois se heurtaient sans pitié dans leur danse satanique tandis qu'il s'affalait contre elle, suçant son cou et s'excitant tout seul dans la batiste. Il faisait tant et si bien qu'elle se prit à espérer que tout finisse ainsi. Mais brusquement il la pénétra. Son baiser lui mordit le visage. Il avait tout, la grossièreté, le viol et l'impunité ; il lui fallait le semblant d'amour aussi.

La douleur surgit, à lui couper le souffle. Elle avait cru pouvoir s'oublier en retrouvant ses souvenirs, cette chaleur qui glissait de sa poitrine vers ses reins quand Philippe l'embrassait. Elle se laissait renverser sur les coussins. La voiture sautait sur les pavés de Paris et l'amour devenait un jeu. Ils se trouvaient, se perdaient, riaient à perdre haleine pour jouir enfin, accrochés l'un à l'autre comme des amants maudits. Mais le comte s'activait, la brisant contre la porte, une main sur sa bouche pour l'empêcher de crier. Ses jambes l'écartelaient. Son sexe de séducteur insatisfait la brûla enfin. Il la lâcha d'un coup et tomba sur le lit, culotte béante sur les souliers vernis.

Elle se laissa glisser au plancher. La souillure infecte s'infiltrait dans son ventre, il n'y avait plus qu'elle dans son corps vide qui s'étendait, s'étendait sans une larme pour l'adoucir. Là-haut la porte était fermée à clé. Devait-elle encore quelque chose ? Un dicton affirmait que la femme galante était comme un bon bouillon, elle ne faisait d'effet que si l'on dormait une heure après.

Le comte ronflait déjà.

La rage la souleva. La petite vielleuse souriait toujours dans son cadre d'un air mielleux. Elle lui tourna le dos, rampa jusqu'à la cheminée, s'enroula dans sa cape. Et les yeux grands ouverts elle attendit l'aube.

8.

Grâce aux débuts de Mlle Beaumesnil, *Sylvie* était un succès. Le *Mercure de France* consacra aussitôt sa rubrique spectacle de novembre 1766 à la jeune inconnue : « *Les grâces de son physique, les mouvements charmants de ses bras toujours en accord avec le sentiment, son sens du texte et de la musique, la certitude de son jeu, son articulation, sa précision musicale, le débit raisonné de ses récitatifs, la plus fidèle des justesses* »... Adélaïde n'en finissait plus de relire l'article qui lui prêtait toutes les qualités jusqu'au « *précieux instinct de l'âme* », si rare parmi les artistes !

— N'oublie pas la fin, répétait Françoise amusée, tu sais, sur ces mignardises qu'on appelle l'onction et qu'on utilise pour mendier les applaudissements du parterre.

Elle pensait que le passage lui déplaisait. L'auteur l'y suppliait de ne pas gâcher son talent avec le maniéré en usage à l'Opéra et la poussait, au contraire, à rechercher le « grand effet »... En vérité, ces mots-là étaient ceux d'Élisabeth. Ils avaient rempli son enfance et la touchaient terriblement : le parti des Anciens rêvait d'une révolution en musique comme d'autres en peinture et prônait le retour à un style épuré, loin des roulades et des cadences à la mode. Pour lui seuls les sujets d'histoire pouvaient faire renaître la beauté et la puissance de la tragédie de M. Lully. Les ouvrages de MM. Cardonne, Dauvergne, Laborde, Berton et Trial, Rebel et Francœur remettaient au goût du jour des ouvrages anciens et des histoires aimées, et leurs opéras lardés d'airs de ballet ressemblaient à ces toiles qui garnissaient inlassablement les murs... Mais une partie du public se fatiguait de cette peinture de genre. M. Boucher n'avait-il pas été malmené par M. Diderot au dernier Salon ?

L'Opéra manquait d'une plume neuve, Élisabeth le disait souvent en voyant le public déserter pour applaudir à la Comédie-Italienne et aux théâtres de foire les légèretés de l'opéra-comique. Penser à sa tante bouleversait Adélaïde. Chaque nuit elle revoyait ce fiacre disparaissant dans la foule. Si seulement elle avait pu la savoir en sécurité ! Mais elle avait promis. Aucune recherche, aucune indiscrétion, elle ne s'était confiée à personne, pas même à Françoise.

Au moins, l'Opéra restait-il la première scène parisienne et Rebel avait tenu parole : elle y était reçue Premier Sujet, double de Sophie Arnould. L'actrice avait subitement guéri en l'apprenant ! Elle était rentrée comme une furie réclamer des explications au directeur. Quand il lui avait annoncé que les représentations à venir pour *La Reine de Golconde*, *Le Carnaval du Parnasse* et *Thésée* étaient déjà partagées, elle avait claqué la porte à en briser le carreau du concierge.

La rencontre s'avérait inévitable. Adélaïde ne savait pas si elle l'espérait ou si elle la redoutait, en tout cas il lui tardait de découvrir enfin celle que tous considéraient comme une peste. Françoise préconisait la prudence. L'autre bénéficiait des plus hautes protections, le prince de Conti l'adorait et son esprit cinglant pouvait tuer sur place n'importe qui. Une seule attitude s'imposait pour leur première répétition commune : se taire. Adélaïde serra les dents. Un combat sans armes, David contre Goliath, la piètre stratégie ! Elle ne se sentait aucun goût pour tant d'humilité.

— Tu n'as pas le choix, assurait son amie, à moins que tu ne veuilles attirer l'attention de M. de Sartine…

Son regard était lourd de sous-entendus. Quel que soit ce passé qu'elle ne connaissait pas, elle semblait certaine que le lieutenant général de police ne tarderait pas à le découvrir. Le chantage était son arme favorite et nulle part comme à l'Opéra il ne trouvait de ces grains qui faisaient manger les plus grands dans sa main. Chaque matin, il furetait en coulisses avant de se rendre à Versailles faire son rapport au roi, avec son museau de fouine et son tricorne vissé sur la tête. Il fallait beaucoup de pouvoir pour lui échapper, ou beaucoup d'esprit, comme Sophie justement. Un jour il avait essayé de savoir quelles personnes de qualité avaient dîné chez elle. Devant son manque de mémoire, il s'était énervé : « Il me semble qu'une femme comme vous devrait se souvenir de ces choses-là ! » « Oui, monsieur, avait-elle répondu, mais devant un homme comme vous je ne suis plus une femme comme moi. »

Le bon mot avait fait rire Paris et depuis M. de Sartine la laissait tranquille. Mais pour les autres le danger était grand, Adélaïde le savait. Quelles que soient les recherches que son père avait engagées, inutile de mettre ce maître-chanteur sur sa trace. Elle se prépara calmement au grand jour. Deux billets d'amphithéâtre l'attendaient dans sa loge : voilà le joli rôle que lui laissait la princesse outragée, venir l'applaudir, et encore, aux places du peuple ! Françoise ne releva pas cette insolence. Ce n'était qu'une farce et elle craignait bien plus. Elle repoudra les joues d'Adélaïde et l'accompagna en scène. Berton et Joseph étaient déjà là, prêts à la soutenir. Elle sentit pourtant son cœur battre plus fort quand au bout d'une demi-heure de répétition des talons battirent enfin les coulisses.

La silhouette qui parut était petite, légère. Sous la cascade de boucles blondes les yeux brillaient, immenses, soulignés d'épais sourcils. La bouche en paraissait minuscule malgré le rouge fièrement appuyé. Sans réelle beauté, Sophie Arnould n'était qu'une chevelure et un regard. Une seconde, Adélaïde eut la sensation de faire face à la Gorgone mythique. Par bonheur, ce monstre passa devant elle sans la voir. Un courant d'air l'aurait plus gêné que sa présence. Oubliant toute politesse, elle s'appuya à l'épaule de Berton et attaqua.

Elle chantait sans se fatiguer, accompagnant son phrasé d'un geste du bras comme pour remplacer toute énergie. Peu de souffle, pas de puissance, un timbre plus attachant que beau, sa voix ressemblait à son physique : sa personnalité seule en faisait le charme. Elle s'attachait à conduire chaque phrase en visant un mot ou une inflexion particulière sur lesquels elle s'attardait, sans doute pour mieux se jouer de l'émotion du public... Elle pouvait se faire adorer ainsi, cette interprétation restait une corde raide : un pas de trop et elle y passerait la mesure du bon goût. D'autant qu'à vingt-sept ans, sans rivale, l'enfant gâtée ne travaillait plus. Personne n'osait encore formuler de reproches, à part la direction qui s'élevait contre ses absences et ses sautes d'humeur, mais certains n'hésitaient pas à l'affirmer déjà sur le déclin.

Adélaïde recula docilement dans l'ombre, soulagée. Si la femme était impressionnante, l'actrice ne lui faisait pas peur. Il ne tenait qu'à elle de lui donner du fil à retordre, non en l'attaquant sur son terrain mais en lui opposant la franchise de sa voix et une sensibilité sans pathos. L'auteur du *Mercure de France* avait raison. S'attacher au grand effet pouvait la sauver.

Avant la fin de la répétition Sophie salua son monde d'un coup de menton et disparut. Les horaires ne semblaient pas faits pour elle. Chacun soupira, pas mécontent de s'en tirer à si bon compte. Berton semblait même ravi.

— Sophie n'a rien dit mais elle vous a acceptée, jeune fille ! s'exclama-t-il. Ne vous inquiétez pas, vous allez vous imposer.

Il reprenait déjà tout pour elle. Françoise se détourna sans un mot. Les hommes croyaient en l'honneur et ne voyaient pas plus loin que le bout de leur nez. Elle n'était pas prête à relâcher sa surveillance.

Pourtant ce début d'hiver s'étira monotone, au gré des reprises prévues. Adélaïde piaffait. Entre l'indifférence de Sophie et ce quotidien sans éclat, comment allait-elle faire son chemin ? À Noël, c'est la vie chez Mme Dorgeville qui changea du tout au tout : Geneviève Hus était tombée amoureuse d'un comédien, Velaine, et partit vivre à Sceaux avec lui. Toutes les filles se sentirent jalouses. L'appartement était miséreux, le jeune homme y prit froid. Deux semaines plus tard il était à l'agonie. Bien que le curé, ému par sa jeunesse, ait accepté d'administrer les derniers sacrements, Geneviève s'accrocha comme une folle à son corps. Il fallut quatre hommes pour la sortir de là et la ramener chez Mme Dorgeville où elle resta muette, prostrée, tournant la tête devant la nourriture comme une enfant têtue.

La brave femme convoqua dix médecins qui l'un après l'autre déclarèrent n'y rien comprendre... Une maladie inconnue, une femme qui contrait la science ! Pouvait-elle réellement mourir d'amour ? La nouvelle se répandit comme une traînée de poudre. Les badauds s'attroupèrent dans la rue. Elles vécurent trois jours de siège. Trois jours entiers avant que la foule ne déménage, attirée par le suicide d'un comédien aux Italiens, et les laisse enfin rouvrir les volets !

Adélaïde était épuisée. Cet amour sincère l'avait émue, elle ne pouvait accepter son dénouement. Comment croire au retour de Philippe et au bonheur demain devant une telle fatalité ? Elle aurait tout donné pour que Geneviève sorte de son inertie et lui rende ses rêves. Mais la pauvre fille ne réagissait plus à rien, elle semblait condamnée à vivre dans un autre monde. Le curé de Sceaux proposa finalement de la recueillir et Mme Dorgeville désespérée capitula. Les filles s'assemblèrent sur le seuil pour la regarder partir. Elle ne se retourna même pas.

De ce jour, la maison de la rue Saint-Marc devint silencieuse. Elles n'osaient plus rire ni s'interpeller dans l'escalier comme avant. Leur logeuse elle-même avait perdu de son entrain. En janvier, quand la foire Saint-Germain s'ouvrit près de l'abbaye de Saint-Germain-des-Prés, Françoise et Adélaïde décidèrent de l'y emmener pour la distraire.

— Gardez vos poches ! clamait le surveillant à l'entrée.

Mme Dorgeville n'entendait rien. Trop heureuse de sa sortie elle trottinait dans une cape de drap vert, un bouquet sur sa coiffure haute.

— Il paraît qu'il faut se méfier de tout, babillait-elle, particulièrement du muscat de Frontignan que proposent les cabaretiers. Mais de toute façon je ne suis qu'une gourmande. Personne ne pourra m'empêcher de me jeter sur les marrons et les dragées !

— Mesdames, un véritable crocodile ! Une merveille de la nature !

Le petit homme faisait sa parade avec une voix de stentor. Quelques personnes s'arrêtèrent, séduites par tant d'exotisme. Derrière son rideau le crocodile ne bougeait pas, tout empaillé qu'il était, mais son compère tirait les montres et coupait les bourses d'un geste sûr. Elles s'éloignèrent rapidement. Sous les grandes halles, les boutiques des marchands alternaient avec les loges louées pour les exhibitions. Mme Dorgeville voulait voir l'hippopotame. Quelqu'un lui avait dit qu'il courait avec une légèreté étonnante et se laissait caresser comme un petit chien. Adélaïde riait. L'animal mangeait soixante livres de foin et vingt livres de pain par jour, et buvait quatorze seaux d'eau sans compter sa ration de bière. La brave dame ne manquerait pas de se sauver à toutes jambes si elle le rencontrait !

Elles entrèrent sous une tente. Des acrobates finissaient leurs démonstrations de souplesse et quittaient la piste, remplacés par un danseur de corde. « C'est l'escarmouche », leur glissa une fille d'un air connaisseur. Le jeune homme enchaînait les figures sans balancier, jouait du violon dans son dos et au-dessus de sa tête. Au sol, son partenaire se tenait droit comme un i sur son échelle tandis qu'une petite tourneuse jonglait avec six épées sans cesser sa rotation infernale.

Mme Dorgeville s'éventa.

— Et si nous allions voir les animaux ? proposa-t-elle.

Elle courait déjà vers la place suivante. Le panneau annonçait « Curiosités vivantes » dans un bruit assourdissant. Ici un lièvre jouait du tambour et fumait la pipe, là une femme proposait de voir son enfant à quatre bras et, derrière un rideau, une « tête parlante » qui faisait frémir… Un petit singe qui changeait de costume en un tour de main les attira : en habit de mousquetaire il tirait au pistolet, habillé en demoiselle il dansait un menuet puis, volant le chapeau d'Arlequin, sautait en selle sur un chien !

Elles applaudirent à tout rompre. Un homme se pencha.

— Chères dames musiciennes, n'allez surtout pas écouter l'épinette qui joue toute seule, le fils du propriétaire sue à l'intérieur pour réaliser cette magie.

— Dorat, s'écria Françoise en se retournant, toujours exact au rendez-vous ! Je vous présente mon amie Adélaïde, pour qui nous sommes en affaire.

Le jeune homme mince, fort élégant dans son habit broché, s'inclina et sortit quelques feuillets de sa poche. Les vers s'allongeaient sous le titre prometteur, « Épître à Mlle Beaumesnil, par un inconnu ». Adélaïde parcourut rapidement les premières lignes :

J'examinais hier au soir
Ton œil mutin, ton air folâtre,
Et j'ai jugé par le théâtre
De tes talents pour le boudoir…

Le reste était à l'avenant. En quelques strophes, l'auteur vantait ses charmes et lui déclarait une passion dévorante.

— C'est ma surprise, expliqua Françoise, je veux te débarrasser de Stainville, tu ne me sembles pas très bien supporter son régime.

Elle penchait la tête, presque coupable. Mme Dorgeville appuya ses dires d'un regard maternel. La jeune fille n'osa répondre. Le comte ne lui laissait pas de repos. Où qu'elle aille, il lui semblait retrouver son relent de musc et de sueur, et sa bouche soufflant de plaisir contre la sienne. L'amour était devenu un combat. Cet homme était un vampire, il suçait un à un tous ses souvenirs.

— Vos vers sont chers, je suppose ? lança-t-elle avec amertume.

— Oh, ma plume n'a pas de prix, mademoiselle, devant votre beauté ! se récria le poète. Vous me paierez plus tard, quand nous aurons réussi. Disons que je mise sur votre carrière, que j'investis !

Il avait pris des mines de marchand malhonnête, mais cette comédie même le rendait sympathique. Mme Dorgeville battit des mains et lui arracha le troisième feuillet. Il n'était plus question de résister. La jeune fille lut à haute voix :

— S'il te vient dans l'intervalle
Quelque traitant à dévorer,
Quelque amplitude épiscopale
Qui, sans bruit, veuille à ce jeu-là
Sanctifier sa convoitise,
Et pour des filles d'Opéra
Distraire le bien de l'Église :
Je te permets de me tromper
Et de vaquer à tes affaires.
Adieu ! Je ne dis pas mon nom,
Jeune Beaumesnil, quand on aime,
Il faut de la discrétion.

La logeuse s'extasia. La révérence était bien tournée et laissait la porte ouverte aux meilleures propositions. Avec elle, nul doute qu'un beau parti ne vienne la délivrer de son jaloux. Dorat proposait d'ailleurs de distribuer l'Épître imprimée devant le théâtre pour la première d'*Ernelinde*. Tout-Paris devait y assister, on ne pouvait rêver de meilleures circonstances.

Adélaïde n'en était pas si sûre. *Ernelinde, princesse de Norvège* était la seule création prévue de la saison et le premier essai dans le genre sérieux de M. Philidor, dont les opéras-comiques triomphaient aux Italiens. Comme à son habitude le musicien avait composé des airs charmants mais son librettiste était piètre poète : « Les vers de M. Poinsinet ont le sort des enfants gâtés, avait osé dire Sophie, leur père est le seul qui les aime. » Cela n'avait pas rabattu son orgueil. Non content d'avoir écrit des vers insipides, ce monsieur s'était décidé à y styler lui-même les artistes. Chaque jour les répétitions tournaient au cauchemar.

— La première sera peut-être houleuse…, opposa-t-elle.

— Justement, souligna Dorat, depuis combien de temps le public n'est-il pas venu à l'Opéra avec l'assurance d'un soir d'affrontement ? Juger, crier et se battre avec son voisin, n'est-ce pas ce qui plaît le plus en définitive ? D'ailleurs vous ne pouvez rien me refuser, mademoiselle, car je vous ai déjà un peu vengée. J'ai parlé à Antoine Poinsinet d'une charge d'Écran du Roi vacante à la cour, consistant à protéger Sa Majesté du feu, et il s'est fait griller les mollets toute une soirée devant la cheminée pour s'exercer !

— Mon dieu, il est donc si naïf que cela ? lâcha-t-elle en riant.

— Oh, les tours que l'on arrive à lui jouer sont devenus légendaires, il a même fallu créer un mot, « mystification », pour les désigner ! Retenez-le, mesdames, car bien que M. Voltaire fasse tout pour le proscrire il semble aujourd'hui pratiquement adopté. On lui a même écrit qu'il serait reçu à l'Académie de Pétersbourg s'il apprenait le russe : le bougre a travaillé jour et nuit, et ce n'est qu'au bout de six mois qu'il a découvert que c'était une farce et qu'il étudiait le breton !

Dorat pirouetta avant de plonger en révérence. Elles applaudirent de bon cœur. Quelques personnes se retournèrent mais l'homme aimait la comédie et semblait à l'aise en toutes circonstances. Adélaïde était séduite. Elle lui tendit la main.

Il l'avait à peine serrée que derrière lui ce fut la cohue. L'hippopotame avait paru, boueux à souhait. La halle résonna comme un tambour. Les uns se sauvèrent en hurlant, les autres se précipitèrent, abandonnant sans regret la femme à barbe, l'oiseau exotique aux plumes cousues et la « géante ». Adélaïde sourit. Son cœur s'allégeait. Cette atmosphère bon enfant ne pouvait être qu'un bon présage.

*

Elle attendit avec impatience la création d'*Ernelinde*. Tout le monde en était là. M. Poinsinet se comportait en maître à l'Opéra et la troupe était excédée. Les petites vengeances se multipliaient. Une choriste s'amusa dans une lettre publique à lui demander des conseils pour entrer à la Comédie-Française, en souvenir du joli temps où ils étaient amants. Le poète répondit en première page du journal : « Je ne me souviens pas de vous, j'en suis à ma 485e maîtresse et aucune n'a pu me fixer, pas même la grande Sophie Arnould. »

La Première Actrice s'en vexa au point de déserter. Sa grossesse nouvelle lui donnait tous les droits. Adélaïde crut à sa chance ; mais un rôle créé à l'Opéra appartenait à l'artiste pour toute sa carrière. Elle avait trop peu d'ancienneté pour y prétendre et Rebel, à qui elle avait échappé, n'avait aucune envie de lui offrir un passe-droit. Marie-Jeanne Larrivée fut nommée pour remplacer Sophie.

L'actrice avait bien d'autres soucis en tête. Son mari lui avait rapporté un cadeau empoisonné et les méchants riaient. Elle obtint rapidement le nom de l'expéditrice : Angélique Fontenet, des chœurs de la danse, maîtresse attitrée du duc de Gramont, le beau-frère de Choiseul ! L'accuser d'avoir transmis une maladie vénérienne dépassait les compétences de Rebel, qui appela à la rescousse le ministre de Paris. Le temps que celui-ci réfléchisse Marie-Jeanne avait écrit à Mme de Gramont : « *Madame, bien que je n'ignore pas que vous devez avoir peu de commerce avec votre mari, je sais qu'il se trouve pourtant, dans les ménages les moins amoureux, des instants où l'on se rapproche insensiblement... Je suis donc bien aise de vous prévenir de surtout ne pas vous livrer à la tendresse de votre mari.* »

Contre toute attente, la duchesse ne fut pas bien aise de recevoir des conseils sur sa vie privée, elle qu'on savait être la maîtresse du roi ; sans compter que la gauchoise d'une demoiselle d'Opéra menaçait soudain Sa Majesté elle-même ! L'affaire montait décidément trop haut. Angélique fut officiellement examinée par deux médecins dont M. Fibrac, fort réputé dans sa spécialité, et reconnue saine de corps. L'intérêt commun étouffa l'affaire. Marie-Jeanne accepta de continuer à chanter avec Henri mais quitta le foyer conjugal avec ses enfants. Adélaïde la plaignait assez pour oublier de regretter le rôle d'Ernelinde. D'ailleurs il ne restait que deux semaines et la première s'annonçait périlleuse. Il n'y avait pas grand-chose à envier.

Toutes les loges avaient été louées d'avance. Le jour même le peuple fit la queue dès midi et pour augmenter la recette, on vendit plus de billets de parterre qu'il n'était raisonnable. Les couloirs et les escaliers débordaient de spectateurs munis de billets mais sans place. À six heures le spectacle n'avait toujours pas commencé. Berton dut demander aux musiciens de resserrer leurs chaises pour installer une partie des mécontents dans l'orchestre même !

La salle tempêtait. Dans la chaleur et l'excitation, plusieurs personnes s'évanouirent. Il fallut les évacuer tant bien que mal. Sophie n'était pas venue mais avait envoyé sa cabale, qui sifflait régulièrement. Pas une note de l'ouverture ne fut entendue. Le rideau se leva enfin sur la citadelle de Nidrosie :

— Quoi ! Vous m'abandonnez, mon père ? Vous fuyez mes faibles bras ?

Ernelinde suppliait devant l'autel d'Oden. Gélin était le roi Rodoald. Empêcher un père de justifier son honneur devant son enfant n'aurait pas été honnête. Le public se tut.

— Entends-tu les cris des soldats ?
Je les trahis si je diffère,
C'est à moi de guider leurs pas.

En quelques phrases le talent de M. Philidor s'imposa. Le compositeur savait tourner un refrain comme personne et surtout ne volait jamais de vieux airs, ce que le public ne supportait plus. Dès le premier acte Joseph fut acclamé en Sandomir et Henri en Ricimer. Marie-Jeanne chantait magnifiquement. Les costumes de M. Boquet ne faisaient qu'ajouter au charme de la musique : le dessinateur, qui renouvelait avec grâce les patrons traditionnels de héros, de princesses, de plaisirs et de nymphes, de dieux et d'allégories, aimait à laisser vagabonder son imagination vers les contrées lointaines. Ses Norvégiens portaient de longues tuniques fendues sur le côté, bordées de fourrures sur des collants chair et des bottes fines. Au troisième acte, le ballet des Tartares et des Cosaques, Dauberval en tête, présenta des hommes en cottes d'armes, casques et peaux de bête. Le rideau tomba sur une ovation.

Adélaïde n'attendit pas les saluts pour sortir. Il y avait tant de monde dans le couloir que se frayer un passage avec les paniers tenait de l'exploit. Un petit nègre se dressa soudain contre sa robe, habillé en aristocrate, coiffé d'un turban.

— Mademoiselle Bôménil ? articula-t-il les yeux si écarquillés qu'elle ne put s'empêcher de rire.

La gerbe de glaïeuls était plus grande que lui. Il lui jeta entre les bras. Pas de carte. Elle voulut le retenir mais il se sauvait déjà, plié en deux entre les culottes de soie. Encombrée par les fleurs, elle prit la foule à contre-courant pour rejoindre la scène. Autour d'elle les critiques allaient bon train. Chacun vantait les mérites du musicien tout en regrettant la niaiserie de son livret. M. Poinsinet faisait bien d'être absent : « Un opéra dure cinq heures en Italie, il n'en doit pas durer trois en France, encore est-il nécessaire d'y insérer au moins un ballet par acte », avait-il écrit dans sa préface. Ce mépris à peine dissimulé, autant que les événements des dernières semaines, lui auraient valu d'être sifflé.

Elle atteignit enfin la porte des coulisses. Le garde lui ouvrit. L'atmosphère côté artistes était joyeuse et Marie-Jeanne se trouvait entourée de toutes parts. Elle s'échappa pourtant en l'apercevant.

— Il est question d'une vengeance préparée par Madeleine contre Poinsinet, ce soir au bal de l'Opéra, murmura-t-elle d'emblée. Nous sommes cinq et il faudrait être six...

Elle appuya son regard côté jardin. Adossée à une ferme peinte, la fameuse Madeleine Guimard jaugeait Adélaïde d'un air ironique. Elle ne lui avait jamais adressé la parole. Même au soir de ses débuts la jeune fille ne se souvenait pas de cette blonde orgueilleuse venant la féliciter.

— On a besoin d'une fille qui ait du cran, lâcha la Première Danseuse. Dois-je demander à quelqu'un d'autre ?

Le gant était jeté. Adélaïde savait de la Guimard ce que tout le monde en savait, en l'occurrence que le public l'adorait, qu'elle régnait sur la classe de la danse comme Sophie sur celle du chant et que les deux femmes se détestaient, ce qui la rendait infiniment sympathique à ses yeux, enfin qu'elle se trouvait au centre de la vie mondaine. Les plus belles fêtes de Paris promettaient de se donner dans sa nouvelle villa de Pantin.

— Ne cherche plus, je suis des vôtres, affirma-t-elle.

Marie-Jeanne lui lança un clin d'œil victorieux. Adélaïde venait d'être engagée, non pour la guerre mais pour un bal, ce qui à l'Opéra était à peu près la même chose, et leur capitaine n'était pas n'importe qui. Il faisait bon être dans son camp.

— Je te félicite, murmura l'actrice.

— C'est moi qui te félicite ! s'écria Adélaïde. Quelle soirée, tu as été merveilleuse ! Laisse-moi t'offrir ces fleurs…

— Tu t'en sépares en connaissance de cause, j'espère ?

Madeleine lui arracha le bouquet. Ses yeux bleus s'arrondissaient autant que les diamants à son cou. D'une grimace elle fit mine de poser des bésicles sur son nez fin ; les membres de l'Académie des sciences n'avaient plus qu'à bien se tenir.

— Bien sûr tu ne connais rien au langage des fleurs ? Leçon numéro un : la couleur. Plus elle est pâle, plus le sentiment se veut discret, plus elle est vive, plus elle décuple la force du message.

Elle désignait les fleurs écarlates.

— Si le vert trahit l'espérance, le blanc la pureté ou le jaune l'infidélité, le rouge désigne clairement la passion ! As-tu cherché un peu au moins ?

Joignant le geste à la parole elle plongea la main entre les tiges et en sortit un écrin de velours. Marie-Jeanne émit un sifflement de connaisseuse. La paire de boucles d'oreilles en panier fleuri mêlait l'or et l'argent, les chrysobéryls et les grenats.

— Charles Robert Boutin, une rente de deux mille livres, un appartement rue Saint-Sauveur, énonça Madeleine en ouvrant le billet. Ce monsieur a été nommé Intendant des Finances grâce à la mort de son beau-père, il y pensera sans doute en trompant sa femme… Ne laisse pas passer ta chance, petite, demain ce sera trop tard.

C'était un conseil d'amie. Adélaïde la dévisagea avec surprise. À vingt-quatre ans, la danseuse semblait plus menue qu'un oiseau. La rumeur la disait frivole, imbue de sa personne, mais ce regard-là était sincère.

— Je ne sais même pas comment répondre, avoua-t-elle.

— Rien de plus simple, le message du glaïeul est de fixer un rendez-vous, le nombre de fleurs indique l'heure : douze glaïeuls, minuit ! Et où se trouve toute personne respectable un mardi soir dans la capitale ? Nous allons au même endroit !

Madeleine exultait. Son projet s'en trouvait béni des dieux.

— Alors onze heures en bas du grand escalier, domino noir et masque de velours, ordonna-t-elle. Je compte sur toi.

Elle se détourna sans attendre, en femme habituée à être obéie. Adélaïde se retint de répliquer. Sa tête tournait délicieusement. Les vers de Dorat avaient tenu leurs promesses, à elle d'en mériter d'autres. Voilà l'occasion dont elle rêvait et à tout prendre, ce rôle était plus excitant que celui d'Ernelinde. Entrer dans le cercle de la Guimard c'était entrer dans la mode, là où la vie se jouait sur une soirée, une robe bien tournée, un mot d'esprit. Elle avait hâte d'affronter cette comédie.

— Tu es folle, lui glissa Françoise, tu ne vas pas quitter le comte de Stainville en plein bal de l'Opéra ?

— Et pourquoi pas ? répliqua Adélaïde qui ne songeait qu'à Pantin.

Elle regretta aussitôt sa désinvolture. Son amie hochait la tête, l'air réellement inquiet dans sa triste tunique de prêtresse.

— Tu oublies que sa femme l'a quitté pour vivre avec un acteur. C'est un outrage sans précédent, il n'en acceptera pas un second et il est le frère de Choiseul. Ne rends pas cette affaire publique, crois-moi, c'est trop dangereux.

Adélaïde hésita. Un billet pour M. Boutin et elle pouvait encore se donner à lui en changeant les règles. L'aventure aurait un autre parfum. Mais celui-là fondait dans sa bouche comme un fruit mûr. L'image du comte en chemise lui emprisonnait la gorge depuis trop longtemps. Elle ne ressentait ni peur ni pitié.

Madeleine Guimard lui offrait une farce publique. Paris serait aux premières loges. À Dieu ne plaise, elle irait au bal.

*

Elles se retrouvèrent au pied de l'escalier, masquées et enveloppées dans de lourds dominos. Madeleine avait apporté des couronnes aux noms des personnages de l'opéra, Ernelinde, Sandomir, Rodoald et Ricimer. Elle épingla sur la cape de Marie-Jeanne des portées entières pour représenter la Musique. Elle-même s'était réservé le rôle périlleux du Livret : les vers du poème de M. Poinsinet déchirés par morceaux pendaient autour d'elle et flottaient à chacun de ses pas.

Les groupes qui conversaient en haut des marches sursautèrent en les voyant paraître. À leurs applaudissements la haie d'honneur se dessina d'elle-même. Elles s'y engagèrent tête haute. Le théâtre était méconnaissable. L'orchestre avait pris place dans la fosse mais seuls le parterre et les loges qui le bordaient étaient illuminés. Au-dessus de leurs têtes, les hautes colonnes corinthiennes s'enfonçaient dans l'ombre. La coupole n'était plus qu'un ciel obscur, aussi complice que la nuit. Les danseurs s'élançaient par couples, frissonnant. Les loups assuraient l'incognito, l'essoufflement trahissait les voix. Comment dans ces conditions ne pas accepter le bras d'un inconnu et rêver, une seconde, s'y déshonorer ? Tout le plaisir de la danse ne valait pas celui-là.

Madeleine s'amusait comme une folle, accrochée à Marie-Jeanne, tanguant tel un vieillard qui a perdu sa canne. Ainsi les paroles s'appuyaient de toutes leurs forces sur la musique jusqu'à en perturber l'équilibre ! La comédie était impertinente. Des rires fusèrent. M. Poinsinet n'avait aucune envie d'être reconnu mais ses amis se chargèrent de le pousser généreusement en avant. Le Livret n'en attendait pas plus. Il s'approcha de son auteur cahin-caha et s'étala à ses pieds tandis qu'une clameur générale saluait sa chute.

Le poète livide tenta d'agripper le masque au sol. Peine perdue. Le corps souple de Madeleine lui avait déjà glissé entre les doigts et s'évanouissait dans la foule. Quand le pauvre homme se redressa, elles avaient toutes disparu. Il dut se décider à suivre la haie d'honneur sous les quolibets jusqu'à la sortie.

Elles profitèrent de cet instant pour se débarrasser des dominos dans une baignoire. Madeleine était plus rose que la robe de satin qu'elle avait ornée, présumant de sa victoire, de dentelles, de losanges de gaze et de sourcils de hannetons multicolores. D'un geste elle retint Adélaïde. Deux fossettes creusaient ses joues quand elle était satisfaite.

— Je serai heureuse de te revoir à Pantin, dit-elle simplement.

La jeune fille sentit la fierté lui monter aux joues. De notoriété publique la nouvelle villa était splendide et son théâtre privé de deux cents fauteuils attirait toute la noblesse. Là le prince de Soubise était chez lui, le duc de Lauzun affichait son irrésistible beauté et le duc de Chartres, qui avait à peine vingt ans, accompagnait le comte de la Marche pour parfaire son éducation « artistique ». Chaque jour l'archevêque de Paris réclamait à grands cris qu'on interdise les représentations dans ce « lieu maudit ». Quant aux Gentilshommes de la Chambre, ils n'avaient de cesse de se plaindre au duc de Richelieu de voir des doubles jouer à Paris, à l'Opéra comme à la Comédie-Française, pendant que les meilleurs acteurs étaient à Pantin. Bien sûr personne n'obtenait gain de cause. Au milieu de tant de privilèges, Madeleine se permettait de chanter faux et ses amis d'applaudir. « Mlle Guimard est une actrice merveilleuse », avait affirmé un de ses admirateurs.

« Oui, sur un théâtre de pantins », avait répondu Sophie Arnould toujours aimable.

Mais sans attendre ses remerciements la danseuse l'entraînait vers le parterre. Les couples par quatre se formaient pour la contredanse. Elle la glissa d'autorité dans ce jeu. Les figures commencèrent. Le rond. La main. Les deux mains. Au moulinet des dames, elles se retrouvèrent côte à côte.

— À droite, Boutin, souffla-t-elle.

L'homme était petit, bedonnant, le menton large. Pour mieux danser, il avait entrouvert son habit. L'élégant gilet de satin, orné de paillettes et de verre taillé, brillait de mille feux dans la lumière. Les fentes de son loup couvaient Adélaïde. À la fin du moulinet des hommes, il se trompa volontairement de place et s'avança vers elle.

— Vous portez de bien jolis bijoux, mademoiselle. Sont-ils à votre goût ?

La révérence venait à propos pour qu'elle acquiesce en mesure. Il rit tandis que l'allemande les rapprochait épaule contre épaule. Quelque chose de joyeux, de gourmand se dégageait de cet homme malgré ses joues humides. Il frémissait de désir et ne songeait même pas à s'en cacher. Ses manières de bourgeois étaient désarmantes. Elle aussi avait envie de rire en sentant son corps se détendre, en confiance comme il ne l'avait pas été depuis des mois. Ils reprirent le rond ensemble et se saluèrent. Sans hésiter elle fit glisser son éventail de sa joue à son menton.

Il lui offrit son bras.

La foule à qui rien n'échappait se figea. Ils se mirent en marche lentement, soudés l'un à l'autre par les regards, conscients d'être le vrai spectacle tout à coup dans ce bal suspendu. Chacun scrutait ces masques légers incapables de museler les commérages. Adélaïde retint son souffle. À chaque pas sa poitrine s'ouvrait davantage. Le choc de ses talons sur ce plancher béni l'irradiait tout entière. Il lui semblait que les flambeaux grandissaient sur son passage, que les lueurs ne dansaient que pour sa victoire. La route n'avait plus d'importance ; elle savait ce qu'elle quittait.

Et soudain le comte de Stainville se dressa devant elle. Il avait serré les poings et tremblait d'une colère froide, arc-bouté au sol comme une bête blessée qui ne veut pas fuir le combat. Une seconde, elle pensa qu'il allait la gifler, ou pire, la jeter au sol. Mais sa bouche se tordait d'orgueil pour s'interdire toute parole. L'affront public le déchirait.

Elle continua d'avancer. Les pierres pesaient à ses oreilles. Autour d'elle les figures se défaisaient comme des pantins sans fils. Le regard du comte lui transperça la nuque. Qu'importe ! Boutin soufflait à ses côtés.

Ils passèrent la porte.

9.

Le lendemain le duc de Choiseul était auprès du roi. La lettre de cachet fut réclamée au nom de la morale et signée sur-le-champ. M. de Stainville pénétra chez Clairval, y reprit les effets de son épouse et promit à l'acteur deux cents coups de bâton s'il cherchait à la revoir. Il n'y eut pas d'adieux. Jetée de force dans une berline, la comtesse était déjà emportée à Nancy et enfermée au couvent des Filles de Sainte-Marie.

Adélaïde ne pouvait le croire. Cette femme s'était montrée si courageuse pour vivre selon son cœur et un seul geste d'elle, petite demoiselle d'Opéra hors-la-loi, avait suffi à lui voler son amour, ses enfants et sa liberté ! Le couvent à vie. Il y avait si peu de temps qu'elle-même avait échappé à cette sentence. Comment supporter l'idée d'y condamner une autre femme ? Françoise soulagée ne comprenait pas ce sentiment de culpabilité. Cette « victime » avait tout de même bravé son mari, les lois et les convenances. Son sort la laissait indifférente, comme beaucoup d'autres. La duchesse de Choiseul, qui tentait de défendre sa belle-sœur, bataillait dans le vide.

En quelques semaines, l'hiver enterra le souvenir de Mme de Stainville. La neige fondait désespérément sur le jardin des Tuileries, transformant les allées en boue informe.

C'était un triste décor. Le Palais semblait partir à la dérive et l'Opéra avec : à Pâques, fin de l'année administrative, le bilan s'annonça si terrible que Rebel et Francœur prirent peur. Ils avaient acheté le privilège en 1757 pour trente ans mais préféraient s'éclipser tant que la Ville acceptait de payer leurs dettes ! La troupe n'eut pas à s'inquiéter de son avenir. Berton avait décidé de présenter sa candidature avec son ami Trial, qui dirigeait l'orchestre privé du prince de Conti. Celui-ci avança lui-même la caution de quarante mille livres et la Ville n'avait rien à lui refuser. Ils obtinrent aussitôt le privilège.

Les artistes étaient aux anges, et Adélaïde avec eux. Cette surprise lui rendait toute son énergie. Le chef avait été si gentil, il ne pouvait que l'aider à s'imposer comme directeur. Encore fallait-il qu'il réussisse à secouer l'ennui qui écrasait pour l'heure l'Académie royale de musique. Le public boudait chaque reprise. *La Vénitienne*, dans laquelle il lui offrit le rôle de Léonore, ne connut que quelques représentations bien que M. Dauvergne en ait réécrit entièrement la musique. *Daphnis et Alcimadure* ne fut pas mieux reçu. Seules les aventures de coulisses semblaient dignes de faire parler d'elles : un soir deux soupirants de Mlle Asselin se battirent tandis qu'elle dansait et il fallut interrompre la représentation pour retirer le cadavre. Dans *Omphale*, Mlle Duperrey tourna si bien la tête à Tout-Paris au bras de Dauberval qu'elle menaça la direction d'entrer au couvent si son partenaire ne la demandait pas en mariage. Berton en référa au roi. Une lettre de cachet de plus et la petite dut faire ses bagages.

— Voilà le sort des femmes galantes, s'amusa Sophie, elles se donnent à Dieu quand le diable n'en veut plus !

Adélaïde n'avait pas envie de rire. Le couvent, toujours lui. Honnêtes ou galantes les femmes croyaient choisir leur route, mais leurs destins se rejoignaient obstinément sous le regard de Dieu. Cette vérité la ramenait avec anxiété à sa tante. Certains jours il fallait toute la conscience du danger pour l'empêcher de courir rue de la Harpe s'assurer de sa liberté. Élisabeth lui manquait tant ! Elle l'imaginait dans l'appartement de la rue Saint-Sauveur, s'extasiant sur la lumière, cherchant la place idéale pour ce clavecin qu'elle achèterait... Au dernier étage, avec ses fenêtres sur rue et sur cour, le trois pièces lui plaisait. Elle aimait y paresser dans ce lit de plume où elle commençait à oublier ces mois d'amour meurtri. Charles Boutin de la Coulommière ne ressemblait en rien au comte de Stainville. Un éclat de rire, une moue enfantine et quelques caprices gourmands suffisaient à le satisfaire. Entre ses bras ses réticences s'envolaient. C'était un plaisir bon enfant, qu'il était si bon de partager qu'elle lui en était presque reconnaissante.

Il fallut tout le succès de *Dardanus* pour ranimer l'Opéra. L'œuvre de M. Rameau avait toujours fait recette et Berton la reprit en soignant l'accessoire. Seule la mort de la reine, en juin, interrompit le spectacle. Les théâtres furent fermés, les fêtes interdites. Les filles étaient libres.

— C'est le temps idéal pour une journée à la campagne, décréta Madeleine. Adélaïde, je t'emmène à Montmartre !

Elle ne songeait qu'à passer un peu de temps avec sa petite Marie-Madeleine. Adélaïde pensa tout de suite au fils de Françoise, qui avait quatre ans comme elle, et proposa de réunir les enfants. Son amie n'avait aucune envie de passer l'après-midi avec une « pimbêche blonde » mais lui découvrir un cœur de mère l'intriguait. Elle accepta que le carrosse de Madeleine passe le chercher et transporte tout le monde. Adélaïde décida d'emmener aussi Nanette, que M. Boutin avait mise à son service. Ses joues roses lui rappelaient sa propre enfance. La jeune fille était si contente de quitter Paris qu'elle sauta d'un bond près du cocher. Celui-ci ouvrit de grands yeux émus. C'était un sympathique Gascon, le visage franc avec ses moustaches de mousquetaire.

Madeleine en sourit. Elle portait sa robe de cotonnade rayée retroussée dans les poches comme les servantes et un chapeau de paille jeté en arrière. Elle ne passa pas inaperçue en traversant la cour aux Ânes. Mais monter sur le dos de ces animaux et s'y maintenir au milieu des sacs de blé étaient une véritable aventure ! Sébastien, le jeune cocher, dut finalement les accompagner. Éblouies par le soleil, elles s'abandonnèrent aux secousses dans le chemin caillouteux en s'amusant autant que les enfants. La vue était magnifique. Le Moulin Radet, ceux de la Lancette et du Palais se détachaient dans le ciel bleu aux côtés de la vieille abbaye.

Ils firent une pause à mi-pente dans la chapelle du Martyre. Françoise s'approcha d'un tableau où Jésus apparaissait à Madeleine et montra le mot Rabboni qui s'inscrivait au bas.

— Il y a une vieille croyance ici, expliqua-t-elle. Les épouses croient que Rabboni est un saint qui peut rendre bons les maris. Alors après leur prière, pas d'histoire, il faut qu'« ils rabbonissent ou qu'ils périssent » !

Ils en rirent ensemble avant de se remettre en chemin. La dernière montée était la plus abrupte, mais d'en haut le panorama les récompensa de leurs efforts : Paris ressemblait à une immense carte-relief dont les ruelles se rétrécissaient jusqu'à la Seine et disparaissaient dans la brume. Juste à leurs pieds, fourmillant de détails, les vignes des coteaux de Montmartre et de Clichy conduisaient aux guinguettes si pittoresques du hameau des Porcherons.

— Le frère de M. Boutin vient d'acheter des terres à cet endroit, dit Adélaïde. Il veut créer un parc avec des grottes, des statues, de fausses ruines et des jeux d'eau. Peut-être une ménagerie… cela s'appellerait le Jardin Tivoli !

Les enfants clignèrent des yeux dans la lumière. Ils rêvaient déjà. À leur droite, les hauts murs de la caserne des Gardes-Françaises précédaient l'étendue verdoyante des pépinières royales. Au-delà de la ferme des Mathurins, les marais rejoignaient les boulevards tandis qu'ici et là les folies cachées de quelques particuliers formaient des îlots fleuris. Madeleine resta en extase.

— Je trouve ce projet merveilleux ! Imagine que l'on apporte de l'argent ici, beaucoup d'argent. Il y a de l'eau en abondance… on pourrait avoir des terrains immenses et la mode suivrait, j'en suis certaine !

— Pantin ne te suffit pas ? ironisa Françoise.

— Cette campagne est bien plus proche de la capitale, reprit Madeleine sans se vexer, il suffit de passer la barrière du Boulevard. Et comme le dit M. Craufurd, on peut faire fortune en tous lieux mais c'est à Paris qu'il faut en jouir !

Toute à son idée, elle suivit la promenade sans un mot. La plupart des moulins offraient quelques bancs où l'on pouvait boire du vin de Suresnes ou un petit clairet montmartrois, et l'odeur des galettes cuites par les meunières mettait en appétit. Elles s'installèrent sous une tonnelle. À la table voisine, on parlait de l'arrivée prochaine du roi du Danemark : Christian VII avait moins de vingt ans et toutes les filles de Paris l'attendaient de pied ferme. Madeleine éclata de rire. La générosité du prince de Soubise et de M. de Laborde la mettait à l'abri de toute rivalité, mais la hargne de ces demoiselles pour réquisitionner les appartements près de son hôtel ou monnayer la place de leur portrait sur ses murs la mettait en joie : les enchères montaient tous les jours et le tapissier chargé des aménagements faisait fortune !

Nanette écoutait cela en rougissant. Adélaïde se demanda si c'était le ton grivois, le soleil ou les regards insistants que lui lançait Sébastien qui la touchaient autant. Heureusement, les enfants n'avaient guère besoin de surveillance.

— Notre grande Sophie aussi sait faire parler d'elle, appuya Madeleine. Vous voyez cet envoyé du Maroc qui est venu l'autre jour à l'Opéra ? Il dit pouvoir contenter ses maîtresses vingt-deux fois en une nuit et comme Mlle Peslin est sa préférée, elle a lancé : « Depuis que Peslin a trouvé chaussure à son pied, elle ne veut plus que du marocain ! »

Françoise se rembrunit.

— Si les autres étaient aussi susceptibles qu'elle…

— Mais elles le sont ! La danseuse s'est écriée : « Sophie, je te prie de ne plus parler de moi, ni en bien ni en mal ! » Et l'autre aurait répondu : « Ah ça, ma chérie, je ne pourrai jamais t'obéir qu'à moitié ! »…

Malgré la chaleur, Adélaïde frissonna. Les piques d'esprit de la Première Actrice devenaient incessantes. Quand la choisirait-elle pour cible ? Son indifférence ne pouvait durer éternellement.

— Ceci étant, cette peste ne perd rien pour attendre, assura Madeleine devant sa contrariété. Tu sais qu'en plus de ses appointements et de ses mille livres de gratification annuelle elle bénéficie d'une gratification extraordinaire en juin… que Sa Majesté pourrait oublier si Berton le lui demandait !

Elle se balançait sur son banc, le sourire en coin. Adélaïde sentit son cœur se soulever avec les ailes des moulins. Le vin doucereux n'était pas en cause. Cette confidence ne lui disait rien qui vaille, elle aurait préféré ne même pas l'entendre. Impossible de croire que le mot justice pouvait s'appliquer à Sophie. Un sombre pressentiment l'étreignait sous le soleil.

Mais les enfants en avaient assez des escarpolettes. Ils voulaient courir en liberté et voir la quinzaine de moulins, celui de la Petite-Tour, de la Grande-Tour, de la Vieille-Tour… L'originalité leur manquait. Ils inventèrent des noms bien plus extravagants. Leur entente faisait plaisir à voir et elles s'élancèrent sur la butte à leur suite. À l'est, un nuage de poussière volait : le Bout-à-fin concassait le gypse pour fabriquer du plâtre. Un coup de vent et ils durent faire demi-tour en courant. Sébastien avait pris la main de Nanette pour la sauver de là. La descente sur les ânes, au milieu des sacs de farine cette fois, fut aussi drôle que la montée et beaucoup plus rapide ! Les joues de la petite servante viraient au rouge. Sur le chemin du retour, elle se serra un peu plus à son cocher. Elles en rirent dans la voiture, les petits à moitié endormis entre leurs bras. L'atmosphère grisante de la campagne les réchauffait encore. Cette journée avait des allures de parenthèse. Confusément Adélaïde aurait aimé qu'elle ne finisse pas.

Le théâtre rouvrit pour les répétitions de *Zaïs*. Pour une fois, Sophie était à l'heure. Elle piaffait même d'impatience.

— Il paraît que vous avez des choses à me dire, mon petit Berton, jeta-t-elle. Est-ce à une répétition ou à un joli discours que vous m'avez conviée ce matin ?

— À une mise au point, trancha-t-il sans broncher. Vos absences comme vos sautes d'humeur finissent par devenir légendaires, mademoiselle Arnould. Savez-vous que vous n'avez pas joué trente fois cette année ? Chacune de vos apparitions coûte plus de cent écus à ce théâtre, qui par ailleurs croule sous les dettes... En conséquence, votre gratification de juin vous a été refusée.

Elle s'attendait si peu à cette décision qu'elle ne dit pas un mot des secondes entières, immobile, verte de rage. Seuls ses yeux se rétrécissaient lentement. La colère les rongeait. Elle l'aurait étripé sans remords.

— Savez-vous ce qu'on dit, mon petit Berton ? Que bien des hommes sont charmants, qu'il ne leur manque que la parole... mais vous alors, comme vous savez parler aux femmes, avec vos comptes d'intendant de ferme le plus borné ! Et depuis quand mon talent se discute-t-il en termes d'écus ou de livres ?

Sa rage avait jailli comme une flèche jusqu'à la coupole. L'écho la fit tournoyer, belliqueuse, avant de l'abandonner. À l'instant les pupilles dilatées de l'actrice s'adoucirent. Tout son petit corps menu soupira, touché par la grâce. La digne fille de Cybèle et de Médée avait disparu ; Sophie n'était plus que l'une de ses héroïnes les plus pathétiques. Avant qu'elle n'ouvre la bouche, Adélaïde sut ce qu'elle allait dire.

— Alors je m'en vais.

Cinq syllabes, une révolution. Elle ramassa sur le clavecin ce chapeau à larges bords, théâtral, qu'elle affectionnait et disparut. Le crépitement des flambeaux rythmait le silence. Berton se retourna.

— Mademoiselle Beaumesnil, je vous nomme Première Actrice de ce théâtre.

Il avait l'air satisfait, en honnête homme. Adélaïde ferma les yeux. Le soleil de Montmartre lui enflammait les tempes. Ces mots auraient dû emporter sur leur passage la joie et les applaudissements. Toutes les promesses à venir lui appartenaient, la reprise de *Zaïs*, le voyage de Fontainebleau, l'inauguration tant attendue de la nouvelle salle du Palais-Royal et les fêtes du mariage du dauphin. Personne ne bougeait. Le théâtre semblait comme pétrifié.

Berton était adorable et naïf, il pouvait lui promettre le soleil. C'était la tempête qui couvait.

*

Entrer en scène et se heurter à un mur. Respirer pour justifier le vacarme. Attaquer une phrase déjà noyée dans les hurlements. Chercher la musique et trouver la foule en troupeau.

Dix fois elle crut s'évanouir. Sa première cabale. Elle ne s'était pas préparée à pareille cruauté. Toute une salle contre elle, à ne reconnaître ni son talent ni ses larmes. Sophie ne pouvait faire mieux pour lui rappeler qu'elle n'était rien encore. La garce avait ameuté Tout-Paris qui, pour faire fléchir le roi, l'empêchait de chanter en réclamant sa Première Actrice. C'était déloyal et parfaitement manœuvré.

Quand le rideau tomba, ses jambes l'abandonnèrent. Joseph la porta dans sa loge. Tout au long du spectacle, il l'avait conduite sans la lâcher. Elle l'embrassa. Françoise ferma la porte à la file des condoléances. Même Madeleine si inconsciente d'ordinaire arpentait le couloir, jurant que Sophie allait payer, que le roi n'attendrait pas !

Elle n'eut raison que sur ce point. Sa Majesté céda aussitôt. Non seulement l'actrice reçut la gratification refusée mais elle fut déclarée officiellement « en congé » pour tout l'été. « C'est révoltant ! » disait-on. « La justice n'est pas de ce monde », ajoutait-on avec un haussement d'épaules.

Adélaïde ne répondait pas. Depuis ses débuts, elle avait craint la vengeance de Sophie et pas une seconde elle ne l'avait imaginée ainsi. L'autre s'était bassement servie du public pour l'attaquer sur le terrain de la représentation, qu'elle avait cru sacré. Un poids barrait sa poitrine, à la limite de l'écœurement. Ce n'était pas seulement le souvenir de cet instant d'humiliation.

Il lui fallait bien l'admettre, elle n'avait encore rien compris aux rouages de l'Opéra.

10.

La balle était dans son camp. Si elle ne répliquait pas, Sophie en prendrait à son aise jusqu'à la fin des temps, c'était certain. Mais où trouver l'opportunité d'une vengeance dans ce quotidien sans créations où seuls les coups de théâtre attiraient encore le public ?

Cette fois c'était l'arrivée d'une Autrichienne qui enflammait les esprits. Ses débuts étaient aussi attendus que la venue du Messie et Paris ne parlait plus que de ces trois genres qui divisaient officiellement le personnel de la danse : la « danse noble » ou « basse », qui perpétuait la tradition des danses de cour, la « danse haute » ou « gaie » qui incluait pirouettes et sauts, ou le « demi-caractère » intermédiaire. Chaque couple de Premiers Danseurs était adoré. Marie Allard et Dauberval incarnaient la danse gaie, Madeleine Guimard et Maximilien Gardel le demi-caractère et seul Gaëtan Vestris, Premier Danseur Noble depuis des années, n'avait pas trouvé de partenaire à sa mesure.

Le Florentin s'en moquait, certain de toute façon que personne ne pouvait l'égaler : « Il n'y a que trois grands hommes en Europe, M. de Voltaire, le roi de Prusse et moi », affirmait-il. Il faut dire que son élégance était unique dans l'art d'enlever et de remettre son chapeau pour saluer avant le menuet. Pas une dame de qualité n'aurait voulu être présentée au roi sans avoir travaillé sa révérence avec lui.

Mais la situation ne pouvait durer. Berton s'était résolu à chercher à l'étranger et cet ordre royal de début qui ramenait une inconnue de Vienne passionnait. Anne Heinel débarqua à l'Opéra avec ses quinze ans, un port de tête divin et les jambes les plus longues de la terre. Sa grâce et sa noblesse en faisaient le pendant parfait de Vestris. On aurait dit deux figurines de Sèvres se retrouvant enfin côte à côte sur une cheminée. Le danseur ne put résister et leur coup de foudre illumina la vieille maison que la séparation des époux Larrivée avait tout de même touchée au cœur. Cela n'empêcha pas la fine mouche d'annoncer des conditions exorbitantes : trente mille livres pour sa première nuit, un ameublement, un carrosse et vingt mille livres pour un « frère » qu'elle aimait beaucoup. Aussitôt les hommes les plus riches se déclarèrent prêts à se damner pour elle. Au milieu de tant d'honneurs, elle choisit le comte de Lauraguais.

L'amant de cœur de Sophie, le père de ses enfants, le seul auquel aucune fille ne pouvait toucher sans craindre pour sa vie ! Tout l'Opéra bénit la nouvelle venue. La Première Actrice adulée, habituée aux caprices, abandonnée comme la plus vulgaire des femmes et soumise à la risée générale ! Ce coup de théâtre-là était une vraie vengeance, d'autant plus parfaite pour Adélaïde qu'elle n'y était pour rien. Sans compter que Lauraguais jouait son jeu jusqu'à l'indécence : malgré la vilaine maladie de peau qu'Anne lui transmit, qui fit dire au peuple qu'elle savait « transformer un comte en prince de Galles ! », il s'éprit d'elle à la folie et passa ses journées à ses pieds. Sophie dut se résoudre à l'indifférence. Elle prit l'habitude de laisser la porte de sa loge ouverte, que chacun sache qu'elle y recevait son amant en grande amie pour écouter ses confidences. Un matin, devant sa colère pour avoir entrevu un Chevalier de Malte dans l'antichambre d'Anne, elle osa même répliquer :

— Vous avez raison d'être inquiet, mon ami, vous devez savoir que ces gens sont toujours là pour chasser les infidèles !

Sophie Arnould faisait de l'esprit, comme à son ordinaire, bravant ses ennemis et les médisances ; mais elle ne quittait plus ce large chapeau protégeant son regard blessé.

— Elle souffre, décréta Françoise sans l'ombre d'un doute.

— Peut-être pas ! opposa Madeleine. Le comte est un homme comme les autres et depuis le temps qu'elle le connaît…

Autour d'elles les avis étaient partagés. Cette liaison tumultueuse qui durait depuis des années avait déjà fait tant parler d'elle ! Quatre enfants dont une petite qui n'avait pas un an, ce n'était pas rien, et la personnalité de Sophie ne facilitait pas les choses. Lors d'une dispute, elle avait mis ses enfants et ses bijoux dans un carrosse et avait envoyé le tout à l'hôtel de Lauraguais. Le comte lui avait aussitôt ramené la voiture avec un contrat de deux mille écus de rente viagère ! Mlle Peslin riait sous cape.

Madeleine haussa les épaules. C'était exactement ce qu'elle pensait : l'amour, une suite de chiffres plus ou moins longue.

Adélaïde n'en croyait rien. Sophie et Lauraguais étaient liés par la passion, il suffisait de lire les vers qu'il lui avait dédiés en renonçant à l'écriture pour s'en convaincre :

Aux hommes comme nous on n'en fait pas accroire,
J'abandonne Mars pour l'Amour :
Entre les bras d'Arnould j'aime mieux vivre un jour
Que mille et mille ans dans l'histoire…

Personne ne pouvait rêver plus belle déclaration d'amour.

— Françoise a raison, assura-t-elle, ces deux-là sont trop proches pour que Sophie ne souffre pas.

— Ben, va donc y voir alors.

Mlle Asselin pointa son menton provocant. Depuis qu'on s'était battu pour elle dans la salle, elle se croyait tout permis.

— Puisque c'est une faible femme, prouve-le-nous… Affronte-la !

Les filles s'immobilisèrent dans le couloir. L'idée était plaisante. Adélaïde croisa le regard inquiet de Françoise. Le piège s'était refermé sur elle sans même qu'elle le voie venir, mais elle n'en éprouvait aucune peur ; Asselin n'était qu'une catin et ce n'est pas elle qui allait lui imposer quoi que ce soit. Quelque chose de plus fort que ses yeux crâneurs lui chauffait le corps. À trois mètres, la porte était close. Oubliant la bravade, Sophie l'avait claquée et ne ressortait plus. Ce parfum de défaite l'attirait irrésistiblement. L'autre avait-elle hésité avec sa cabale qui l'avait massacrée vive ? Non, elle l'avait jetée en pâture au public, sciemment, sans état d'âme.

Elle tourna la poignée.

Sophie s'était accoudée à la coiffeuse. La cascade de boucles blondes, le visage posé dans ses paumes, le petit corps recroquevillé sur lui-même, tout tremblait par vagues. Adélaïde lâcha le battant, effarée. L'actrice sursauta et se leva d'un bond. À l'instant, sa chevelure rejetée en arrière découvrit ses yeux rouges et dévastés.

— Tu as osé entrer… petite voleuse, voleuse de chagrins ! s'écria-t-elle. Eh bien touche, saint Thomas, ainsi tu pourras raconter ta belle vérité. Sophie pleure, je l'ai vue devant moi, Sophie sait pleurer !

Elle avait saisi sa main, l'écrasait sur ses yeux, à droite, à gauche, sans mesurer sa force. Adélaïde tenta vainement de se dégager. Ce tourbillon de violence lui soulevait le cœur. Mais l'autre la poussait à grands coups dans la poitrine. Elle traversa la loge à reculons, titubante.

— Lâche-moi, Sophie, tu n'as pas le droit, je vais partir.

— Ah, tu veux quitter la salle maintenant ? Je croyais que tu étais venue pour jouir du spectacle ?

— C'est faux…

— Tu voulais voir, alors regarde ! C'est beau une femme qui pleure, n'est-ce pas ? Une faible femme, comme les autres, une moins que rien !

Elle l'avait saisie aux poignets et la cognait au mur en mesure. Un long sillon creusait son front, où la poudre et le fard s'amalgamaient affreusement. Elle pleurait de désespoir. Ses larmes étaient des mots d'amour qui ne savaient plus à qui se donner. Adélaïde supplia.

— Ce n'est pas ce que je pense…

— Tais-toi, voleuse et menteuse par-dessus le marché !

— Non, Sophie, c'est vrai car moi aussi… moi aussi…

L'émotion était trop grande. Elle ferma les yeux. L'odeur du sang dans le grand lit glacé. La douleur s'infiltrait dans son ventre. Elle avait effacé le meilleur. La douceur de ses mains cherchant leur chemin comme si tout dépendait de son corps, de ses contours qui n'appartenaient qu'à lui. Il allait de surprise en surprise pour mieux la posséder. Le temps n'avait plus d'importance, ils se soumettaient à ce rythme qu'ils voulaient partager et qui les emportait tout à coup au-delà de toute volonté. S'offrir l'un à l'autre, brûler ensemble. La sensation merveilleuse la bouleversa et elle avoua, au bord du précipice.

— … moi aussi j'ai pleuré… des larmes infinies, sans ciel ni prières, seule… pour un homme qui m'avait oubliée et s'était déjà remarié !

Un sanglot la souleva. Elle ne savait plus ce qu'elle disait. Pourquoi avait-elle commencé ? Il fallait fuir. Mais Sophie pesait de tout son poids sur elle, son souffle contre le sien. Les larmes s'étaient arrêtées sur ses joues immobiles.

— Va, moi aussi je comprends…

Sa voix était si douce soudain.

— … cet homme était ta première innocence et ta passion ne s'effacera jamais, comme la mienne, quoi qu'il arrive nous aimerons ces fous jusqu'au bout de nos vies. À moins de les tuer de nos propres mains !

La folle idée. Adélaïde sourit.

— Ce n'est pas ce que je compte faire…

— Parce que tu comptes faire quelque chose, c'est intéressant ! Quoi donc ?

— Attendre…

— Attendre ? La belle affaire !

— Attendre de rendre son nom célèbre, l'attirer ici, qu'il revienne à moi en oubliant Mlle de Villars…

Le son s'étrangla dans sa gorge. Son beau secret l'avait quittée, il flottait librement, cognait au plafond, y faisait mille pirouettes. Elle ne respirait plus. Qu'avait-elle dit exactement ? Les mots tourbillonnaient dans sa tête. Son nom. Son nom, malheureuse, l'autre avait entendu son nom ! Et ses yeux s'évadaient tandis qu'elle la gardait prisonnière, caressant ses poignets, attentive à son pouls. Il y avait de la tendresse dans son geste. Sa chevelure l'auréolait comme un ange. Appuyées au mur, elles reposaient ensemble, main dans la main, comme des sœurs.

— Sophie…

Le prince d'Hénin s'avança sur le seuil. Derrière lui, les filles paniquées tendaient le cou.

— Ma petite, sors d'ici immédiatement…

Sophie la lâcha. Elle l'aurait giflée qu'elle n'aurait pas eu l'air plus satisfaite au miroir. Un nuage de poudre. Le grand chapeau pour ombrer toute vérité.

— … et n'y remets jamais plus les pieds !

Elle la poussa dehors, claqua la porte et disparut en coquette au bras du prince.

— Tu es vivante ? murmura Madeleine sans rire.

Françoise appuya sa question du regard. Elle n'en menait pas large. Adélaïde était incapable de leur répondre. « Ma petite. » Un seul mot l'avait glacée sur place. Comment avait-elle pu oublier qui était son ennemie ? Ne confier qu'à elle les armes qu'elle avait si bien cachées à tous jusque-là ?

Elle s'en voulait tellement ! Sophie ressemblait à ces pagodines en ivoire qui garnissaient les vitrines avec leurs têtes tournantes ; d'un côté la princesse au grand cœur, de l'autre la sorcière sans âme. Et il était trop tard pour jurer ne pas s'y laisser prendre.

*

Convoquée à Pantin à deux heures de l'après-midi. La missive de Madeleine sentait l'urgence. Adélaïde prit un fiacre et accourut. Une dizaine de voitures attendait devant la grille. La villa était méconnaissable, les rideaux décrochés, les meubles couverts de draps. Sur le gravier les panières se croisaient, tanguant comme des barques au bord du quai. Madeleine tapait du pied au milieu de cette débâcle.

— Cette putain m'a volé Soubise ! hurla-t-elle sans même songer à la saluer.

La colère la défigurait. Depuis que Mlle Dervieux avait séduit Conti à Chantilly, en jouant *Le Devin du village* de Jean-Jacques Rousseau chez le prince de Condé, elle ne supportait plus la petite danseuse : dix ans de moins, un décolleté rebondi et un joli brin de voix, c'en était trop. Il lui fallait se débarrasser de cette rivale. Puisqu'un rendez-vous galant l'emportait jusqu'au faubourg Saint-Marcel, ses immeubles crasseux et ses enfants pieds nus dans leurs sabots, elle avait osé porter au curé de la paroisse les deux mille écus qu'elle venait de gagner. Celui-ci avait eu la délicatesse d'y voir de la charité chrétienne. L'aventure avait ému Tout-Paris et M. Marmontel lui avait signé une épître magnifique : « Est-il vrai, belle et jeune damnée… » Le soir même, le surnom était adopté et le public le scandait en mesure, interrompant l'orchestre. Madeleine se croyait tirée d'affaire ; elle avait atteint des cimes qu'une petite Dervieux n'était pas près d'approcher.

Mais l'autre avait du répondant. Le prince de Conti, toujours volage, la laissant déjà avec cinq mille livres de rentes et un fixe pour ses dépenses ordinaires, elle s'était offerte à Soubise pour rien, ou presque… Juste une condition : la répudiation de Madeleine ! Et le vieux avait cédé !

Madeleine se retrouvait sans un sou, assiégée par ces vautours de créanciers. Elle tournait en rond en vociférant. Il lui aurait fallu quelqu'un à étrangler sur place. Les domestiques pressaient le pas, morts de peur. D'un geste pathétique, elle embrassa le décor de treillages, de roses, d'œillets et de tulipes qui se reflétaient à l'infini dans les miroirs. M. Pillement avait fait des merveilles. Au-dessus de la corniche d'or, un aigle veillait d'un œil jaloux sur ce jardin plus vrai que nature. Perdre tout cela… Elle ne pouvait l'envisager. Alors elle jouait le tout pour le tout, fermer la maison, vendre les meubles, renvoyer les domestiques en espérant le deus ex machina !

Ses paupières battaient. Elle était prête à monter à l'autel pour le sacrifice, aussi pâle et désirable que la Callirhoé de M. Fragonard.

— Et que veux-tu que je fasse ? murmura Adélaïde en retenant un sourire.

— Prends le carrosse, et le cocher avec. Je ne crois pas que M. Boutin te refusera cela et une petite Nanette devrait être bien contente, si tu vois ce que je veux dire…

Son clin d'œil désignait la fenêtre. Sébastien patientait dehors, bouchonnant ses chevaux pour se donner une contenance.

— Quant à moi, je ne m'avoue pas vaincue ! s'écria-t-elle pour échapper à tout attendrissement. Ce ne serait pas digne de la galanterie française d'abandonner ainsi une femme en détresse. Aussi, je vois plus loin. Il y a du gros poisson à ferrer et si tu veux, je t'y convie. Tu sais comme le duc de Chartres apprécie les femmes ? Demain, cet homme-là sera l'un de nos plus influents protecteurs, mais pour l'instant il est jeune, malléable, et il me fait l'honneur de son amitié.

Le carton vola littéralement entre ses mains : « *Madame, vous n'êtes pas sans connaître la nouvelle de mon mariage prochain et de celui de M. de Fitz-James. Le monde de la galanterie prend le deuil et je me flatte de savoir fêter l'événement mieux que personne. Je vous prie donc d'oublier un soir la grâce de vos toilettes pour la triste rigueur du noir et d'être des nôtres au Souper des veuves. Bien à vous. Chartres.* »

Adélaïde sentit son cœur s'affoler. Un prince du sang, le fils du duc d'Orléans, un membre de la famille royale... Son rêve était là. Qui pourrait encore la mépriser si elle atteignait cette marche ? Une Sophie verte de rage ? Un baron de Beaumesnil à genoux ? Elle voyait déjà Philippe la dévisager avec cette admiration du premier jour, effaré de sa réussite. Quant à cette garce, elle n'aurait plus jamais à trembler devant elle comme pendant cet interminable hiver aussi glacé qu'elle.

— Le duc est très sollicité et ne m'a jamais prêté attention à Pantin, murmura-t-elle.

— De petites écervelées qui ne comptent pas ! coupa Madeleine. Une maîtresse d'une plus grande envergure pourrait prendre sur lui un ascendant dont elle n'aurait qu'à se féliciter demain... Et ce mariage n'est rien, pur arrangement financier ! Mlle de Penthièvre a beau être la fille du comte de Toulouse, la mort de son frère en a fait l'héritière la plus riche de France et les Orléans ont eu vite fait d'oublier sa bâtardise pour se ruer sur sa fortune. Par contre, cet enterrement de vie de garçon peut tout.

Elle la dévisageait, finaude.

— Soubise sera à cette soirée avec cette petite traînée de Dervieux, pas question que j'y mette les pieds ! Mais pas question non plus que je laisse le champ libre à la Duthé, par exemple, elle se prend pour une reine parce qu'elle a donné au duc ses premières leçons d'amour ! J'ai pensé que tu pourrais te mettre sur les rangs à ma place. Il te faudrait seulement être prête à braver extrêmement la morale…

Sa voix mourut dans un sourire. Il n'y avait pas à dire, elle s'y entendait en défi. Adélaïde lui arracha le billet et le glissa dans son décolleté. Son amie n'en attendait pas moins. Elle l'embrassa en essuyant une larme de circonstance.

— Toutes mes condoléances, ma chère !

Sébastien les vit surgir si rieuses qu'il tangua d'un pied sur l'autre sans oser croire à son bonheur. Rassuré, il s'empêtra dans les remerciements, plus rouge que le velours de la voiture, et emporta ses chevaux tambour battant vers Paris. Nanette faillit s'évanouir en leur ouvrant la porte.

De là l'appartement de la rue Saint-Sauveur ne résonna plus que de soupirs et de brusques éclats de rire qu'Adélaïde écoutait avec émerveillement. Cet amour inattendu s'imposait comme une promesse. Elle retrouvait ses rêves intacts, le visage de Philippe, ce sourire qui se relevait de biais pour mieux parler de désir. La nuit, elle s'éveillait les bras ouverts, oubliant Boutin, frémissante à la lune. Elle aurait voulu se retourner tout à coup, trouver les lèvres de Philippe et s'écraser contre lui.

Pendant ce temps, M. de Jarente, évêque d'Orléans, jouait les divins sauveurs. Il tirait tant d'argent de sa Feuille des bénéfices, en accordant abbayes et évêchés en fonction du prix qu'on lui en offrait, que Sophie riait ouvertement : « Je ne conçois pas comment ce petit ver à soie n'est pas plus gros, il vit sur une si bonne feuille ! » L'argent béni paya les arriérés de Pantin et lui rendit son luxe. Madeleine voulait une fête inoubliable. Adélaïde lui proposa d'en faire une vraie victoire en organisant les noces de Nanette et Sébastien. La « Belle damnée » sauvée par un homme de Dieu et le temple du plaisir rouvert pour un mariage, la consécration même de la vertu, il y avait là de quoi faire jaser Paris !

Son amie sauta de joie. La villa oublia pour un jour ses bacchanales, sa vaisselle d'argent, ses banquets de traiteur et son orchestre d'opéra. Le parc fut ouvert à tous et les ménétriers du village accueillirent les invités au son des musettes, des vielles et des hautbois. Une foule peureuse s'éparpilla au milieu des habits de soie. Le printemps montrait enfin le bout de son nez, on avait dressé des tréteaux et des tentes ouvertes comme pour un pique-nique au bois de Boulogne et les dais à rayures se balançaient dans le ciel clément. Quelques violons invitèrent à la contredanse, la farandole emporta les plus hardis. Nanette était la reine du jour, en tablier blanc dentelé, coiffe de gaze et couronne de fleurs. Sébastien la dévorait du regard. Tous deux ne savaient comment la remercier. À l'heure du départ, le cocher la prit à part. Il frappait son cœur sous sa chemise du dimanche.

— Sachez bien, madame, que quoi que vous puissiez me demander, je serai toujours là !

C'était un terrible serment. Il en avait les larmes aux yeux, pauvre garçon. Elle l'embrassa. La journée avait été délicieuse à rêver d'amour. Pas une seconde elle n'aurait pu croire que ses conséquences seraient désastreuses.

Deux jours plus tard les vers de Dorat venaient venger la petite Dervieux :

En toi tout séduit, tout intéresse,
Tout décèle le sentiment
Qui sert d'excuse à la faiblesse
Et de nouveau piège à l'amant.

Madeleine ne put supporter ce nouvel éloge de sa rivale. Elle l'attaqua dans une feuille anonyme, d'une vulgarité sans égale. On était en pleine cour de ferme, on pataugeait joyeusement dans la bauge. Le public outré la siffla en scène. Mais elle eut de la chance. La riposte de l'autre, « *L'Épître à Mlle Dervieux à l'occasion des vers obligeants que Mlle Guimard a fait faire sur elle* », fut pire encore :

Guimard en tout n'est qu'artifice,
Et par devant et par dehors;
Ôtez-lui le fard et le vice,
Elle n'a plus ni âme ni corps.
Elle a la taille d'un fuseau,
Les os plus pointus qu'un squelette,
Le teint couleur de noisette
Et l'œil percé comme un pourceau;
Ventre à plis, cœur de maquereuse,
Gorge dont nature est honteuse;
Sa peau n'est qu'un sec parchemin
Plus raboteux que le chagrin.

Ces vers étaient si affreux qu'on ne pouvait les lire qu'en riant ou en pleurant, selon son cœur. Madeleine était taillée en pièces. L'auteur terminait vulgairement par ce qu'il appelait son « gagne-pain » :

Hideux présent des Euménides,
Chemin des pleurs et des regrets,
C'est le tonneau des Danaïdes,
Il ne se remplira jamais!

Paris horrifié se sépara en deux camps, écrivant mémoire sur mémoire. Les caricatures suivirent. On s'écharpait à la porte du théâtre et dans la salle même. Le roi dut rappeler à l'ordre M. de Sartine. Ses inspecteurs fouillèrent la ville, confisquèrent tous les exemplaires ayant trait à l'affaire et les brûlèrent en place publique. Mais narguer la police resserra les rangs. Les imprimeurs se firent hors-la-loi, les gamins des rues brigands. Pendant plus d'un mois on vendit à prix d'or des feuilles sous le manteau.

Car n'était-ce pas ce final au fond que le public préférait? Là où le théâtre n'était plus qu'un prétexte, une fantaisie permettant le beau feu d'artifice, les autorités dépassées, le roi contraint de s'abaisser à la pitrerie populaire et la morale bafouée par-dessus comme une crème gourmande sur un dessert.

L'Opéra servait aussi à cela. Adélaïde commençait à le comprendre, même si elle savait que jamais Sophie et elle ne s'engageraient dans une telle déroute. L'autre avait assez en main pour la museler d'un mot. Sa seule chance était ce carton d'invitation qui brillait sur sa table de nuit : Le Souper des veuves. Le titre sonnait rond comme celui d'une bonne pièce. Elle n'aurait pas besoin de cinq actes. Du taffetas noir, un voile seyant, il ne tenait qu'à elle d'en faire une victoire.

11.

La pièce avait été tendue de noir, les fauteuils houssés, les glaces drapées. Oubliant les girandoles de cristal, de grosses bougies jaunâtres s'alignaient sur les meubles comme des cierges pour veiller leur mort. La Brissault prit une pose théâtrale. L'hypocrite crêpe de deuil soulignait à merveille son teint laiteux. Chacun retint son souffle. Que cette pauvre marquise de Bellegarde soit ruinée était une chose ; qu'elle en soit réduite à se vendre à la meilleure entremetteuse de Paris était autrement savoureux.

— En pleine nuit et en chemise, comme je vous le dis, reprit la courtisane, et la voilà qui pleurniche : « Tout ce que vous me trouverez, madame, tout, même des vilains ! »

Ils éclatèrent de rire ensemble. La table trembla et le prince de Conti s'écroula sur la nappe. Mlle Bouscarel toujours généreuse entreprit de le ranimer. Le premier service avait heureusement disparu, au grand dam du duc de Lauzun à qui la galantine d'oseille et les tourteaux à la vénitienne avaient échappé. Il aurait volontiers échangé sa place en bout de table contre toute sa fortune.

— Ma chère Brissault, vous faites tant de bien autour de vous, vous rendez tant d'hommes heureux…

Emporté par l'élan, M. de Fitz-James leva son verre. Ces femmes délicieuses réunies pour fêter son mariage l'enivraient autant que le champagne.

— Quelle générosité, le bon Dieu vous le rendra!

— Ah, personne ne vous égale, madame, c'est certain, renchérit Condé. Il paraît que le duc de la Vallière a pris chez vous un abonnement et qu'il reçoit directement vos demoiselles en sa petite maison de Montrouge. C'est une merveilleuse idée, je veux la même chose!

— Mes amis, douteriez-vous que la Brissault soit une femme de ressources?

Le prince de Conti s'était redressé tout ragaillardi.

— Mais où croyez-vous qu'elle a placé la petite protégée du prince des Deux-Ponts qui vient de partir en voyage... Au couvent de Sainte-Périne, à Chaillot, pour faire sa première communion!

Une volée d'applaudissements salua cette indécence. L'entremetteuse inclina la tête avec la grâce d'un archange. Mlle Duthé n'écoutait plus.

— Même des vilains..., répéta-t-elle d'un air rêveur.

D'un geste sûr, elle se serra contre le duc de Chartres. La moire scintillante découvrit la pointe de ses seins. Un paon faisant la roue n'aurait pas été plus clair. Cet homme lui appartenait et elle pouvait tuer. Elle n'avait pourtant pas grand-chose à offrir en dehors de sa blondeur angélique: un profil lisse, sans expression, et un cou trop long, surtout pour son petit cerveau. Il ondulait sans cesse à la recherche de son équilibre, comme sur le pont d'un bateau, mais elle ne semblait pas penser qu'on puisse se lasser d'un tel roulis. Mlle Lafond soupira.

— Il va falloir se battre, glissa-t-elle à Adélaïde.

Maîtresse attitrée de M. de la Ferté, elle savait de quoi elle parlait. Adélaïde ne répondit pas. Le duc lui faisait face et ne la quittait pas des yeux. Jamais il ne l'avait regardée ainsi aux soirées de Madeleine. Cette insistance l'obligeait à le dévisager à son tour sans pudeur et manifestement ce jeu l'amusait, loin des langueurs de sa blonde voisine. Elle releva le menton. Elle devait bien l'avouer, ses vingt-deux ans, son long corps mince et son sourire provocant la troublaient.

L'entrée des laquais les sépara malgré eux. Mlle Bouscarel se lança aussitôt à l'assaut du deuxième service avec les doigts. Le menu annonçait blanquette de poularde aux truffes, canetons de Rouen à l'orange et noix de veau glacées dans leur jus. C'était bien tout ce que l'on savait du programme de ce Souper des veuves.

— Bien sûr, vous avez appris pour M. Poinsinet ?

Le prince de Condé posa sa question à la ronde. Chacun releva la tête sauf la petite Dervieux, tout occupée aux attentions que Soubise lui prêtait sous la table.

— Quelle farce a-t-on encore réussi à faire à cet insupportable poète ? demanda M. de Lauzun.

— La plus pitoyable, mes amis… il est mort !

Soubise lui-même sursauta. Son gendre sourit :

— Figurez-vous que son bateau a chaviré et qu'il s'est noyé avec sa troupe dans le Guadalquivir !

Un hurlement salua la nouvelle. La justice divine avait bon dos, chacun y trouvait son compte. Adélaïde se félicita de l'absence de Madeleine. Son amie aurait été aussi incapable de supporter l'attitude de Soubise que de tenir sa langue sur leur petite comédie au bal de l'Opéra et elle se sentait coupable tout à coup. Jamais sans cette humiliation le librettiste d'*Ernelinde* ne serait parti monter un spectacle en Espagne pour y trouver la mort.

Une servante passa les verres, offrant au poète la minute de silence qu'il n'espérait plus. Elle réveilla tout à fait le prince de Soubise.

— Et si quelqu'un nous chantait la Bourbonnaise ? proposa-t-il.

— Ah oui, demandons à la petite Lucie, répondit M. de Fitz-James en habitué de la maison, elle le fait très bien !

La jeune fille se retourna devant son buffet, les joues enflammées. Comment refuser ? En quelques semaines l'aventure de Mme du Barry était devenue le symbole même du dévergondage et personne n'ignorait la chanson. Soubise la porta sur une chaise, mesurant à pleines mains la finesse de sa taille. Le vieux grigou transpirait.

— Allons, mon enfant, faites cela pour nous.

Le prince de Conti lui jeta un regard noir. La présentation de la comtesse à la cour ne le faisait pas rire. Il n'y était plus admis depuis bien longtemps et son tempérament de frondeur ne le disposait guère à l'indulgence pour les derniers sursauts séducteurs du roi. Mais la petite entonnait d'une voix claire :

— La Bourbonnaise arrivant à Paris a gagné des louis…
Chez un marquis !
Elle avait la beauté pour apanage et ce petit trésor…
Lui vaut de l'or !
Elle est allée se faire voir en cour, on dit qu'elle a, ma foi…
Plu même au roi !

Sa révérence était aussi charmante que sa voix. Ils applaudirent.

— Joli brin de fille, elle pourrait certainement entrer à l'Opéra ! affirma Soubise. Qu'en pensez-vous, Beaumesnil ?

Adélaïde s'obligea à sourire. La colère de Conti n'était pas loin d'exploser et étant donné l'état d'ébriété de chacun, il fallait l'éviter à tout prix. Le duc de Chartres semblait du même avis. Il posa une main sur les yeux de la Duthé et l'entraîna sans se soucier de ses cris de chaton prisonnier.

— Mes amis, puisque nous parlons de chansons…

La double-porte s'ouvrit devant eux. Le feu de cheminée éclairait seul la pièce. Sur la table au centre se dressait une forêt d'arbres miniatures. De vrais fruits y étaient suspendus, tous plus appétissants les uns que les autres. Sujets en sucre et jets de liqueurs alternaient dans ces allées enchantées d'où s'élevait comme par magie un concert de rossignols. La mise en scène était parfaite. Ils s'approchèrent. Personne ne songeait plus aux rôts; la petite Lucie s'en régalerait à l'office.

Au geste du duc, les danseurs entrèrent, nus sous leurs guirlandes de fleurs. Ils portaient haut les flambeaux de l'Amour et les installèrent pour éclairer les musiciens. Les violons prirent la suite des rossignols. De petits amours accoururent à leurs échos pour rythmer de baisers leur ritournelle. Un genou plié, l'autre en arrière, ils saisirent leurs flèches et les tirèrent sur eux. Les paroles y étaient enroulées qu'ils reprirent en chœur. Chartres salua.

— Mon cher, quelle charmante surprise, vous avez donc tous les talents! s'écria Soubise. Que nous avez-vous encore réservé?

Les flambeaux soufflés ensemble lui coupèrent la parole. Le feu avait été éteint, l'obscurité était totale. Pourtant des ombres continuaient leur ballet. L'une d'elles saisit Adélaïde et la fit tournoyer. On lui passait un masque, on la poussait en avant. Aux exclamations étouffées, elle comprit que chaque couple de hasard subissait le même sort, lancé sur le tapis comme une paire de dés pour un pari fabuleux.

— Vous a-t-on fait souffrir, madame?

L'homme la cherchait. Elle posa les mains sur sa poitrine.

— Pourquoi, monsieur, seriez-vous prêt à me venger? murmura-t-elle.

— Ah, le grand mot!

Le rire lui échappa. Aussitôt son cœur s'accéléra. Elle était aussi certaine de ce timbre que du jabot de mousseline sous ses doigts. Un violon solitaire continuait sa sarabande dans le noir. Son rythme appuyé, langoureux, la faisait vibrer tout entière. Elle ondula contre lui tandis qu'il découvrait sa nuque, son cou, ses seins au bord du taffetas. Personne ne pouvait les voir et pourtant tous étaient là, à quelques mètres, soufflant, unis par le désir. La pièce résonnait de soupirs, si proches que chaque geste en devenait indécent. La chaleur les prit ensemble. Il trouva sa bouche et la mordit.

La lumière surgit sans prévenir. Ils ne purent s'écarter l'un de l'autre. Le cortège funèbre entrait derrière l'Hymen, bougies à la main. L'Amour parut tout doré dans ce triste tableau. Déjà il décimait le rang, provoquait l'Hymen et sortait l'épée pour se battre avec lui ! La parodie était piquante. Les autres applaudirent. Le duc n'avait pas lâché sa main.

Alors elle reconnut la robe de la Duthé à ses côtés. Les yeux de la courtisane la transperçaient à travers son loup mais les violons s'envolaient, son cavalier la serrait. Plus rien n'était à dire. La farandole des danseurs les happa. Son rythme fou traversa les pièces, le vestibule, le grand escalier. Un autre orchestre les attendait à l'étage. Des portes claquaient, les uns gémissaient, les autres riaient. Le duc la poussa dans une chambre.

Le lit était prêt. Elle ouvrit les bras, haletante, trop excitée pour accepter d'y tomber. Le duc se glissa derrière elle sans un mot. Il dénouait, délaçait lentement comme la femme de chambre la plus indolente. Sa douceur l'étrangla. Le corsage bâilla sur sa poitrine, la jupe tomba, puis les paniers. Il la retourna et releva sa chemise, lui laissant l'impression d'être complètement nue. La pointe de son busc cachait à peine son sexe. À genoux, son visage l'effleura sans hâte. Il jouissait de cet instant comme de celui à venir et elle l'aima, brusquement, pour ses mains longues qui écartaient ses cuisses, pour ce désir puissant qui le laissait si calme en apparence. Elle sentit ses doigts glisser en elle sous ses baisers. Ses jambes se mirent à trembler, une force oubliée la souleva. Elle le renversa elle-même sur la bergère.

Il rit en déchirant son corsage. L'urgence l'avait saisi lui aussi. Elle avait tellement hâte de se jeter à sa rencontre. Ses mains cherchaient son habit, l'ouvraient, trouvaient son sexe. C'était une bataille dont elle savait chaque étape, chaque surprise. Ce feu qui crépitait dans la cheminée la dévorait de l'intérieur. Elle l'emprisonna entre ses cuisses. Tant de mois que l'amour se résumait à une farce, qu'elle n'éprouvait que de la reconnaissance devant Boutin, son triple menton et ses désirs d'enfant… Mais ce sourire-là lui rendait la mémoire. Elle retrouvait ces contrées sauvages où Philippe la regardait jouir entre ses bras et ce gémissement d'homme qui décuplait son plaisir. Elle accentua le rythme qu'il lui imposait, rebelle et offerte à la fois, hypnotisée par ses yeux qui la laissaient maître du jeu. La folie la prenait au creux des reins. Et quand enfin l'arc la tendit tout entière sur lui elle cria d'amour, au seuil des rêves et des retrouvailles.

Le sanglot dans son cou la ramena à la réalité. Cet homme était sa proie et sa victoire. Ne pas attendre qu'il reprenne conscience.

— Oh, monsieur, chuchota-t-elle, comment peut-on aimer aussi divinement une femme qu'on ne connaîtra plus demain ?

— Demain…

Le souffle lui manqua.

— Demain ou après-demain, soupira-t-elle bonne joueuse.

D'un seul mouvement il se souleva et lui mordilla le sein, pas mécontent d'en revenir à la coquetterie. L'honneur était sauf.

— Allons, soyez heureuse, souffla-t-il, je n'oublierai ni votre nom ni certains détails de votre petite personne.

— N'empêche, vous allez vous marier et il vous faudra être sage, s'amusa-t-elle.

— C'est vrai... Quelque temps au moins, surtout après cette soirée ! Mais foutre, je l'avoue, je ne regretterai pas ce deuil, fût-ce pour les beaux yeux de M. l'Archevêque !

— Oh, ainsi vous seriez capable de mentir à confesse ?

Il rit et elle sursauta. Il était toujours en elle. Un frisson délicieux la traversa. L'amour avait été si fort que l'envie s'imposait déjà, plus douce, plus tendre. Il suffisait d'attendre ensemble. Ce n'était pas pour lui déplaire.

— Pour vous, plutôt deux fois qu'une ! s'écria-t-il. J'espère seulement que Sa Majesté ne m'imposera pas l'abstinence jusqu'au mariage princier.

— Est-ce possible ?

Elle enfouit sa déception dans son cou. Pas une seconde elle n'avait imaginé qu'un roi puisse se mettre en travers de sa route.

— Oh, certainement ! Louis XV sait ce qu'est la passion, il m'en priverait volontiers. Ce serait affreux, à moins que...

— À moins que... ? répéta-t-elle docilement.

— Que l'absence n'attise le désir. On le dit. Le pensez-vous, Beaumesnil ?

Sa voix resta en suspens. Il n'y avait plus de grand de ce monde. Une seconde encore, il voulait être homme et enfant gâté.

— Et si, ce soir, je vous faisais une promesse... D'être la première que j'embrasserai au sortir de ce monastère, sauriez-vous m'attendre ?

Il bougeait doucement en elle pour la voir réagir. Elle gémit sans mensonge. L'adage disait qu'une fille devait avoir trois amants, un pour l'honneur, un pour l'argent, un pour le cœur. Cet homme était les trois et elle avait envie de l'aimer. Le plaisir la faisait trembler. Elle l'aurait volontiers écrasé tant son corps l'appelait de toutes ses forces. Satisfait, il la retourna sous lui, sans la quitter.

— Ainsi me voilà vraiment veuve, murmura-t-elle boudeuse, après une seule nuit de noces...

Et l'étreinte répondit à son attente.

*

Le Souper des veuves alimentait la chronique parisienne. Malgré son amour pour la famille d'Orléans, la capitale jasait. M. l'Archevêque obtint un billet officiel de contrition et un ordre royal vint réclamer au duc de ne plus s'occuper que de sa future. Ceci étant, on put bénir un mariage déjà consacré par le scandale.

La jeune duchesse devait être présentée à Paris aux trois spectacles comme le voulait l'usage. Elle vint d'abord à l'Opéra, puis à la Comédie-Française, enfin à la Comédie-Italienne où le duc de Richelieu fit donner *Le Déserteur* pour les scènes de clémence royale qui faisaient crier aux chœurs « vive le roi » ! Pour l'occasion, on ajouta « et toute la famille royale ! ». La salle reprit ces mots debout, battant des mains.

Marie-Adélaïde de Bourbon se leva timidement entre la comtesse de la Marche et Mlle d'Orléans. Son esquisse de révérence était mal tournée mais elle rougit et n'en parut que plus fragile. Malgré ses yeux baissés, chacun put voir qu'elle pleurait. La salle s'attendrit, les loges suivirent, puis les artistes.

Que d'eau ! Adélaïde la regardait le cœur sec. Elle ne ressentait rien pour cette femme apeurée que Tout-Paris fêtait, pas même de la jalousie. Jamais son mari ne lui appartiendrait dans la lumière comme il lui avait appartenu, à elle, au hasard de cette nuit magique. Le souvenir la dévorait tout autant que la fierté. Instinctivement, elle posa la main sur son ventre. Un jour elle porterait le bâtard de la maison d'Orléans et plus rien ne pourrait entraver son destin.

Son corps exultait. Tout était si clair. L'enfant assurerait sa gloire et son avenir, elle n'aurait plus qu'à attendre l'instant béni. Brusquement, ses larmes jaillirent, plus sincères que celles de n'importe qui dans cette salle. « Philippe, Philippe… », lâcha-t-elle follement au milieu du tumulte. Autour d'elle on criait, on applaudissait, on s'essuyait les yeux. Cette comédie ne faisait qu'ajouter à sa jubilation. Que ces gens s'émeuvent de cette petite duchesse inexistante, qu'ils s'y complaisent. Personne ne pouvait se douter qu'accrochée à sa chaise, heureuse comme jamais, elle pleurait d'amour.

12.

Le carrosse passa les grilles au galop. Les carrés de verdure s'alignaient, à peine troués par l'automne. Elle se pencha à la portière. Le château apparut avec son enfilade de pavillons, ses innombrables cheminées et son escalier en fer à cheval. Fontainebleau. Son cœur se serrait en songeant aux récits qu'Élisabeth lui chuchotait sur l'oreiller. Combien d'entre eux avaient pris vie ici pour bercer son enfance ?

Les chevaux obliquèrent et s'engouffrèrent sous la voûte. L'écho de leurs sabots résonna comme un marteau pressé sur une porte et aussitôt la lumière revint. La cour carrée, rythmée d'arcades sur trois côtés, s'ouvrait d'une balustrade ajourée sur l'étang aux carpes et les allées soigneusement alignées du parc. Elle n'eut pas le temps de détailler ce paysage tranquille ; déjà une vingtaine de laquais accourait aux armes royales de la voiture.

La porte ouverte, les marches tirées. Quatre servantes en révérence. Elle dut courir pour ne pas les perdre dans le grand escalier à rampes droites qui décorait la façade. Tous s'inclinaient sur son passage. Même les statues de bronze dans la niche du premier étage semblaient la suivre du regard, attentives à tant d'urgence.

— Mademoiselle Beaumesnil, oh merci Seigneur !

Jean-Claude Trial devait la guetter depuis un certain temps. Ses mains étaient glacées. Il prit les siennes et les embrassa sans retenue, mais les gardes qui l'escortaient le poussèrent dans le corridor. Ce n'était pas l'heure des effusions.

— Enfin, que se passe-t-il ? demanda-t-elle mi-amusée, mi-exaspérée de devoir suivre le mouvement.

— C'est le roi, balbutia le chef d'orchestre, ce matin il s'est déclaré incapable d'assister à la représentation de *Psyché*…

Le ciel lui serait tombé sur la tête qu'il n'aurait pas tremblé plus fort. Les gardes en étaient là eux aussi. Les armes leur battaient les cuisses et les femmes volaient littéralement sur le plancher. Chacun voulait sauver sa vie. Adélaïde faillit éclater de rire.

— Vous ne comprenez pas, mademoiselle ! s'écria-t-il. Toutes les dames de la cour se sont décommandées les unes après les autres auprès de du Barry, ravies de lui jouer un mauvais tour. C'est assez dire que sans Sa Majesté, la favorite n'est que…

— De la pacotille, coupa-t-elle. Je suis une femme, Trial, inutile de m'expliquer ce jeu-là. Et ensuite ?

— Ensuite Mlle Arnould s'est crue autorisée à repartir à Paris, on ne sait où ! Pas de public, pas de service à assurer ! Quand la du Barry a décidé de maintenir la représentation et qu'elle a compris qu'il n'y avait plus d'actrice, elle a hurlé qu'on jouerait coûte que coûte, que jamais elle ne capitulerait devant cette coalition de perruches et que je paierais de ma vie si je ne trouvais pas quelqu'un pour jouer *Psyché*, n'importe qui…

Pauvre homme, il en pleurait. Adélaïde sourit. N'importe qui, en l'occurrence c'était elle, mais ce n'était pas le moment de se vexer. Une loge s'ouvrait et huit mains se tendaient. Elle s'abandonna avec plaisir à cette tornade.

La grande robe rose, les épingles de fortune, les fleurs. Trial recula.

— Oh, comment allez-vous faire, mademoiselle ? Vous ne connaissez ni ce théâtre ni les décors qui diffèrent de ceux de Paris.

Il penchait tellement sur le seuil qu'il lui fit de la peine. En l'absence de Berton mobilisé à l'Opéra par l'administration, ces responsabilités le minaient.

— Ne vous inquiétez pas, ordonna-t-elle en le poussant dehors, occupez-vous de diriger et tout va bien se passer, je vous le promets !

Elle claqua la porte. Sophie avait créé la *Psyché* de M. de Mondonville à dix-huit ans et y avait fait un triomphe. La remplacer aujourd'hui lui paraissait plutôt de bon augure. La robe retouchée et les fleurs fixées, elle courut jusqu'à la scène. Le palais de l'Inconstance se dressait côté jardin et d'énormes rochers, en trois fermes séparées, côté cour devant la mer. Elle prit rapidement ses marques. Les chœurs qui patientaient en coulisses l'intéressaient plus. Elle les salua un à un, le cœur battant. Sa tante n'était pas là.

— Ah, ma chérie…

Madeleine surgit victorieuse, Dauberval sur ses talons.

— … sauver l'honneur d'une favorite outragée, quel rôle !

— De quoi mériter la gloire, souligna le Premier Danseur avec une pirouette.

Adélaïde les embrassa en riant.

— La jolie gloire de jouer pour des banquettes vides !

— Vides, ce n'est pas si sûr, regarde.

Madeleine l'attira au bout du rideau. La salle se remplissait sans autre bruit que l'envol nerveux des éventails.

— Il semblerait que ces dames se sentent mieux, murmura-t-elle. Il était facile de narguer une femme solitaire, manquer une représentation royale, ça, c'est autre chose !

Ils échangèrent un regard amusé. Déjà les musiciens s'installaient et commençaient à s'accorder. Tout cela semblait inconcevable. Adélaïde scruta l'ovale du théâtre. Elle ne connaissait même pas son acoustique.

— Il y a trois étages de loges, expliqua Madeleine. De la scène on voit assez mal les spectateurs. La loge du roi est à l'avant-scène, côté cour, mais elle est grillée et cela m'étonnerait que la belle Jeanne s'y cache aujourd'hui ! Elle se placera sans doute au centre des Premières, dans les loges réservées au service du roi. Ce qu'elle assure, en quelque sorte...

Comme pour souligner son ironie une vague de murmures annonça l'entrée de la favorite. La jeune femme s'avançait dans une robe de soie blanche aussi simple et parfaite que sa beauté. Sans un regard pour le reste du monde, elle s'assit au premier rang. Les chœurs s'ébrouèrent et se mirent en place en coulisses.

— La partie commence et c'est un bras de fer, murmura Madeleine. Ne t'inquiète pas des notes, sois fière et belle, elle ne reconnaîtra que cela, les autres talents ne lui sont pas très familiers.

Son clin d'œil était éloquent. Marie-Jeanne et Henri Larrivée qui arrivaient en sourirent.

— L'espace est réduit mais je t'aiderai, promit l'actrice.

L'attaque de Trial empêcha son mari d'en dire plus. Le rideau se levait. Tous reculèrent, laissant Adélaïde seule en scène. Elle entendait à peine l'orchestre. Les portes des loges s'ouvraient et se fermaient encore, jetant leurs éclairs ternes dans cette salle illuminée, et l'essaim bourdonnait, trop occupé à compter les points pour se préoccuper d'elle. La colère l'envahit. Il lui fallait prendre possession de ces insectes-là pour qui elle avait abandonné Paris, sauté dans une voiture et affronté au galop les routes cahotantes.

— Ô Vénus, n'as-tu pas épuisé ta vengeance ?

Sa voix résonna à la racine des cheveux sans qu'elle tente de la retenir. La salle se tut d'un coup. Trial ouvrit les bras, paniqué. Elle ne le voyait plus. Le regard de la du Barry avait accroché le sien. Elle mordit dans les mots. Il lui semblait que chacun d'eux tissait son fil jusqu'à la favorite. Soudain elle n'était plus qu'une araignée, sûre de son instinct comme de son piège. Elle chanta tout son air sans faillir.

Le silence lui fit presque mal. Les secondes s'étiraient. Pas un chuchotement, pas un archet sur la corde, plus une respiration. Elle s'était écrasée contre un mur. Et brusquement les applaudissements gantés retentirent, aussi légers que le clapotis de la pluie après l'orage. Un trot élégant emportait le théâtre ; on était à la parade.

La favorite ne cilla même pas à cet hommage qu'elle recevait pourtant tout autant qu'elle. Elle avait joué et gagné. L'humiliation s'effaçait. Mais dans cette loge centrale elle avait la dignité d'une reine méprisant la victoire.

Le ton était donné. La représentation ne pouvait que suivre son cours sans surprises. La scène des Enfers et celle du palais de Vénus, avec son architecture de pierreries colorées, furent les plus appréciées. Les artistes soulagés donnaient le meilleur d'eux-mêmes, le public conscient d'être passé près du désastre souriait. On salua, on applaudit. Le rideau ne se releva pas.

— Ces dames en ont assez fait, sans doute ! railla Madeleine.

— Et toi aussi, Adélaïde, affirma Dauberval en la serrant contre lui. Encore un début au pied levé réussi, et encore une fois pour remplacer Sophie. Cette garce va t'en vouloir deux fois plus !

— Dix fois plus ! renchérit Marie-Jeanne.

Tous riaient. Adélaïde se détourna. Elle n'avait réalisé ni l'importance de ce remplacement ni ses conséquences. De toute façon, seuls les chœurs l'attiraient. Une ou deux questions discrètes et elle pourrait certainement apprendre quelque chose sur sa tante. Madeleine était trop inconsciente pour garder un secret, mais Marie-Jeanne se satisferait de quelques mots et ne la trahirait pas. Elle entraîna l'actrice. À cet instant, les toiles s'envolèrent. Des machinistes envahissaient le plateau, portant des colonnes de carton, des statues de plâtre et des panneaux entiers couverts de treillis.

— Changement à vue, expliqua Marie-Jeanne, en trois heures le parterre doit devenir une salle de bal et la scène une salle de jeu, que ces fous puissent croire qu'ils maîtrisent le temps et la réalité des choses !

Elle haussait les épaules avec fatalisme. Les autres artistes disparaissaient vers les loges, pressés de rejoindre leur logement assigné en ville, dans un hôtel ou chez des particuliers. À peine quelques baisers et Adélaïde se retrouva seule. Les machinistes la poussaient en bougonnant. En vérité, elle n'était plus qu'une gêneuse, à l'endroit même où elle avait connu le succès quelques minutes plus tôt. Magie et vanité du théâtre.

Sa joie retomba. Elle avait la sensation d'être passée à côté de sa chance malgré ce succès et piaffa contre le chef d'orchestre. C'était facile de l'abandonner là. Comment allait-elle rentrer à Paris maintenant qu'elle avait sauvé tout le monde ?

Le bruissement de soie froissée la retint. Les machinistes s'inclinaient. Jeanne du Barry parut dans la poussière, escortée de deux jeunes femmes souriantes. Avec son teint de porcelaine, Adélaïde lui donna à peine quatre ou cinq ans de plus qu'elle. L'ovale de son visage semblait peint au pinceau et les yeux en amande auraient pu y paraître fades sans cette bouche ourlée, rehaussée d'un rouge éclatant, qui n'était que sensualité.

Adélaïde voulut plonger en révérence. La favorite tendit la main.

— Je vous remercie, mademoiselle, d'être venue si vite.

Elle la maintenait fermement à sa hauteur.

— Désormais vous pouvez compter sur mon soutien.

Le sourire démentait la banalité du ton. Adélaïde baissa les yeux au plancher. Ces mots-là portaient plus loin que l'horizon, jusqu'à une peste qui se croyait intouchable. Mais les jupes balançaient, s'écartaient avec grâce, disparaissaient sans un adieu. Tout était dit. Trial surgit à leur place comme un diable de sa boîte.

— Mademoiselle Beaumesnil, il faut partir, vous jouez ce soir.

— C'est trop tard, s'écria-t-elle, on ne pourra jamais être à Paris pour cinq heures et demie, Berton doit m'avoir remplacée !

— On m'a demandé de vous ramener, je vous ramène, on vous demande de chanter, vous chantez.

Il hochait la tête en mesure, si heureux de ne pas être mort ce soir qu'elle n'eut pas la force de discuter. Les chevaux tirèrent au galop jusqu'à Paris. Ce voyage lui parut plus pénible que le premier. Les secousses de la voiture résonnaient dans son corps fatigué et elle se tut pour reposer ses cordes vocales. De toute façon, Trial était loin de ses préoccupations. Il dormait.

L'Opéra était aussi silencieux que le château à son arrivée. Seule Françoise l'attendait à la porte, tout excitée. Elle la poussa vivement dans la loge pour l'aider à se préparer. Non, ce théâtre mort n'était pas vide ! Berton avait tout expliqué au public : comment Sophie avait manqué à son devoir, comment elle avait gagné Fontainebleau pour sauver l'honneur de l'Opéra et celui de Paris… Deux heures que la salle pleine l'attendait sans dire un mot ! Adélaïde sentit les larmes lui monter aux yeux. Berton et ses idées d'honnête homme. Il aurait pu la remplacer, il n'avait pas voulu.

— Tiens, respire.

Françoise lui tendait un flacon. L'odeur, si loin de l'eau de rose ou de lavande habituelle, la ranima. Citron et cédrat, néroli et bergamote. De l'eau admirable qui venait de Cologne. Elle s'en frictionna les mains et la nuque tout en gagnant les coulisses. Tous les doubles étaient là, enveloppés dans des châles. À sa vue ils s'écartèrent. Elle ne put saluer qui que ce soit.

Le rideau se levait.

La salle était debout. Les hommes du parterre agitaient leurs tricornes comme au passage de la noce. L'amphithéâtre tapait du pied et tanguait au paradis à en passer par-dessus bord. Les loges ne s'en inquiétaient pas, elles tapaient des mains avec l'enthousiasme populaire. Berton avait pris place dans l'orchestre et à son signe les musiciens se levèrent, les chœurs et le ballet entrèrent en scène. Tous l'applaudissaient. Les hurlements emportèrent la salle. Ce fut un tumulte indescriptible. Des minutes entières, elle crut à l'éternité, vivante et brisée. Tout son corps tremblait. Les larmes l'aveuglaient. Ne jamais, jamais oublier cela.

Enfin, Berton attaqua l'ouverture. Elle n'avait plus ses forces mais le pardon lui était accordé d'avance. Oh, la magie des soirs où rien ne peut arriver ! Le rideau tomba dans l'allégresse. Elle passait de bras en bras. « Alors, il y avait du monde tout de même ? Ils ont applaudi ? Et la du Barry, elle est belle, dis »… ?

Berton remontait de l'orchestre en riant.

— Le ministre est auprès du roi pour décider du sort de Sophie.

Elle se jeta contre lui et laissa tomber sa tête sur cet habit bleu qu'elle connaissait si bien. De côté, son air désemparé était encore plus drôle. Elle l'embrassa.

— Que m'importe, c'est à toi que je dois tout, Berton, murmura-t-elle.

Il tressaillit. C'était la première fois qu'elle le tutoyait. Sa main hésita, caressante, trouva sa joue. Il recula. Des habitués tentaient de profiter du soir de fête pour s'aventurer en coulisses malgré l'interdiction. Avant qu'elle n'ait pu dire quoi que ce soit elle le vit s'élancer le bras haut et disparaître.

La sentence tomba au matin : six mois d'hôpital. Jamais le roi n'avait osé imposer une détention aussi longue à un sujet de l'Opéra et encore moins dans la prison attitrée des courtisanes ! L'injustice était trop grande, surtout émanant d'une favorite détestée. La du Barry le comprit et réclama elle-même la grâce de Sophie.

Après deux nuits passées en prison l'actrice fut tirée de son cachot pour assurer son service. Le public vint en foule, bien décidé à punir l'insolente à sa manière, et Adélaïde avec lui pour assister au spectacle : la populace debout à l'amphithéâtre, prête à donner de la voix et du talon ; les loges qui ne connaissaient plus la décence, s'apostrophant comme en place publique à attendre le supplice et oublier toute conscience. L'atmosphère s'échauffait de minute en minute. En scène, Vénus, ses Plaisirs et ses Grâces, s'opposait à la Jalousie, les Troubles et les Soupçons à sa suite. Personne ne les écoutait. Il fallut le décor du premier acte et l'entrée de la pauvre Iphise pour que la salle se taise, prenne son souffle et siffle comme un seul homme.

Sophie était livide sous le fard. Elle s'avança à l'avant-scène paumes ouvertes, consentante. Des années auparavant, l'héroïne de *Dardanus* lui avait permis d'obtenir la grâce du roi pour son cher comte de Lauraguais, emprisonné pour un mémoire en faveur de l'inoculation. Aujourd'hui, c'était sa propre cause qu'elle plaidait. Sa voix hoqueta avec une douceur extrême pour demander pardon. Chaque phrase était une arabesque, troublante, aux limites de la rupture, chaque pianissimo mourait sur ses lèvres comme un adieu. Le public se tut, étranglé par l'émotion, retenant ses larmes pour écouter encore. Sophie et Iphise ne faisaient plus qu'un. Jamais la victime n'avait été si fragile. On entendait les respirations en suspens sous la coupole, plus terrifiées que le couperet devant la vie et la mort.

Iphise se tut. Sa tête roula sur sa poitrine. Et la salle cria. Un seul élan, une seule émotion. L'ovation secoua le théâtre.

Sophie sourit à travers ses larmes. Elle qui s'était déchirée avec son personnage renaissait déjà, lumineuse. Elle ne s'était pas seulement donnée au public, elle lui avait prouvé qu'elle n'existait que par lui. Puisqu'il l'aimait assez pour ne pas vouloir le coup de grâce, tout s'effaçait, et le cachot et la honte, et elle remerciait avec des yeux d'enfant émerveillé.

Adélaïde tremblait sur sa chaise. Elle revoyait sa gloire deux jours plus tôt, ce sentiment de renaissance qui l'avait clouée au sol à la place exacte où Sophie pleurait. Cette femme était son ennemie et sa sœur, elle était incapable de la haïr.

La porte de la loge claqua. Le semainier parut.

— Mademoiselle, l'ordre vient d'arriver, M. Berton voulait que je vous l'apporte, souffla-t-il. Le roi vous réclame. Pour les deux opéras qui seront joués au mariage du dauphin, Sophie est distribuée dans l'un et vous dans l'autre !

Il lui tendait le billet comme s'il comprenait qu'elle ne pouvait y croire. Derrière elle, la salle n'en finissait plus de consacrer sa Première Actrice et un simple papier signé Louis, d'une écriture fine et penchée, la portait soudain au même rang qu'elle.

Versailles. La plus haute marche. La du Barry avait tenu sa promesse.

13.

Versailles était en pleine effervescence. Partout des ouvriers travaillaient au nettoyage des routes, aux plantations et au rafraîchissement des façades et tous arrêtaient leurs gestes, les yeux ronds, en voyant survenir la longue caravane des artistes. Eux se pressaient aux portières dans une atmosphère bon enfant. Le mariage du dauphin ne devait avoir lieu que le 16 mai et ces deux semaines de répétition au château ressemblaient à une escapade. Pour l'heure, seule l'attribution des logements les inquiétait. L'Hôtel du Juste, l'Hôtel Royal et l'Hôtel des Ambassadeurs avaient été pris d'assaut, mais la ville avait l'habitude d'être un vaste relais de voyageurs ; ses auberges étaient multiples et chaque maison offrait une chambre à louer. Adélaïde et Françoise furent installées chez Dame Laurin, à l'Image Saint-Nicolas. La petite femme avenante tenait aux faveurs royales. Son linge était propre, sa cuisine délicieuse et son jardin de la rue des Chantiers particulièrement joli avec ces rosiers grimpants en boutons.

Elles y passèrent une soirée agréable. Les répétitions commencèrent dès le lendemain. Pour accueillir dignement la dauphine sur le sol français, l'Opéra avait décidé de lui offrir deux chefs-d'œuvre, l'un de M. Rameau, l'autre de M. Lully : Sophie avait choisi son opéra fétiche, *Castor et Pollux*, et laissé à Adélaïde *Persée*. L'ouvrage semblait aujourd'hui si démodé que M. Joliveau, secrétaire de l'Opéra, s'était chargé de le réduire en quatre actes en ajoutant quantité d'airs de ballet. Les Anciens crièrent au scandale. Les autres aussi. La cohabitation forcée des époux Larrivée, comme celle de Madeleine avec la petite Dervieux accentuèrent vite les tensions.

C'était pire du côté des Comédiens-Français. La duchesse de Villeroi, sœur du premier Gentilhomme de la Chambre, avait pris toute autorité sur eux et sans demander l'avis de personne se permit de rappeler la Clairon. La vieille actrice n'avait pas oublié son beau caractère. Elle réclama aussitôt le rôle d'Athalie, déjà attribué à Mlle Dumesnil ! La querelle secoua Paris et Versailles jusqu'à ce qu'elle obtienne satisfaction. Et malgré l'appui de la du Barry la pauvre Dumesnil dut quitter le château en voiture dorée, seule, sous une pluie battante.

Tout à coup, les orages s'étaient déchaînés. Il n'était plus possible d'accéder au parc, ni de regagner le château à pied. Les voyages quotidiens devenaient un casse-tête. Chacun se trouvait cantonné des journées entières en coulisses ou dans sa chambre. La nervosité couvait, et les haines, et les jalousies. L'instant de détente virait doucement au cauchemar.

Au moins Adélaïde n'avait-elle pas à craindre la vengeance de Sophie. À trente ans passés, la Première Actrice en avait assez d'attendre le retour de son cher comte de Lauraguais. Le ridicule la menaçait. Un impertinent lui ayant demandé si l'amitié n'était pas sœur de l'amour, elle lui avait répondu vertement : « Si, mais pas du même lit ! » Versailles était l'occasion parfaite pour afficher un nouvel amant de cœur. Il ne lui fallait qu'un beau parti, pur et innocent. Le jeune architecte François Bellanger avait conçu les illuminations du parc et le cabinet à joyaux de la dauphine : vingt-six ans, un visage doux, aimable, presque timide, il était la proie idéale. En quelques jours de coquetterie, il tomba dans ses filets et vint la chercher à la fin de chaque répétition, la bouche molle et l'air idiot. Elle le promenait dans les couloirs comme un chien au bout d'un ruban. C'était l'attraction. Les unes riaient, les autres enrageaient, mais le pauvre était si attendrissant que personne ne pouvait se résoudre à lui dévoiler son misérable rôle de double. Égoïstement, Adélaïde s'en félicita. Sophie se faisait adorable ; cet homme-là lui sauvait la vie.

Les fêtes débutèrent enfin. Elles ne furent qu'ennui et déception. Dans la salle la poudre volait au gré des éventails rageurs. L'Opéra de M. Gabriel, construit pour l'occasion, était pourtant magnifique avec ses teintes bleues et roses dans son écrin d'or, et ses loges si peu profondes où chaque spectateur apparaissait comme sur un tableau. Le dernier étage triomphait en un balcon continu agrandi par le jeu des miroirs. Au centre, la beauté de la jeune Marie-Antoinette subjugua tous les regards. Ses yeux semblaient refléter le rideau de scène azur orné de fleurs de lys.

Les quatre actes de *Persée* la laissèrent fraîche et souriante.

— Il faut avouer qu'elle a un port de reine, admit Madeleine pourtant peu encline à l'admiration.

Françoise opina. Elle était affreuse dans son costume de Méduse, une tunique sans paniers coupée en pans sur les mollets et couverte de serpents.

— Quelle constance, souffla-t-elle, si l'opéra l'a ennuyée, au moins elle n'en a rien laissé paraître !

C'est ce que tout le monde pensait. La froideur générale était odieuse. Adélaïde aurait volontiers quitté le théâtre en courant. Dire qu'elle avait pensé une seconde croiser le regard de Philippe au milieu de cette foule et vivre l'accomplissement de son rêve ! Toute la représentation, elle avait scruté la salle en vain. Le baron de Beaumesnil n'était pas un habitué de la cour, s'il quittait sa province c'était sans doute pour Paris. Quelle bêtise d'espérer le trouver là !

Aucune gloire, aucune surprise, pour elle aussi Versailles n'était que désillusion. Et le regard impassible du duc de Chartres n'était pas fait pour la consoler. Il l'avait aimée pourtant, elle en était certaine. Elle ne pouvait oublier sa moue perdue appuyée contre sa poitrine, cette douceur qu'il avait mis, une seconde, à se soumettre à sa volonté alors même qu'il la possédait… Mais lui, se souvenait-il seulement de sa promesse ? Le roi lui avait imposé la fidélité jusqu'à ce mariage et tant de femmes papillonnaient autour de lui !

Soudain, elle maudit ces fêtes qui gâchaient sa victoire. Si seulement elles avaient pu finir tout de suite ! Il fallut pourtant attendre *La Tour enchantée* qui concluait le programme, une histoire fort peu originale de princesse enfermée par des génies malfaisants et délivrée par un prince, imposée encore une fois par la duchesse de Villeroi. Pour imiter les ballets que M. Noverre donnait à la cour de Stuttgart, elle imagina de présenter en scène des cabriolets tirés par des chevaux, tout en omettant de faire répéter ces pauvres bêtes… qui effrayées par le public et l'odeur des flambeaux s'enfuirent à toutes jambes, sans aucun égard pour l'ordre du défilé !

La cour se réveilla assez pour entendre le prince déclamer ses paroles magiques, devant la tour où s'éventait Sophie, et comprendre que quelque chose ne fonctionnait pas. Les secondes s'éternisaient. La tour refusait de s'écrouler. Enfin la trappe s'ouvrit, un mètre plus loin, emportant avec elle les deux « géants » en faction. L'un d'eux était sans doute grièvement blessé, car ses hurlements serraient le cœur. Finalement les machinistes durent entrer en scène pour démonter l'architecture morceau par morceau et délivrer Sophie. Ils ne ressemblaient guère à des princes charmants mais elle les accueillit avec reconnaissance. On en aurait ri, si on n'avait été à Versailles.

— Ma pauvre amie, avoua le baron de Grimm, vous aviez l'air d'un avorton conservé dans un bocal d'eau-de-vin dans les cabinets d'Histoire naturelle…

— C'est normal, je suis le fruit d'une fausse-couche de madame la duchesse, répondit-elle sans broncher.

La dérision semblait effectivement le seul parti à prendre. Il était évident que si le roi Louis XIV avait pu revenir du royaume des morts, il se serait indigné de ces pauvres fêtes offertes par la cour de France lors d'un mariage princier ! On préférait oublier ce scandale à Paris. Le feu d'artifice de M. Ruggieri semblait tout désigné pour cela.

— J'y vais avec Mme Dorgeville, joins-toi à nous, proposa Françoise, elle sera contente de te revoir…

Adélaïde accepta volontiers. Son ancienne logeuse lui manquait avec ses airs d'entremetteuse et son grand cœur. Elle se laissa serrer contre sa poitrine.

— Ma petite Adélaïde, comme vous voilà mise, vous êtes si mignonne !

L'émotion de la brave dame était sincère.

— Ah, vous en avez fait du chemin depuis qu'on ne s'est vu. Chanter à Fontainebleau et à Versailles, vous voilà indispensable à l'Opéra désormais !

Elle prit son bras en riant et ne voulut plus le lâcher. Les orages passés, le temps s'était adouci. Les robes claires miroitaient doucement dans l'obscurité. Elles eurent du mal à se glisser sur la place Louis XV tant le public était nombreux, mais les grilles du jardin des Tuileries offraient encore un poste de choix pour celles qui n'hésitaient pas à montrer une cheville. Françoise et Adélaïde s'y perchèrent.

Mme Dorgeville papillonnait à leurs pieds. Le bon mot de l'abbé Terray la faisait rire. Le roi lui avait demandé comment il trouvait ces fêtes… « Impayables, sire », avait répondu le Contrôleur général des finances sans broncher. Les femmes qui se retournaient à sa voix légère ne la troublaient pas. Elle appréciait son courage et plus encore celui de ce mémoire distribué à la sortie de la messe : « *Idée singulière d'un bon citoyen* »... L'auteur y proposait de remettre les vingt millions du mariage sur les impôts, pour répandre la joie dans le cœur des cultivateurs et faire participer la nation tout entière à l'événement au lieu d'amuser simplement les oisifs ! « Ah ça, on n'aurait pas vu de telles choses autrefois ! » répétait-elle émue.

Les filles échangèrent un regard amusé. Du haut de leur muret elles découvraient la tribune des invités officiels dressée devant la rue Royale et le peuple serré au coude à coude jusqu'aux Champs-Élysées. Seule la décoration au centre, qui cachait toutes les pièces d'artillerie, était éclairée : c'était un immense temple de l'Hymen entouré d'une colonnade de dauphins prêts à cracher leurs tourbillons de feu. La première fusée en jaillit avec ce son brusque et strident si caractéristique. On attendait une détonation et des milliers de paillettes à en illuminer la Seine. Mais le ciel de Paris restait noir. Le sifflement s'amplifia tout à coup, la fusée retomba comme une masse et enflamma le corps de réserve. L'effet était magnifique, le peuple cria d'admiration.

— Adélaïde, regarde...

S'accrochant d'une main à la grille, Françoise lui désignait les gardes et les artificiers qui couraient dans tous les sens. L'explosion les fit reculer.

— ... c'est un accident, un accident ! murmura-t-elle.

Mme Dorgeville leva un regard affolé. Autour d'elle, les expressions se figèrent. Adélaïde réalisa aussitôt le piège. Le jardin des Tuileries, qui aurait pu permettre une fuite rapide, était fermé. Le quai des Tuileries s'étalait en berges molles jusqu'à la Seine et n'offrait aucune issue. La rue Royale était encombrée de carrosses. La foule n'aurait pu se dégager que du côté opposé vers les Champs-Élysées, le Cours-la-Reine et la campagne, mais les gens étaient là-bas trop éloignés pour comprendre le désastre. Seule la petite rue Saint-Florentin s'ouvrait, dérisoire. Les chevaux commencèrent à reculer devant la fumée, hennissant, heurtant les voitures. Les cochers crièrent. Les officiels pris de panique se levèrent. Adélaïde pensa à M. Boutin qui devait être parmi eux. À cet instant, une deuxième explosion embrasa la tribune. Les gradins s'effondrèrent, une partie des invités disparut dans un nuage de poussière.

Adélaïde agrippa Françoise et Mme Dorgeville.

— Rue Saint-Florentin, vite, vite !

Elles se jetèrent en avant mais la foule compacte avançait à peine. La chaleur devenait insupportable. Le centre de la place n'était plus qu'une torche fabuleuse dans la nuit. Des flammèches volèrent, une robe prit feu et une femme hurla. Aussitôt le flot se mit à pousser désespérément. Adélaïde fut emportée. Ses pieds ne touchaient plus terre.

— Françoise !

Elle l'avait perdue. Au même instant, un enfant tomba, tout près ; avant que sa mère n'ait pu le relever sa petite voix fut étouffée. La foule avançait et écrasait les siens. Un cri d'horreur l'étrangla sans un son. La fumée s'épaississait, commençait à pénétrer ses poumons. Allait-elle réellement mourir là, seule, à l'instant où son bonheur prenait forme et lui promettait le meilleur ? Impossible de faire un pas sous ce ciel flamboyant, luisant de colère… Mais l'homme à ses côtés avait dégainé son épée. Dans un rugissement, il la brandit au-dessus de sa tête pour se frayer un chemin dans cette marée humaine. Ce geste la ranima. Elle se colla à lui et crocheta ses doigts à son col. Il l'entraîna sans même s'en rendre compte, par secousses, tout occupé à sauver sa vie. Son bras allait et venait, frappant droit devant lui. Elle aperçut brusquement sa lame rouge de sang et dut fermer les yeux pour ne pas s'évanouir. C'est là que les hurlements lui parvinrent enfin.

Le sol de la rue Saint-Florentin était devenu mouvant. Un fossé non comblé avait surpris les premiers arrivés et entassés les uns sur les autres, ils servaient de pont à la foule.

Personne ne pouvait leur porter secours. Elle sentit cet enfer sous ses pieds et le piétina elle aussi, portée par la vague. La sensation d'aborder la mort la pénétra par tous les pores de la peau. Elle serra le cou de l'homme à l'en étrangler. Une coulée de lave n'aurait pas condamné ces gens plus cruellement.

Mais la rue Saint-Honoré était là. L'homme se secoua comme s'il se réveillait. Elle atterrit contre un mur. Les corps couchés au sol ne bougeaient plus.

— Françoise…, balbutia-t-elle, à bout de souffle.

Elle n'eut pas le temps de se retourner. Les carrosses qui avaient réussi à se dégager quittaient les lieux à bride abattue et renversaient tout sur leur chemin. Des chevaux fonçaient droit sur elle. Sa joue heurta le portail à l'instant même où il s'ouvrait. Les laquais postés là, guettant leur maître, s'élancèrent. La voiture entra au galop dans la cour et par un dernier effort elle se jeta à sa suite tandis que les domestiques tentaient de refermer cet asile inespéré. Le cocher sauta de son siège pour les aider. Un hurlement de colère souleva la rue. Les deux bataillons s'affrontèrent un instant de part et d'autre, bras tendus, mais le portail aurait pu soutenir un siège. Il claqua fermement. Deux personnes gisaient dans la voiture. On les emporta.

Personne ne la vit. À genoux, elle se glissa derrière la petite fontaine et resta assise là, longtemps, des heures peut-être, à se concentrer sur le miroitement de l'eau sans trouver la force de l'atteindre. Le dernier regard de Françoise, ses prunelles écarquillées où se reflétaient les flammes obstruaient tout. La reverrait-elle un jour ? Et Mme Dorgeville, si amène, si généreuse… Comment avait-elle pu échapper au pire, elle qui s'essoufflait en un étage ? Un flot de souvenirs l'envahit qui la bouleversa.

— Madame…

Le garçon lui tendait un linge et une écuelle d'eau. C'était un petit nègre de maison à peine plus haut qu'une canne, avec un sourire si doux qu'elle se remit à pleurer. Quelqu'un lui prêtait attention. Elle était vivante.

— Merci, murmura-t-elle.

Elle but doucement. L'enfant reprit le bol, le remplit et elle se laissa faire sans trouver quoi dire. Ensemble, ils lavèrent ses mains, ses bras, son visage ensanglanté. Il l'aida à se remettre debout. Ses vêtements étaient couverts d'une poudre noire, fine et collante, comme si elle avait été enterrée vivante. Elle ne put la secouer sur sa robe. Le petit se mit à rire. Il frappait l'étoffe à pleines mains, emporté par le jeu. Elle dut l'arrêter.

— Je te ferai porter vingt sous, promit-elle un doigt sur les lèvres.

Jamais il n'avait entendu pareil prodige. Il ouvrit de grands yeux et se tut tandis qu'elle se glissait dans la rue. La fumée s'était dissipée. Le feu n'avait pas gagné les rues adjacentes mais l'odeur du carnage surnageait. Elle s'arrêta, saisie par le spectacle. Le service des réverbères n'était pas passé. Seuls les bougeoirs posés ici et là par les habitants éclairaient le va-et-vient des corps qu'on retournait, qu'on soulevait et qu'on emportait aussi vite que possible dans la pénombre. La rue ressemblait au quai d'un port dans l'urgence d'un armement nocturne et pourtant aucun cri ne rythmait ce terrible trafic sinon les chuchotements des uns et les gémissements des autres. À vrai dire, ces chandelles veillaient déjà leurs morts.

Elle regagna la maison de Mme Dorgeville à pied. Françoise l'attendait sur le seuil, plus blanche que les rideaux aux fenêtres.

— Adélaïde !

Elle se jeta dans ses bras. Adélaïde la reçut de plein fouet sans y croire. Elle n'osait poser la question maudite. Mme Dorgeville parut derrière elle. Sans un mot elles se serrèrent toutes les trois et remercièrent Dieu. Il n'était plus question de dormir. Malgré la douceur de l'air, la logeuse alluma un feu dans sa chambre. Elles se pelotonnèrent ensemble sur une bergère, attentives aux échos de la rue, les yeux ouverts pour ne pas revoir les images atroces, et attendirent.

Personne ne savait comment finirait cette nuit d'enfer.

14.

À l'aube, cent trente cadavres étaient couchés dans l'église de la Madeleine. On ne comptait plus les blessés et parmi eux des personnes de la plus haute qualité : M. le comte d'Argental, l'envoyé de Parme, avait l'épaule démise ; l'abbé de Raze était horriblement meurtri. Des familles entières se trouvaient décimées, pour un rien, un détail : le fossé de la rue Saint-Florentin aurait dû être comblé. Il ne s'agissait là que d'une négligence du prévôt des marchands, M. Bignon. La rumeur en faisait un incapable. Le marquis d'Argenson, lors de sa précédente nomination comme bibliothécaire du roi, ne lui avait-il pas dit : « Mon neveu, voilà une belle occasion d'apprendre à lire ! »

Ce n'était qu'un scandale de plus. Pourtant aucun ordre ne vint annuler la représentation à l'Opéra. Le deuil du peuple n'avait jamais fermé les spectacles du roi.

Le public entra au théâtre comme on entre à l'église au jour de deuil. En coulisses, les artistes se regardaient, hébétés, incapables de croire qu'ils allaient chanter, danser ou même sourire dans ce silence de mort. L'ouverture éclata comme un outrage. Seize mesures à peine et une exclamation de colère souleva la salle. Madeleine se précipita au rideau.

— M. Bignon est dans sa loge, en grand apparat avec sa femme et ses amis ! s'exclama-t-elle. Ah ça, par exemple !

Elle se retourna, les yeux brillants de rage.

— Venir chercher les applaudissements qui nous sont dus, sous les yeux de Paris… autant dire son pardon ! Bien sûr, qui l'empêchera après cela de se promener tranquille, la conscience propre sous le soleil ? Le monstre, le laissera-t-on faire ? Berton, c'est à nous de répliquer.

— Mais je n'y peux rien ! se récria leur ami. Je suis sous l'autorité de la Ville, il m'est impossible d'interrompre une représentation commencée, tu le sais.

— Parce que maintenant tu courbes l'échine ? Mais tu as été des nôtres et nous t'avons connu moins pleutre !

L'accusation était méchante. Tous se turent. Adélaïde tendit la main mais rien ne pouvait arrêter la danseuse quand elle défendait la cause générale.

— Enfin, cet homme est un assassin, vous le savez, et le public ne nous pardonnerait pas cette lâcheté. On ne doit pas lui offrir quoi que ce soit ! Il faut refuser de jouer, tous ensemble !

L'esprit de révolte qui les animait retomba d'un coup. Jamais ils n'avaient fait une chose pareille. C'était une mutinerie en règle, de celles que l'on réprime en jetant un matelot par-dessus bord.

— Mes amis, supplia Berton, M. Bignon ne sera coupable que quand le roi le reconnaîtra comme tel. En refusant de jouer, c'est vous qui devenez coupables ! La prison vous attend et moi j'y perdrai ma place de directeur !

— Nous ne pouvons nous contenter de ça.

Joseph n'avait pas l'habitude d'élever la voix. Son visage rond et souriant de putto italien était devenu grave.

— Je coucherai en prison ce soir s'il le faut, déclara-t-il. C'est bien peu face à la douleur de ceux qui pleurent leurs morts.

Instinctivement, ils se rangèrent derrière lui. Berton hésitait. Adélaïde croisa son regard désorienté comme s'il espérait d'elle un signe quelconque. Elle pensa au roulis sous ses pieds dans l'odeur âcre de l'incendie, à ces hommes qu'elle avait achevés d'un coup de talon en maudissant la fatalité. La rancune l'étreignit. Il fit signe au machiniste.

— On ne lève pas.

Il y eut un instant de flottement. Dans l'orchestre Trial étonné baissa les bras et les violons s'arrêtèrent. L'amphithéâtre se leva aussitôt. Les huées partirent de là, enflèrent, devinrent des hurlements. Les talons défonçaient le parterre. Même les loges, sans un cri, soutenaient du pied ce tumulte. M. Bignon semblait taillé pour tenir tête à tout, impassible dans son bel habit de velours, le teint à peine plus rouge que d'ordinaire sous les dentelles. Sa femme n'était pas si forte. Au bord de l'évanouissement, elle ne refusa pas le bras de son voisin qui se proposait dans la fuite. Les amis se crurent autorisés à suivre. Une volée d'applaudissements, violente comme une injure, salua la loge désertée où le prévôt pâlit. Difficile de rester aux mains des gueux quand on craint pour sa vie. La foule en était là, c'était la cour des Miracles. Partir n'était plus une défaite mais un aveu. M. Bignon chercha à le faire le plus lentement possible pour garder un semblant de dignité. Le mot n'existait plus pour lui. Il avait été un imbécile, désormais il était un lâche.

Cette certitude calma le public qui se rassit. Au parterre, les hommes tanguaient les uns contre les autres. Leurs respirations saccadées volaient d'écho en écho jusqu'au haut du théâtre. De longues minutes s'écoulèrent. Enfin Berton leur fit signe de se remettre en place et ils obéirent sans un mot. Il fallait finir ce cauchemar. Le spectacle reprit sans énergie. Les tempi flottaient, le texte sonnait faux. La salle creuse laissait passer les sons comme une écumoire. Artistes ou spectateurs, le même sentiment les déchirait, entre la satisfaction de la leçon donnée et la tristesse d'avoir mérité tant de morts de la main de cet homme-là, qu'il avait été si facile de jeter dehors. Il y eut peu d'applaudissements ; plutôt un salut mutuel, avec respect, les yeux dans les yeux.

Pour la première fois, ils avaient partagé la douleur. Pour la première fois, ensemble, ils s'étaient octroyé le droit de faire justice.

Le lendemain, le dauphin fit porter sa bourse du mois à M. de Sartine pour aider les victimes de l'accident. Ces deux mille écus étaient à peine distribués par le lieutenant de police que la dauphine faisait de même, suivie par mesdames et tous les princes du sang, tandis que les fermiers généraux et bien des particuliers versaient leur contribution aux indemnisations.

M. Bignon ne perdit pas ses fonctions pour autant. Tête haute, mémoire féroce, Paris serra les dents, pria pour ses morts et donna l'argent aux vivants, cet argent toujours bon à prendre quand un enfant manque de pain. De même il profita des représentations données gratis pour le peuple, qu'on ne pouvait annuler bien que l'esprit de la fête soit mort pour longtemps : la Comédie-Française offrit *Tartuffe* et *Crispin rival de son maître*, la Comédie-Italienne *Le Déserteur* et *Le Diable à quatre*, l'Opéra *Zaïde* de M. Royer, avec ses ballets et ses nombreuses machineries qui plaisaient à un public peu connaisseur.

À quatre heures et demie seulement, Sophie fit savoir qu'elle était malade. C'était bien tard. Berton dut faire chercher Adélaïde en urgence, mais le souvenir de Fontainebleau était encore si proche qu'elle ne rechigna pas et courut s'habiller. Elle fixait encore ses fleurs d'une épingle quand la porte s'ouvrit.

— Prends en main ton éventail, dit Berton, et serre-le fort s'il te plaît.

— Ce n'est pas drôle…, murmura-t-elle, interloquée.

— Je ne veux pas que tu cries.

Il balançait d'un pied sur l'autre, désolé. Elle réalisa tout à coup qu'il était entré sans frapper.

— Sophie n'est pas plus malade que toi et moi… Elle est arrivée à l'instant dans la salle en déclarant haut et fort qu'elle venait « prendre une leçon de Mlle Beaumesnil ».

Elle sentit le coup dans sa poitrine avant la douleur. Tout son corps se contracta. La fleur tomba de sa tempe et elle la regarda, rageuse, sans pouvoir faire un geste. Elle n'était qu'une idiote. Versailles et sa douce princesse l'avaient endormie, elle l'avait crue apprivoisée pour la nuit des temps… Mais cette garce savait jouer toutes les comédies !

— Adélaïde, ne t'énerve pas, supplia Berton, c'est exactement ce qu'elle veut.

Elle lui lança l'éventail à la tête. Qu'il garde ses explications d'homme, elle n'en avait pas besoin ! Le goût amer lui emplissait la bouche. Jouer de l'urgence de la représentation, de sa nécessité même pour la narguer publiquement. C'était pire qu'une cabale cette fois. L'autre l'avait poignardée de face.

— Non, gronda-t-elle, ce qu'elle attend c'est que j'obéisse. Que j'entre en scène souriante pour lui faire plaisir, mais je ne suis pas un pantin !

— Tu ne peux te soustraire à ton devoir, tu serais renvoyée.

— Et pourquoi cela ? Madame refuse de jouer, moi aussi ! Pourquoi aurait-elle des droits que je n'ai pas ?

— Adélaïde, je t'en prie…

Ses mains étaient d'une douceur insupportable. Elle hurla.

— Je ne chanterai pas devant elle, entends-tu, dussé-je y perdre ma place ! Et s'il le faut, je m'en vais !

Elle se jeta vers la porte. Les larmes la faisaient suffoquer. Il dut l'attraper à bras-le-corps pour l'empêcher de sortir et elle frappa droit devant elle, méchamment, de plus en plus fort. Oh, la belle perspective que la crise de nerfs ! Rien d'autre ne lui paraissait acceptable en cet instant.

— Adélaïde, arrête.

Elle n'entendait plus sa voix, elle ne voulait plus l'entendre. Son étreinte se resserra. Elle sentit sa force d'homme tout à coup, qu'elle n'avait pas soupçonnée. Il aurait pu la maîtriser mais ses bras se refermaient sur elle, caressants. La tendresse prenait le pas sur tout.

— Ne pleure pas, je t'en prie…

Son épaule se rapprochait. Sa voix était contre la sienne. Sa bouche aussi. C'était si simple.

— … je t'en prie, ma chérie !

Il l'embrassait. Encore et encore. Des baisers légers, timides, qui n'espéraient qu'elle et pourtant attendaient sa permission. Elle s'immobilisa. Le picotement la prenait au bas du dos. Ces lèvres étaient étonnantes, elle avait envie de fermer les yeux et de se laisser faire, sans répondre, attentive à goûter leur surprise. C'était une sensation inconnue qui se glissait en elle, d'une douceur inespérée, comme un rêve bienheureux au creux de la nuit. Accepter ce bercement, s'y abandonner, ne plus sortir de ce cocon. L'orage se calmait et tout tournait soudain, la loge et sa colère, noyé dans ce flot où le désir venait.

— Voilà ce que veut Sophie, murmurait-il dans son cou, te voir pleurer dans la lumière, devant elle. Mais je ne la laisserai pas faire ! Mon amour, je vais diriger moi-même ! Tu n'auras qu'à me regarder, je te porterai, je te sauverai…

Ses bras s'échauffaient, l'enlaçaient. Elle rouvrit les yeux. Le miroir lui renvoya le reflet de leurs deux corps unis dans l'étreinte. Cela même paraissait impensable. Elle cherchait leur complicité, cette facilité à dire les choses qu'ils avaient toujours partagée, et ne trouvait pas un mot.

— Je vais chanter, lâcha-t-elle.

Son sourire lui serra la gorge. Un sourire franc, lumineux à la voir renaître et à croire que ce miracle était l'œuvre de l'amour. Elle recula, presque coupable. Heureusement l'enjeu était là. Ils avaient un combat à mener et Dieu merci, ils pouvaient le faire ensemble. Elle posa un nuage de poudre sur son visage marbré de rouge et l'entraîna.

Les autres chuchotèrent en les apercevant côte à côte. Elle passa droite dans le tunnel, les yeux fixés sur la lumière à l'autre bout : traverser, sortir. Déjà Berton rejoignait l'orchestre, écartait le jeune Francœur au pupitre. La salle s'ébroua. Sans attendre la fin de ce concert de murmures, il attaqua.

Elle inspira lentement, au plus profond. La musique résonnait dans son corps comme la cloche à bout de bras quand elle vous soulève du sol. Elle entra en scène sans un regard pour cette loge de Première Actrice resplendissante de privilèges. Devant elle il y avait cet homme qui déposait un orchestre à ses pieds pour sauver sa vie, cet homme qu'elle avait pris pour un frère et qu'elle ne connaissait pas. Elle sentait encore sur ses lèvres le poids de sa bouche. Avait-elle seulement rêvé ? Mais Berton pressait son tempo. Les instrumentistes se tendirent en avant, étonnés. Le chœur suivit. Il y eut un grand mouvement d'attention, de qualité et la salle se tut, sentant l'exceptionnel. La musique avait repris ses droits. Tout pouvait s'oublier qui n'était que querelle d'enfants.

Malgré tout, son cœur se libéra quand le rideau tomba. Pas un accroc, pas une faiblesse, Sophie n'avait plus qu'à se lever pour rentrer chez elle. Personne ne saurait jamais le beau piège qu'elle avait posé et cette déception qui devait l'habiter. La piètre consolation. Adélaïde s'engagea au pas dans les couloirs. Tout au long du spectacle Berton l'avait couvée des yeux sans relâche. Elle ne pouvait s'imaginer une seconde trahir sa sincérité. Pour un soir, ce labyrinthe ne lui paraissait pas assez long. Dix fois elle pensa tourner les talons et s'enfuir sans plus de courage. Mais il y avait un laquais devant sa porte, avec une gerbe immense.

— Mademoiselle, si vous voulez me suivre…

Il s'inclinait. Autour d'eux des têtes se tournaient aux couleurs de sa livrée, on murmurait. Dès cette nuit chacun saurait. Ainsi un prince du sang ne l'avait pas oubliée. Il la voulait, elle et non une autre au sortir de son abstinence, comme il l'avait promis. L'orgueil lui monta aux joues.

— Attendez là, ordonna-t-elle.

Elle enfonça la porte plus qu'elle ne la poussa. La loge était déjà éclairée. Berton avait reculé jusqu'au mur, si pâle qu'il en était méconnaissable. Sa main tendue lui barrait la route.

— Tais-toi s'il te plaît… Personne ne me laissera t'aimer, je le sais depuis longtemps, va… Depuis ce premier jour où tu as paru devant moi, si jeune et si déterminée ! Oh, mon Adélaïde, tu chantais et tu me regardais, comme si tu posais ta vie entre mes mains ! J'aurais donné n'importe quoi pour te garder près de moi, j'aurais tué Rebel s'il ne t'avait pas engagée…

Il secoua la tête. Le passé l'étourdissait. Ses doigts la saisirent et glissèrent sur son visage.

— Berton, je t'en prie, balbutia-t-elle.

— Oui je t'ai aimée, à la seconde, comme un fou, en sachant que je n'avais rien à t'offrir ! Tant d'années, tant de choses nous séparent. J'ai ma famille et toi ces hommes qui te désirent…

L'émotion l'étrangla. Il la repoussait loin de lui. La vie s'étira brusquement entre eux, en suspens, monstrueuse. Elle se sentit happée par le vide. Et tout à coup, il la lâcha.

— Va retrouver Chartres, articula-t-il.

Il bouscula le laquais et disparut. L'autre ne réagit pas. Il les connaissait bien sans doute ces instants terribles, ces étincelles qui enflamment les êtres à la croisée des chemins pour mieux décider d'eux. Il ne les voyait plus. Il était payé pour cela.

Elle s'appuya à la coiffeuse. Ses jambes tremblaient. Ce soir était sa chance, un rêve infini, le plus grand des honneurs. Elle aurait dû relever le menton mais les larmes la défiguraient.

Elle avait perdu le plus beau refuge de toute sa vie.

15.

Les travaux au Palais-Royal étaient enfin terminés. Depuis sept ans les Tuileries n'avaient été pour l'Opéra qu'un asile provisoire, que chacun ne demandait qu'à quitter : ce théâtre flambant neuf concentrait tous les espoirs de renouveau.

Accolée à la droite du palais, sa façade s'étirait maintenant sur une trentaine de mètres. Une galerie d'arcades permettait de descendre de voiture à couvert et, véritable nouveauté, le premier étage offrait un foyer destiné au public et son petit café. La pièce était chaleureuse : les bustes de MM. Lully, Quinault et Rameau se dressaient entre les larges fenêtres et la lumière entrait à flot, reflétée par le jeu des glaces. La salle aussi paraissait agréable, malgré le peu d'espace qui n'offrait que deux mille places, les cloisons des loges ayant été abaissées pour donner l'illusion d'un balcon continu. Enfin les spectateurs n'avaient plus à craindre pour leur sécurité : la Ville paniquée par l'idée d'un autre incendie avait imposé des briques anti-feu et deux immenses réservoirs gardaient plus de cinquante mille litres d'eau dans les combles !

Tout cela n'empêcha pas les critiques. Les uns détestèrent le mauvais goût de la décoration, les escaliers trop raides et les premières loges élevées qui n'avantageaient pas les femmes, les autres critiquèrent l'acoustique déplorable. L'abbé Galiani, en bon Italien, méprisait le chant français : « La salle est sourde », lui dit un de ses amis. « Qu'elle est heureuse », répondit-il aimablement. En vérité, les voix affaiblies ne parvenaient pas jusqu'à l'amphithéâtre.

— Mon cher Moreau, confia Sophie à l'architecte, que deviendrons-nous s'il nous faut crier comme des diables pour être entendus au paradis ?

La Première Actrice, assurée de l'opinion publique grâce à l'amour parfait de François Bellanger, retrouvait petit à petit toute sa verve. Ses piques quotidiennes devenaient humiliantes. Devant le début sans éclat d'une certaine Mlle Châteauvieux, après celui d'une demoiselle Châteauneuf, elle n'hésita pas à s'écrier : « Fichtre, il n'y a plus que des châteaux ici, et dire que ce sont tous des châteaux branlants ! »

Tous faisaient des prières pour ne pas avoir à la croiser. Adélaïde ne s'inquiétait pas. Sa liaison avec le duc de Chartres avait changé la donne, elle le sentait aux regards lourds de jalousie qui la suivaient. Sophie enrageait, elle aurait tout donné pour lui faire payer l'échec de cette fameuse « leçon » mais elle se taisait… Et comme elle multipliait à nouveau les absences, le temps du déclin ne pouvait tarder. Adélaïde l'imaginait clouée au pilori ; le tableau n'était pas désagréable.

Berton et Trial avaient profité de ce déménagement pour demander à administrer le théâtre en simples gestionnaires. Le budget de l'Opéra était impossible à équilibrer. La Ville accepta de leur racheter le privilège tout en leur imposant MM. Dauvergne et Joliveau à la direction. Elle alloua à chacun un fixe de cinq mille livres et leur promit que si la recette excédait cinq cent mille livres, ils pourraient se la partager. C'était une folie, mais la Ville gardait son inconscience. L'Opéra n'avait jamais cessé de la faire rêver.

Pour remplir les caisses, les quatre directeurs reprirent *Les Fêtes grecques et romaines* de M. Colin de Blamont, un des ouvrages les plus rentables du répertoire, puis tentèrent la création d'*Ismène et Isménias* de M. de Laborde. Sophie, qui avait subi l'accueil froid de la cour, préféra laisser le rôle d'Ismène à Adélaïde. Contre toute attente, l'opéra s'offrit vingt-trois représentations en deux séries ! Elle s'en mordait les doigts. Adélaïde riait. À ses côtés, une nouvelle venue, Mlle Rosalie, avait obtenu le rôle de l'Amour.

— Parce qu'elle est la maîtresse de Joliveau et qu'il est devenu directeur, la belle affaire, marmonnait Françoise qui détestait l'injustice. Si tu veux mon avis, cette fille est une vraie ambitieuse, il faudra s'en méfier.

Adélaïde haussait les épaules. Elle trouvait la voix ronde et timbrée de Rosalie plaisante malgré son physique potelé. Seul son petit nez retroussé, qui semblait mépriser le monde, ne lui disait rien qui vaille. Mais après tout cette nouvelle n'avait été engagée que pour doubler Marie-Jeanne Larrivée ; même si le directeur lui offrait quelques passe-droits, elle n'était pas sur sa route.

En vérité, le succès d'*Ismène et Isménias* était celui du ballet d'action dont on l'avait étayé, *Médée et Jason*. Ce spectacle étonnait le public au point qu'il se pressait chaque soir pour lui faire triomphe : les danseurs y devenaient acteurs et racontaient sans masques, par leurs seuls gestes, une histoire noble digne d'une tragédie. C'était si nouveau ! Vestris eut droit à toutes les félicitations du monde, le temps que l'on apprenne que son œuvre n'était qu'une pâle copie de celle de M. Noverre, dansée à Stuttgart et à Vienne depuis six mois ! Les moqueries suivirent. Le Florentin vexé se jura de ne faire aucun effort pour les ballets de *Pyrame et Thisbé*. Sifflé en scène, il préféra penser que la cabale venait d'Anne Heinel et la traita de « catin ». Le public qui l'apprit promit de se retrouver le lendemain pour le huer.

Les quatre directeurs se réunirent à minuit. Le ministre de Paris sortit de son lit pour raison d'État. Seule Sophie, qui avait encore la trahison de son cher Lauraguais en travers de la gorge, sut trouver les mots qu'il fallait :

— « Catin », ma pauvre chérie, dit-elle à Anne, que veux-tu, aujourd'hui les gens sont devenus si grossiers qu'ils appellent les choses par leur nom !

Finalement M. de Saint-Florentin condamna Vestris à des excuses publiques. Le danseur s'exécuta et la salle s'en contenta, mais Anne annonça à Berton que désormais elle refusait de danser avec lui. Si on l'y obligeait elle partirait pour l'Angleterre. Il savait qu'elle disait vrai. Ce pays la réclamait tant qu'elle avait déjà obtenu un congé annuel pour s'y rendre. Il dut déployer des trésors d'inventivité pour les distributions et le couple qui avait fait frémir d'amour le public ne s'adressa plus la parole.

— Ça s'arrangera, Berton, lui répétait-on de toutes parts. Ils ne pourront pas se passer l'un de l'autre, tu les connais, ces deux-là.

— Justement, répondait-il, leur querelle durera ce que dure une passion… une vie entière !

Il accompagnait ses mots d'un geste coupant, si peu dans ses habitudes que les artistes s'étonnaient. Ils l'avaient connu patient, fatigué, jamais dur. La mort de son ami Trial ne fit qu'accentuer cette amertume. Le musicien partit une nuit de juin à trente-neuf ans, sans avoir le temps de recevoir un secours religieux. Faveur exceptionnelle, l'archevêque de Paris autorisa une messe pour le repos de son âme et tout le personnel de l'Opéra devant y participer, le public assiégea les abords de Saint-Germain-l'Auxerrois. Les gardes furent nécessaires et on n'entra à l'office que sur billets, comme au théâtre. Berton écœuré s'enferma dans sa solitude.

Adélaïde ne savait que dire. Il la fuyait. Forcer sa compagnie eût été le voir souffrir davantage. Le cœur serré, elle s'en tenait aux répétitions communes de *La Cinquantaine*.

Le nouvel opéra de M. de Laborde fut affiché pour tout l'été : celui que le baron de Grimm appelait « garde-magasin en doubles-croches selon la cour » venait d'être nommé Musicien du Roi. Le public hua, puis déserta, non sans s'être vengé d'une épigramme. Il fallut jouer vingt et une fois devant une salle à moitié vide. Certains soirs la recette n'excédait pas cinq cents livres et seule l'entrée des princes du sang soulevait quelques applaudissements : depuis le renvoi des Parlements, les spectateurs saisissaient chaque occasion de soutenir ceux qui avaient courageusement quitté la cour.

Après Rameau paraît Laborde ;
Quel compagnon ! Miséricorde !
Laissez notre oreille en repos,
De vos talents faites-nous grâce ;
De la Guimard allez compter les os,
Monsieur l'auteur, on vous le passe !

Cette allusion à sa maigreur avait indisposé Madeleine. Elle dansait mal, exprès, bien que le prince de Soubise n'ait pu se contenter longtemps de la petite Dervieux et lui soit revenu à genoux. Le peu de public présent s'en apercevait à peine. Il ne venait que pour observer dans la loge de Sophie Mlle Virginie, une danseuse de la Comédie-Italienne bien connue pour préférer les femmes aux hommes. C'était la première fois que l'actrice affirmait son appartenance à la secte des Tribades… On jasait de plus en plus quand un après-midi, juste avant la représentation, la nouvelle courut comme une traînée de poudre.

— Sophie s'est mariée ! Les filles, mariée !

Madeleine hurlait. Derrière elle, le couloir était en ébullition.

— Mariée ? Mais quand ? Avec qui ?

Adélaïde n'en croyait pas ses oreilles.

— Quand ? Hier, le temps qu'on l'apprenne, reprit Madeleine avec ironie. Et avec qui ? Adélaïde, tu vieillis… Un parti parfait, François Bellanger évidemment !

— Quel irrespect, soupira Françoise, tout le monde sait que le comte de Lauraguais a rejoint Anne Heinel en congé à Londres. Épouser ce jeune homme par vengeance, c'est misérable ! Le mariage est un sacrement religieux, Sophie est tombée bien bas pour s'amuser même de cela.

Madeleine siffla entre ses dents. Rien ne pouvait gâcher sa belle humeur.

— En tout cas, la cote de popularité de cette peste va continuer de monter en flèche. Et tout le monde peut s'inquiéter…

Adélaïde ne releva pas l'allusion. Le pouvoir du duc la protégeait et elle se sentait invulnérable. Chartres la sollicitait toujours autant qu'au début de leur liaison. Entre ses bras, elle se donnait en ne pensant qu'à Philippe, enfouissant son nom dans ses baisers. Son sourire, son corps long, cette façon même de gémir dans l'amour la ramenait à ses plus beaux souvenirs. Tout ceci n'était qu'un prélude. L'espoir décuplait son énergie et Chartres se laissait faire, déconcerté, amoureux de sa folie. Le plaisir les emportait chaque fois. Ensemble, ils oubliaient leurs limites et leurs corps brûlants s'imprimaient l'un en l'autre jusqu'à l'inconscience. Un enfant ne pouvait que venir consacrer leur entente. Ce serait un garçon, elle en était certaine, et ce rêve la faisait frémir plus encore que n'importe quelle caresse.

Il ne lui manquait qu'une belle création pour ranimer l'enthousiasme du public et, grâce à Chartres, l'amener sur le devant de la scène. Cette idée était loin d'être déplacée : l'excitation régnait parmi les amateurs, on ne parlait plus que du talent du jeune Étienne Floquet ! Sa messe pour le repos de M. de Mondonville aux Petits-Pères lui avait attiré tous les compliments et on le pressait déjà d'écrire pour le grand genre. L'heure était peut-être décisive.

En attendant, l'Opéra en venait à espérer la présentation du dauphin et de la dauphine à la capitale pour secouer sa torpeur. Suivant l'usage celle-ci devait avoir lieu aux trois spectacles après l'Entrée dans Paris, qui tardait tant. Enfin la date du 8 juin 1773 fut certaine. Les canons des Invalides, de la Bastille et de la Ville tonnèrent. La Seine emporta à tous vents l'écho de leurs mitrailles et une foule considérable se massa sur le passage du carrosse. La galerie aménagée aux Tuileries près de la table du couple princier ne fut pas suffisante pour que tous les curieux défilent ! Les jeunes gens, conscients de la déception générale, décidèrent de sortir sur la terrasse pour saluer. Cette marque de respect saisit les cœurs et provoqua un immense cri de reconnaissance. En une seconde, le peuple ne fit plus qu'un. Il y avait des larmes dans tous les yeux.

On supporta les jours suivants dans cette émotion. Mais quand le semainier de l'Opéra ajouta sur l'affiche « par ordre », le peuple se battit aux caisses et toute la noblesse envoya ses laquais aux réservations. Le programme avait été lardé de quantité d'ariettes et d'airs de ballets pour que chaque Premier Sujet ait une entrée seule. Il y avait tant de monde en coulisses qu'elles bruissaient comme les communs d'un château un jour de noces !

La salle aussi était comble. Une brassée de flambeaux éclairait la loge royale au centre des premières et tandis qu'un garde se postait dans la loge du dessus, cent Suisses entrèrent en rang serré dans l'enceinte dressée dessous. Le public se leva, ravi de ce spectacle où la duchesse de Chartres parut la première. Le fard ne parvenait pas à dissimuler ses traits tirés par la grossesse. Même les trois plumes de sa coiffure semblaient peser une tonne sur son corps fragile. Adélaïde sourit derrière le rideau. Pauvre petite femme qui faisait bravement son devoir… Ce n'est pas ainsi qu'elle porterait l'enfant de Chartres. Son fils serait fort et elle le présenterait tête haute.

L'entrée du dauphin souleva de tels vivats que timidement, en deux révérences mal tournées, il laissa place à son épouse. Au premier abord, Marie-Antoinette imposait ce mélange de douceur et de majesté qui avait impressionné les artistes à Versailles. L'ampleur de sa robe ne la gênait pas dans l'étroitesse de la loge. Son élégance illuminait le théâtre.

D'un commun accord, les spectateurs s'assirent avec elle. Deux gardes étaient montés en scène et d'autres s'étaient postés à toutes les issues du parterre et de l'amphithéâtre pour rappeler au peuple l'interdiction d'applaudir : l'étiquette ne pouvait tolérer qu'un même geste salue le couple princier et de simples artistes. Paris connaissait la règle, même s'il la trouvait insupportable. Le spectacle débuta donc dans un silence pesant, si loin de l'atmosphère de fête qu'il coupait le souffle à tout le monde. Chaque air, chaque variation semblait se heurter à un mur. De part et d'autre de l'orchestre, on entendait ces respirations haletantes. La tension ne fit que monter au fil des actes. L'Opéra était devenu un théâtre de cour et la salle muselée tremblait de colère. Elle qui avait cru recevoir Versailles en invitée avait trouvé son maître.

Pour conclure, Berton attaqua sa célèbre chaconne. Anne Heinel et Vestris entrèrent main dans la main. Une exclamation secoua le public, violemment réprimée par les gardes. Pour un soir les amants s'étaient réconciliés, ils dansaient en miroir, accordant leurs glissades, leurs bras souples, leurs révérences. C'était un tableau si parfait que la foule gémit d'impuissance. Chacun avait l'impression d'être étranglé vivant.

Alors la dauphine leva la main. L'ordre était muet mais sa dame d'honneur l'exécuta. Ses applaudissements solitaires traversèrent le théâtre comme un oiseau perdu avant que la salle ne réalise l'inconcevable… la permission. Ce ne fut qu'un sursaut, des sifflements, des hurlements, du bonheur à pleins poumons pour saluer tout ensemble le couple chéri, les artistes emmurés dans le silence comme la générosité dernière de Marie-Antoinette, des mêmes cris, des mêmes mains. Le sacrilège était consacré mais la jeune femme souriait. Désormais Paris l'aimait et du plus grand amour qui soit, dans lequel respect et obéissance n'étaient pour rien. D'un geste elle avait balayé l'étiquette, elle, une future reine, elle avait entendu la voix du peuple et y avait répondu ! Quel avenir ne pouvait-on attendre d'une telle femme ? Des minutes entières, l'ovation creva la coupole. Tout-Paris espérait.

Le premier tomber de rideau fut le dernier. Déjà le dauphin et la dauphine se retiraient et le public s'élançait dans les rues pour suivre leur carrosse. En scène, on s'embrassait encore. L'émotion avait été si forte qu'oubliant cette distance qui l'isolait depuis longtemps Berton allait et venait dans la mêlée. Son sourire toucha Adélaïde. Elle voulut s'élancer vers lui.

Un bras enveloppa sa taille. Elle n'eut pas le temps d'en rire que l'homme l'emportait à contre-courant derrière la toile de fond. Il la bâillonna et la plaqua face au mur. La scène se vidait rapidement, les machinistes criaient, vérifiant leurs cordages. Ce branle-bas de combat n'était rien dans ses oreilles tant son cœur cognait.

— Pas un mot, Beaumesnil, et je vous lâche…

Cet accent léger, un peu rauque. Une pointe de sensualité enrobée de cynisme. Elle se calma d'emblée. La redingote pesait sur ses épaules mais cet homme n'était pas un bandit, il ne tenait qu'à elle de lui échapper.

— Bonsoir, monsieur de Sartine, murmura-t-elle.

— Bravo, ma chère, quelle oreille musicale !

Le lieutenant général de police la retourna en la maintenant contre lui. C'était la première fois qu'elle voyait d'aussi près son teint mat et ses pommettes saillantes sur le masque immobile. Il avait cette expression transparente des gens qui se nourrissent des autres et attendent toujours d'avoir goûté pour montrer leur vrai visage.

— J'aime votre perspicacité, mademoiselle, oserai-je le dire ? Ainsi point d'entrée en matière, j'aurais peu de choses à dire pour me faire comprendre. Voilà une qualité digne de votre noble naissance sans doute…

Ses yeux brillèrent. Elle se figea. Inutile de nier, cet homme savait parfaitement où il allait.

— Personne ne peut plus rien contre moi, lâcha-t-elle.

— Croyez-vous ?

— Mon père ira au diable, le duc de Chartres n'acceptera jamais de me perdre !

— Mais qui vous parle de votre père, mademoiselle de Villars ? Je pensais plutôt à votre tante. Élisabeth d'Allière, je crois ? Voudriez-vous qu'elle soit renvoyée de la Musique du Roi ?

Elle se tut, sidérée. Oh, le visage sévère sous le chignon… Tant d'années qu'elle s'empêchait d'y penser pour ne pas pleurer ! Même sa déception à Fontainebleau, au milieu des choristes, elle l'avait écartée pour protéger Élisabeth. Mais la belle arme que le chantage. Aucune trace, pas même l'odeur du sang. Elle se mordit les lèvres. Ainsi cette garce de Sophie avait de la patience, elle ne l'aurait pas cru. La livrer à M. de Sartine était une façon comme une autre de la jeter dehors sans que Berton ni Chartres n'y puissent rien.

Elle devait avoir l'air terrifié car il éclata de rire. Les rouleaux de sa perruque en tremblaient. On disait de lui qu'il était l'homme le mieux coiffé de France, qu'il possédait une centaine de perruques, des plus simples pour le négligé aux perruques à bonnes fortunes pour le Conseil et une impressionnante, surnommée l'Inexorable, réservée à l'interrogatoire des criminels. On soufflait même qu'à sa perruque on pouvait juger de son humeur du jour. Elle le dévisagea plus attentivement. Sa coiffure était élégante mais discrète ; l'arrêter n'était certes pas dans ses intentions.

— Qu'attendez-vous de moi ? soupira-t-elle.

— Ah, que vous voilà raisonnable, Beaumesnil ! s'écria-t-il, le sourire fendu qui le défigurait. Allez, je vais être franc, moi aussi. Vous me connaissez lieutenant de police mais l'avenir me verra ministre, je vous le promets car vous allez y travailler.

— Et si je n'avais pas les dons requis ?

— C'est inconcevable ! Ne disiez-vous pas à l'instant avoir toute la confiance de Chartres ? En vérité je veux que vous l'espionniez... Les princes de sang ne resteront pas éternellement loin de la cour, Conti ne les tiendra pas dans sa fronde. Déjà son propre fils, le comte de la Marche, lui a échappé. Demain, il y aura scission, et querelle, il me faut apprendre très exactement quand pour rejoindre le bon plateau de la balance !

Sa voix s'était relevée avec son museau pointu. À cet instant, elle sut à quoi il ressemblait. À un rat, de ceux qui les premiers quittent le navire.

— Alors couchez avec lui autant que vous voulez, ma petite, mais prenez le temps d'écouter aux portes et faites-le parler sur l'oreiller. Je veux être le premier à savoir quand la chose sera décidée, c'est compris ?

Sans attendre de réponse sa bouche happa la sienne. Il avait dégagé son sein de sa robe et le pinçait entre ses doigts, plus goujat qu'un bourgeois. Son haleine s'excitait en elle à ce jeu méchant comme s'il l'avait pénétrée. Ce n'était qu'une petite vengeance, il savait qu'avec Chartres il ne pourrait la posséder comme les autres.

Mais sur la toile de fond Élisabeth souriait. Ce bonheur était si inattendu qu'elle trembla. Il se méprit et la lâcha. Autour d'eux les machinistes travaillaient sans leur prêter attention, habitués à ces marchés qui se concluaient dans l'ombre. Les flambeaux s'éteignaient un à un. M. de Sartine s'inclina comme s'il pouvait encore être question de galanterie. Elle le regarda froidement s'éloigner.

Espionner Chartres serait facile ; le duc était d'un naturel spontané. Sophie ne se doutait pas du cadeau qu'elle venait de lui faire. Un poids infini s'échappait de sa poitrine, un poids qui depuis près de sept ans la minait chaque jour.

Élisabeth était vivante et libre.

*

— La gloire à seize ans ! Ah, cette élève de Brizard m'a suffoqué, belle comme le jour bien qu'un peu grande, sensible, intelligente... Que peut-on demander de plus à une actrice ?

Le baron de Grimm posa sa question à la ronde. Les débuts de Mlle Raucourt avaient tourné la tête à Tout-Paris. Il ne se passait pas un jour sans que l'on retirât des blessés aux caisses de la Comédie-Française et les billets se revendaient à des prix faramineux.

— D'être un peu moins sage, mon ami, répondit le prince de Soubise. Une femme qui ne répond pas à une bourse de deux cents louis et qui ignore une lettre anonyme lui proposant douze mille livres si elle reste vierge et vingt-quatre s'il lui prend l'envie de ne plus l'être avec son auteur. Il paraît que c'est le duc de Bourbon qui a écrit cette folie ! Diable, messieurs, je crois qu'on nous a trompés, Mlle Raucourt ne saurait être une femme !

L'assemblée éclata de rire. La rue Valois-du-Roule traversait les champs et l'air frais de la campagne entrait par les fenêtres ouvertes. Depuis une semaine, la chaleur se faisait si lourde que quitter Paris était un délice.

Mlle Duthé s'éventa.

— Permettez, elle fait monter les enchères et ce n'est pas si bête...

— On s'en lassera, elle n'est pas seule au monde ! coupa Madeleine que le succès des autres agaçait toujours prodigieusement.

L'entrée de M. Marmontel lui coupa la parole. Tandis que le duc de Chartres se levait pour accueillir le poète, le sourire de Mlle Duthé nargua l'auditoire.

— D'autres femmes savent se faire désirer tout en restant discrètes, murmura-t-elle, Mme de Genlis par exemple.

C'était de bonne guerre, elle n'était pas prête à pardonner à Adélaïde de lui avoir volé Chartres. De toute façon la vérité était là : les ragots s'amplifiaient sur la nouvelle passion du duc, Félicité de Genlis… Adélaïde ne pouvait croire que la petite harpiste qui avait partagé tant de concerts avec elle durant son enfance soit cette intrigante dont tout le monde parlait, entrée au service de la duchesse de Chartres et devenue en secret la maîtresse de son mari ! C'était trop d'hypocrisie pour la jeune fille rieuse qu'elle avait connue. Instinctivement elle porta la main à son ventre. L'enfant ne bougeait pas encore mais son contact l'emplissait de confiance.

Fort élégant dans son habit de soie, Marmontel s'inclina devant elles.

— De quoi parliez-vous, mesdames ?

— De Mlle Raucourt et de son sot entêtement dans l'état de virginité, répondit vivement Madeleine qui en restait à la jalousie.

— Ah, il est vrai que cette actrice exagère, convint l'écrivain. Mme de Mondran dit qu'être fidèle à son mari, c'est faire bien des mécontents pour un ingrat ! Mlle Raucourt fait des mécontents, c'est certain, mais vous ne devineriez pas pour qui !

— Sauriez-vous quelque chose ? demanda Adélaïde.

— Ma foi oui ! Cette charmante enfant a un père, qui lui a promis qu'il lui brûlerait la cervelle si elle forniquait. C'est l'explication fort simple à sa sagesse.

— Ah, voilà qui fait plaisir ! s'écria Soubise. Dieu merci les gens convenables ont une excuse. Mais quelle discussion en ce lieu, fichtre ! Restons polis, messieurs… demanderons-nous à notre hôte s'il est fidèle à sa femme ?

Chartres sourit. Sa main glissa dans le cou d'Adélaïde.

— Mon cher ami, je vous ferai la réponse du prince de Ligne : souvent...

Le nez de Mlle Duthé s'allongea. Adélaïde ne cilla pas. Le duc caressait amoureusement sa nuque et l'impatience la dévorait tout entière. Elle parlerait ce soir, quoi qu'il arrive.

— Savez-vous que le jeune Floquet s'est enfin décidé à écrire un opéra ? lança Soubise qui voulait échapper au règlement de comptes. Il a cédé à la pression générale. J'avoue que malgré ses vingt-cinq ans, j'espère beaucoup de sa musique.

— Tout le monde espère beaucoup ! souligna le baron de Grimm. L'Opéra aurait tout de même plus à gagner à accueillir un nouveau compositeur qu'à nourrir quatre directeurs ! En tout cas, le retour de M. Rebel a fait grand bruit. N'est-il pas vrai, mademoiselle Guimard, que Sa Majesté vous a cédé ?

Madeleine sourit en cherchant ses mots.

— Le roi a craint qu'avec la mort de Trial trois directeurs ne suffisent pas. Il a voulu nous rendre Rebel avec la promesse d'un fixe de douze mille livres qui écornait toutes nos gratifications. Voyons, baron, qu'auriez-vous fait à notre place ?

Elle quémanda du regard l'aide d'Adélaïde. Sa menace de partir avec Dauberval en Russie, où Catherine II les réclamait tant, et le soulèvement du personnel avaient fait reculer Louis XV. Il avait immédiatement accordé à Rebel une pension viagère sans toucher aux états de l'Opéra ; en échange ordre formel leur avait été donné de se taire.

— Nous avons écrit un mémoire au roi, répondit prudemment Adélaïde, et il nous a entendus.

— Obtenir justice de Sa Majesté sur un simple mémoire, tous mes compliments, mesdames, combien de mes amis aimeraient être à votre place ! Mais il est vrai qu'aujourd'hui les artistes ont pris toute l'autorité du monde. Et

Paris applaudit avec autant de fureur les cabrioles de nos danseurs que les minauderies de nos danseuses !

Madeleine sauta de sa chaise. Le début de la soirée ne l'avait pas préparée à la patience.

— Vous m'agressez personnellement, baron.

— Allons, mon ami, ne trouvez-vous donc pas de talent à nos danseuses ? intervint le prince de Soubise conciliant.

— Certes si, mon cher, reconnut le baron, mais franchement ce talent est si peu utilisé ! Nos danses sont toutes dessinées à l'identique. Croyez-vous qu'il serait difficile d'y mettre un peu de feu, un peu d'invention, peut-être du sens ? C'est parce que la danse n'a aucun sens qu'aujourd'hui nous avons perdu le sens de tout, de la musique et du livret. L'opéra français est devenu un spectacle où tout le bonheur et tout le malheur des personnages consistent à voir danser autour d'eux ! Eh bien moi, je dis qu'il n'y a là de plaisir que pour mes yeux. Et j'estime plus celui que l'on donne à mon cœur et à mes oreilles !

— Mais monsieur, vous n'êtes pas si fort musicien. Ne pensez-vous pas qu'il faut savoir un peu de musique pour parler d'opéra ?

Devant l'ironie de Soubise le baron souffla son air d'un coup, les joues marbrées de rouge, et se leva avec une telle violence que chacun se tut. La querelle sourdait.

— Je sais la musique de la manière dont on doit la savoir, répondit-il, c'est-à-dire en homme qui sent plutôt qu'il ne connaît ! Laissez-moi vous dire que la fin de la musique étant d'exciter des sensations agréables par des sons harmonieux et cadencés, tout homme qui n'est pas sourd est en droit de décider si elle a rempli son effet !

— Messieurs, messieurs... n'oublions pas que nous parlons d'opéra ! s'exclama Marmontel. C'est-à-dire du royaume de l'invraisemblance par excellence puisque l'asservissement à la musique rend obligatoires les fautes les plus nécessaires, comme de chanter des ariettes dans la destruction d'une ville ou de danser autour d'un tombeau ! Mais on tolère ces extravagances, on les aime même, avouons-le, parce qu'on est là dans le pays des fées. N'est-ce donc rien pour vous que de traverser sans danger les mers, de parcourir en un instant et sans fatigue les quatre parties de l'univers, d'être enlevé au sortir d'un palais superbe en un bocage charmant ? Quelle chaîne admirable d'illusions... Quoi qu'un musicien puisse écrire, l'opéra restera ce plaisir-là ! Rappelez-vous les vers de Favart :

Quiconque voudra
Faire un opéra
Fuira de la raison
Le triste poison.
Il fera chanter,
Converser et sauter ;
Puis le reste ira
Tout comme il pourra !

Il salua de trois moulinets. Sa courbette n'avait rien à envier à la superbe d'Arlequin. Tous applaudirent.

— Monsieur Marmontel, que voilà une belle tirade, intelligente et pacifiste ! s'écria le duc de Chartres avec reconnaissance.

Le baron lui-même admit de la tête. Il baisa la main de Madeleine pour se faire pardonner. À cet instant, M. de Carmontelle fit son entrée, les bras encombrés des projets dont il avait la charge. Le duc avait décidé d'embellir les jardins qui rejoignaient les champs de Monceau.

Adélaïde profita de cette interruption pour sortir sur la terrasse. La lune resplendissait, pleine et étonnamment dorée. Elle frissonna à cette faveur des astres. Avertir Sartine que le duc regagnait la cour avait été simple, mais cette mission n'était rien. Juste une amorce. Ils avaient fait connaissance. Le lieutenant de police la tenait, il pouvait l'entraîner dans un chantage bien plus dangereux. Sa seule chance était l'enfant. Si elle obtenait du duc une promesse, elle se débarrasserait de ce rat pour toujours. Alors elle pourrait tenter de revoir sa tante ; ce rêve ne la quittait plus.

— Vous fuyez, madame ?

Elle s'appuya à la balustrade de pierre. Chartres se prit à rire.

— La philosophie musicale vous ennuierait-elle maintenant ?

— Non, monseigneur, mais j'aimerais pouvoir vous entretenir.

Il se renfrogna devant son air sérieux. Ce n'est pas ainsi qu'il l'aimait. Il lui fallait des propos légers et un sourire de coquette, en un mot de la féminité.

— Quel secret avez-vous donc à m'avouer ? Distrayant, j'espère ?

— Vous en jugerez vous-même, murmura-t-elle. Je suis enceinte.

Un semblant d'émotion glissa sur son visage.

— Vraiment, Beaumesnil... ? Alors que la duchesse porte mon héritier, voudriez-vous aussi m'avouer que cet enfant est le mien ?

— Oh, monseigneur, vous savez que je suis soumise aux bontés que vous avez pour moi, et que je vous aime trop pour ne pas respecter...

— Il suffit. Il suffit.

Il penchait vers elle sans oser la toucher, mais elle sentit sa bouche hésiter. Elle lui offrait son corps et sa vie. La scène lui plaisait. Il aurait volontiers fait l'amour sous la lune.

— Mon notaire vous contactera pour payer vos couches et établir une pension au nom de cet enfant que je reconnaîtrai, cela vous convient-il ?

Elle plia jusqu'au sol, son éventail serré au creux de l'estomac. Un bâtard de la maison d'Orléans. Tout son corps tremblait. Si c'était un garçon, elle n'aurait plus rien à envier à n'importe quelle petite baronne de province... La réalité lui apparut brusquement. Beaumesnil. Elle avait porté un masque, son fils devrait porter son nom.

— On vous attend, mon cher duc.

Le duc de Richelieu s'arrêta en la voyant à terre.

— Le joli tableau, formula-t-il en matière d'excuse, quelle honte d'avoir coupé de si doux serments…

Une lueur lubrique passa dans les yeux du vieillard. Les femmes étaient son pire péché.

— … j'étais passé voir vos plans, mais Carmontelle ne veut rien révéler sans votre présence ! Auriez-vous l'intention de faire un de ces parcs à l'anglaise comme votre père l'a fait au hameau de Raincy ?

— Tout à fait, opina Chartres en souriant, un jardin avec des fabriques, sans doute des ruines grecques et romaines, un obélisque, pourquoi pas une pagode et des tombeaux. Et puis des serres chaudes qui formeront jardin d'hiver et que l'on éclairera le soir de lanternes de cristal dans les arbres…

L'enthousiasme le gagnait. Le couple disparut sans plus faire attention à elle, l'un grand, majestueux, l'autre courbé par l'âge et les flatteries. Adélaïde se redressa. Nul besoin de lanternes pour éclairer son destin dans la nuit. La lune brillait, ronde et vengeresse.

Elle posa les mains sur son ventre et remercia Dieu.

16.

Étienne Floquet n'avait pas démérité. Son premier opéra, *L'Union de l'Amour et des Arts*, construit en trois actes séparés comme des Fragments, était prêt. Toute cette fin d'été Berton pressa les répétitions pour qu'Adélaïde puisse assurer la première : elle jouait avec Joseph l'acte de *Bathile et Chloé*, Chartres n'aurait pas permis qu'il en soit autrement, Françoise et Henri celui de *Théodore* et *La Cour d'Amour* les réunissait à Marie-Jeanne. Sophie dépitée avait préféré fuir la distribution, malgré le charme de la musique.

Le style de M. Floquet était celui que le public préférait, tout en idées mélodiques et en cadences gracieuses qui se renouvelaient sans cesse et faisaient oublier la faiblesse de l'harmonie. Paris ne put lui résister et la première tourna à la folie. Plusieurs fois les acclamations interrompirent l'orchestre. Au dernier accord, ils affrontèrent une tempête d'applaudissements. Quatre séries de saluts ne purent entamer cet enthousiasme. Les sons planèrent, se trouvèrent et en quelques secondes le nom de Floquet fut scandé en mesure. Aucun doute n'était possible, le public réclamait le compositeur.

Ils se tournèrent vers la coulisse. Rebel fulminait. Jamais un musicien n'avait connu un tel honneur à l'Académie royale de musique, pas même M. Rameau, et créer un tel usage pour un gamin de vingt-cinq ans dont c'est le premier essai tenait du parjure ! En même temps, il craignait les dégâts. Les hurlements redoublaient, les talons défonçaient les planchers. Et si quelques excités décidaient de monter en scène ? Il ne pouvait décemment pas faire tirer sur la foule !

Le vieux beau ne savait plus à quel saint se vouer. Le pont d'or que lui avait offert le roi pour le ramener à l'Opéra ne l'avait pas préparé à tant d'excès. Il chercha un peu d'aide autour de lui. Après tout Berton était directeur. Il lui tapa sur l'épaule et déserta. Pierre ne réfléchit même pas. Le public grondait maintenant comme un chien qui prévient ; il poussa Étienne Floquet en scène.

Le jeune homme riait et pleurait à la fois. « Merci, merci… » répétait-il d'une voix blanche que personne n'entendait. Le public sautait de joie. Un triomphe français ! Au diable ces années de reprises avortées et de remises au goût du jour sans inspiration qui avaient humilié la nation. Tout à coup, la nuit s'effaçait. Ce 7 septembre 1773, le digne descendant de M. Lully et de M. Rameau était né : il s'appelait Étienne Floquet et en sauvant l'opéra français, il sauvait l'honneur de la France.

Il y eut encore une demi-heure de tumulte. Les artistes hésitaient à sortir de scène. Adélaïde croisa le regard interrogateur de Françoise et elle porta une main à son ventre. L'enfant s'agitait de plus en plus.

Berton surprit son geste.

— On baisse et on ne lève plus ! hurla-t-il.

Le rideau tomba. Ils attendirent un long moment encore en priant, mais petit à petit le public se calmait et acceptait de se retirer. Berton soufflait. Elle s'approcha de lui pour le remercier.

— Tu dois être content de ce succès, murmura-t-elle plus impressionnée qu'elle ne l'aurait voulu.

C'était bon de le sentir proche à nouveau. La nouvelle de sa grossesse l'avait attendri, il en oubliait ce regard indifférent qu'il affichait depuis si longtemps. Elle le ressentit comme un pardon et ne put s'empêcher de l'embrasser. Mais Henri avait hissé le jeune Floquet sur ses épaules et le cortège se mettait en marche, chantant à tue-tête, emportant tout sur son passage. Ils durent suivre en riant. Il y avait un monde fou dans les couloirs, des filles en jupons, des protecteurs ravis. C'était soir de fête. Un bouchon de champagne claqua quelque part. Tous éclatèrent de rire et se précipitèrent.

— Mademoiselle Beaumesnil...

La voix grave l'arrêta dans son élan. Brusquement le tableau joyeux s'éloigna, et ces rires qui ne la concernaient plus. Instinctivement, elle tendit la main. Berton avait disparu. Elle ne pouvait faire un pas.

Elle était seule, emmurée vive.

— Mademoiselle Beaumesnil, je me présente, monsieur de Beaumesnil ! lança l'homme à la cantonade. Quelle coïncidence, n'est-ce pas ? Une scène charmante pour un théâtre de foire !

La réplique était bonne. Quelques sourires se retournèrent. Fier de tant d'attention, il s'inclina.

— Allons, madame, cette soirée est la nôtre. Vous portez mon nom, je ne vous permettrai pas de m'abandonner ! Faites-moi plaisir...

Il ouvrit la loge, alluma la bougie, sortit une bourse de sa poche. La galanterie s'imposait. Adélaïde ferma les yeux. Plaisir. Le mot résonnait en elle jusqu'à l'étourdir. Son cœur battait comme un oiseau affolé. Où était passé cet aplomb dont elle avait rêvé ? Elle n'avait vécu que pour cet instant et elle avait envie de se jeter dans le vide.

Il l'attira doucement à l'intérieur. Elle retrouvait ce sourire relevé de côté comme autrefois, et cette fougue en lui qu'elle aimait tant. Il avait toujours si bien su ce qu'il voulait ! Son corps épousa le sien contre la porte. Il prit ses lèvres avec une tendresse inattendue. C'était un baiser long, heureux, qui prenait son temps.

— Tu crois peut-être que je ne t'ai pas reconnue, Adélaïde ?

Elle était incapable de répondre. Ce parfum de bergamote malmenait ses souvenirs. Rien n'était comme elle l'avait imaginé. Il savait, il menait la danse. L'histoire était simple, il la reprenait là où il l'avait laissée sans même tourner la page et le passé n'existait plus, il devenait vivant, frémissant dans ces mains qui partaient à sa recherche et glissaient sur ses épaules, la courbe de la poitrine, ce pli si doux au creux du désir...

Elles se refermèrent en étau autour de son cou.

— Et tu pensais mentir ainsi longtemps ?

Son haleine rageuse la mordit. Elle s'arc-bouta. En vain. Ses mains serraient, encore, encore.

— Pauvre folle, me voler mon nom, pour le déshonorer au milieu de ces gueux, la belle vengeance ! J'aurais dû deviner que tu n'étais qu'une garce quand tu m'as séduit ! Mais tu vas payer, Adélaïde de Villars. Je porterai ton crime devant le roi, je te rendrai à la justice, ou à ton père, pour qu'il te tue de ses propres mains !

Plus d'air. Plus de forces. Elle gémit devant la mort.

— Philippe...

— Tu n'es qu'une putain !

La gifle la jeta au sol. Il tomba sur elle, releva sa jupe, son jupon, cassa ses paniers. Elle se débattit toutes griffes dehors. Oh, cette force d'homme qui l'avait caressée autrefois et ramenée à lui, patiente aux émois de son corps pour faire d'elle une femme offerte, digne d'amour. Ses genoux écartaient ses cuisses. Il l'écrasait, trouvait son sexe. La conscience de l'enfant la traversa. Elle ne bougea plus, bras en croix.

— Ah, tu aimes cela, n'est-ce pas, de n'importe quelle façon...

Sa lèvre humide puait le mépris. Elle ferma les yeux. S'enfouir dans ce poitrail qui l'avait rendue douce à mourir.

Ne plus voir ce regard implacable où tremblait sa vie, ce visage à mille lieues de sa mémoire. Cet homme avait été son rêve. Elle l'avait aimé, elle avait porté son enfant.

Ses larmes se figèrent.

— Voudriez-vous rencontrer votre fils, monsieur ?

Le calme de sa voix le surprit autant qu'elle. Il se retira d'un coup. Elle grelottait sur ce plancher mais la route était claire. Crânement elle rassembla sa vie et ses jupons autour d'elle.

— Savez-vous qu'il est tout votre portrait ? Un de ces petits miracles de la nature ! Pourquoi ne pas l'emmener avec vous dans votre beau château et le présenter à votre femme, ou au roi ? Ne parliez-vous pas de Sa Majesté à l'instant ? Je suis certaine qu'elle aimerait votre histoire. Une jeune fille de bonne famille, séduite et abandonnée, réduite à se cacher à l'Opéra pour sauver un enfant que vous n'avez pas eu le courage de reconnaître…

Elle sourit.

— … quel succès vous pourriez avoir, monsieur, la cour est si friande de ce genre d'aventures !

Il souffla bruyamment, le corps arqué comme un animal ligoté. Avec un homme tout est simple ; un soufflet, un duel, mort et honneur riment ensemble à l'aube sous le regard de Dieu ; mais elle n'était qu'une femme. Avec une femme, la colère n'a pas d'honneur.

Il la jeta en arrière avec une force insoupçonnée. Avant qu'elle n'ait compris ses reins heurtèrent la coiffeuse. Le bruit mat traversa tout son corps. Elle resta en suspens, la douleur au bord des lèvres.

— Françoise…, murmura-t-elle.

Personne ne répondit. La porte battait sur le néant. Il n'y avait plus que ce parfum écœurant de bergamote autour d'elle, et tant de rires là-bas. Son souffle s'emballa. La peau de son ventre vibrait comme un tambour prêt à voler en éclats.

Il fallait que quelqu'un la délace, tout de suite, qu'elle respire, qu'elle se calme...

— Françoise !

Sa voix mourut sur les murs indifférents. Même la lumière l'abandonnait. Elle tenta de faire quelques pas. Des milliers de fourmis avalaient ses jambes. La douleur descendait, précise, méchante. Elle voulut crier et n'atteignit pas la porte.

*

Il faisait beau dehors. Tout semblait immobile, le ciel de Paris, le jardin à l'abri du vent, les fleurs épanouies de cette fin d'été. Seules deux femmes parlaient à mi-voix.

C'était un garçon. Il n'avait vécu que deux heures.

Les mots l'atteignaient sans lui faire de mal. L'enfant n'était plus là, simplement comme les rêves et les cauchemars disparaissent d'un commun accord à l'aube. Le drap collé aux cuisses. La vie qui se renverse, la mort qui sourit.

Elle enfonça son visage dans l'oreiller et mordit. Le tissu se déchira. Les plumes volèrent. Elle les aspira goulûment. N'était-ce pas ainsi que son père avait failli la tuer ? Les larmes brouillaient l'image de ce visage défiguré de haine. Elle ne vivrait pas sans lui. En une seconde le sang battit ses tempes et emporta sa conscience.

La porte claqua. On la gifla. Deux fois.

— Nanette, vite, venez m'aider ! hurla Françoise.

Et elle la jeta hors du lit.

II.

1.

L'ombre absorbait de plus en plus tôt la plaque vernissée de l'autre côté de la rue. C'était une mue silencieuse. Les couleurs changeaient imperceptiblement, le soleil se cachait derrière les nuages comme un serpent qui se sait vulnérable. Elle n'osait même plus se tourner vers le jardin de peur de voir les premières feuilles céder au découragement.

Sept ans. Sept ans à attendre, à espérer les yeux ouverts et d'un seul geste l'obscurité. La route avait disparu. Une seule boucle bien tracée, comme une malédiction, l'avait ramenée à sa chambre. Quoi qu'elle fasse, elle paierait jusqu'au bout de sa vie. Cette certitude lui ôtait ses dernières forces. Autour d'elle la pièce flottait, et les meubles à leur guise, au fil des heures. Elle fermait les yeux et se pelotonnait dans son lit. De toute façon la terre ferme ne la tentait plus. Ce navire n'était pas si désagréable avec son mauvais roulis qui l'emportait solitaire loin de tout. Si seulement elle avait pu s'y assoupir assez longtemps pour ne pas retrouver au matin le goût de la plume, sec et écœurant.

La fièvre était tombée pourtant. Les autres souriaient. Il y avait tant de bonne humeur qui s'agitait autour d'elle. Madeleine surtout avec sa voix haut perchée. Trop heureux de rentrer en grâce le prince de Soubise lui avait tout offert, le terrain rêvé, les plans de M. Ledoux et les pires caprices. Chaque jour elle débarquait avec de nouvelles esquisses et les étalait sur la courtepointe.

La rue de la Chaussée d'Antin débutait au Boulevard, face à la porte Gaillon. Le dépôt des Gardes-Françaises ombrageait l'angle. Dès que ses fenêtres étaient ouvertes, des échos de musique militaire rythmaient la circulation ; quelques mètres plus loin on n'entendait plus que les oiseaux. L'hôtel de Madeleine était voisin de celui de Mme d'Épinay, elle n'en était pas peu fière : le premier bâtiment, qui bordait la rue, abritait un théâtre de cinq cents places ; suivaient la cour pavée et la villa néo-classique avec ses colonnes, son péristyle arrondi et son fronton sculpté. Apollon y couronnait Terpsichore. La muse de la Danse avait également sa statue au jardin et M. Fragonard l'avait peinte sur tous les murs du salon en lui donnant les traits charmants de Madeleine. Les travaux n'étaient pas terminés que la notoriété publique parlait déjà du Temple de Terpsichore !

La Première Danseuse exultait. Son discours ne s'arrêtait que quand elle se jetait enfin sur le lit les jupes de biais, en amazone, éventant d'une main son petit visage rose. Adélaïde ne pouvait dire un mot tant la tête lui tournait. Heureusement, son amie n'attendait aucune réponse, et sûrement pas une critique. Les roseaux encore vivaces dans les champs alentour, la proximité du grand égout ou celle du village des Porcherons lui importaient peu. Elle ne donnait pas six mois à ce quartier pour être le plus prisé de la capitale. La campagne à Paris ! Elle aurait tant voulu qu'elle la suive ! « La vérité, c'est que tu refuses de traverser le Boulevard », accusait-elle un doigt en l'air, avec une moue de mère abusive.

Adélaïde se forçait à sourire. Pour elle la campagne devait avoir des airs de Mauvesinière et un parfum de liberté. D'ailleurs la maison offerte par le duc de Chartres à l'annonce de sa grossesse lui plaisait : la rue Pavée croisait la rue

Montorgueil en un carrefour étroit et commerçant à deux pas de la Comédie-Italienne et, depuis deux semaines qu'elle gardait la chambre, cette ruche bourdonnante la maintenait en vie. L'embarras des voitures, la colère des cochers, les files bavardes devant les boutiques étaient un spectacle qui changeait d'heure en heure. Il lui suffisait de poser son front au carreau pour devenir spectatrice. Un rêve dans son état.

Son corps n'était plus que vertige. Il lui refusait tout, s'habiller, sortir, même respirer pour chanter. Elle essayait en vain de reprendre quelques vocalises. Privés de soutien, ses graves tremblaient, les aigus lui semblaient des montagnes insurmontables à gravir. Alors elle se taisait et laissait ses doigts courir sur le clavecin, attentive à la douceur du clavier et à ces sons qui rebondissaient, enjoués, réconfortants. Elle improvisait en ne pensant à rien. Les accords se suivaient, l'emportaient n'importe où. Quand ils lui plaisaient elle les notait, y revenait le lendemain et tentait des variations. C'était sa petite évasion. Là seulement elle oubliait la douleur, cette sensation effarante d'être vide, fragile, à la merci du premier vent. Comment avouer cela à Madeleine qui venait tous les jours, comme Berton ? Elle avait beau leur jurer que tout allait bien, qu'elle ne les abandonnerait plus, ils se relayaient à son chevet avec Françoise et Joseph, chacun leur tour de garde, ne la laissant aux soins de Nanette que les soirs d'Opéra. Leur présence l'émouvait, parfois elle en pleurait presque sans parvenir à dire merci. Elle avait conscience d'être au fond d'un trou, vingt pieds sous terre. Là-haut les autres lui tendaient les bras sans pouvoir l'atteindre et elle n'avait pas la force de leur répondre, pas même l'envie, elle s'en rendait compte avec horreur sans pouvoir lutter. Elle ne souhaitait que s'enfoncer et hiberner.

Peut-être était-ce pour cela que Françoise s'était installée là. « Jusqu'à ce que le duc revienne », avait-elle décrété pour couper court à toute réplique. Sébastien lui avait porté un lit dans l'antichambre. La nuit elle l'entendait se lever, entrer doucement pour s'assurer qu'elle dormait. Elle serrait les poings et s'obligeait à contrôler son souffle jusqu'à ce que son amie s'éloigne sur la pointe des pieds. Alors un sanglot la traversait. Elle mordait son drap.

Nanette aussi la dorlotait. Sans se soucier des foudres de Françoise, la petite servante n'hésitait pas à se rendre au Palais-Royal pour lui rapporter des nouvelles du prince de Valois. Le bébé était en parfaite santé. Sa gouvernante le promenait dans la partie privée du jardin, couché sans langes dans une corbeille d'osier, et les badauds se pressaient aux grilles pour l'admirer. Sophie n'avait pas raté si belle occasion de faire parler d'elle… Madame avait offert un feu d'artifice à la duchesse de Chartres en voisine, aux yeux de Tout-Paris, en tirant les fusées de son jardin !

La rage enfonçait Adélaïde dans l'oreiller. Le duc de Chartres avait un fils, les Orléans jubilaient. Cette petite duchesse pâlotte avait fait mieux qu'elle finalement.

— Voyons, tu sais comment cette femme a perdu son bébé il y a deux ans, lui répétait Françoise, et vois comme elle a un beau garçon aujourd'hui, c'est exactement ce qu'il t'arrivera, tu n'as que vingt-cinq ans…

Elle s'abandonnait aux bras de son amie sans la détromper. La fortune, le respect, l'assurance d'un avenir sans ombre, tout ce qu'elle avait cru tenir dans le creux de sa main et qui lui avait donné tant d'orgueil ne lui paraissaient plus rien. Que Chartres soit heureux, malheureux, qu'il meure demain, rien de tout cela n'avait plus d'importance.

Sa deuxième fausse-couche. Elle seule savait. Aucun enfant ne lui serait donné. Sans doute ne le méritait-elle pas. Jamais elle ne s'éveillerait au milieu de la nuit pour consoler un cauchemar, n'éclaterait de rire en jouant à la blanque, ne partagerait une découverte, un regard émerveillé ! Les larmes l'étranglaient. Si seulement Élisabeth avait été là pour l'aider ! Son absence était une douleur de plus, si insupportable que follement elle avait envoyé Sébastien rue de la Harpe.

Le pauvre était revenu bredouille : la famille de Villars avait déménagé de longue date, les voisins ne savaient rien.

Depuis elle ne respirait plus. Oh, le beau chantage de M. de Sartine, cet espoir qu'il lui avait donné de la revoir, qui l'avait rendue si heureuse ! Un vulgaire tour de passe-passe. Berton avait vérifié pour elle sur les registres des Menus-Plaisirs ; six ans que sa tante n'y figurait plus. Elle avait dû regagner la Mauvesinière sans l'en prévenir, fidèle à son serment. Impossible d'écrire au château. Ainsi elles ne se retrouveraient pas. Elle aurait voulu ouvrir la fenêtre et maudire l'ancien lieutenant de police à tous les vents. Si sa nomination au ministère de la Marine ne l'avait délivrée de tout chantage, elle l'aurait tué de ses propres mains. Mais d'où pouvait-elle lui reprocher ses mensonges ? N'avait-elle pas juré elle-même avoir un fils qu'elle présenterait au roi ? Philippe l'avait crue sur l'instant, mais le baron de Beaumesnil ne devait pas avoir l'habitude de se faire abuser ainsi et il lui suffirait de faire surveiller cette maison quelques jours pour comprendre qu'aucun enfant n'y habitait à part le petit de Nanette qui ne marchait pas encore ! Non, il lui fallait prier, prier toute la sainte journée qu'il ne s'intéresse pas à l'enfant, qu'il ne cherche pas à savoir s'il était élevé ailleurs. La vérité décuplerait sa colère. Il pouvait la tuer, mieux, l'enfermer, l'anéantir. Le colonel de Villars serait trop heureux d'être l'instrument de cette vengeance.

Ne jamais revoir Philippe. Voilà le seul commandement qui lui restait pour l'éternité. Ne jamais espérer une seule seconde croiser son regard. Oublier son baiser, l'empreinte de ses mains et jusqu'à ce sourire de biais qui la désirait si fort. L'avenir n'avait plus aucun sens. Un coup de sablier et sa vie s'était renversée. Elle gisait bêtement, tête en bas, sans même le droit à un aveu, à personne, pas même à Françoise. Pour les autres, le soleil d'automne baissait. Au fond de son lit, ses journées s'allongeaient. Elle était seule au monde.

Et puis, un matin, Berton débarqua les yeux au sol ; il avait pourtant l'habitude de la voir en négligé. Elle se tut et le laissa s'asseoir contre elle, bien calé sur l'oreiller, la dépassant d'une tête. Il était le seul à pouvoir rester des heures ainsi sans rien dire, en sachant que sa présence suffisait.

— Je ne veux pas que tu t'inquiètes, commença-t-il.

Son sourire était si forcé qu'elle faillit éclater de rire. Il était toujours le même. Grand, aimant, maladroit. Elle l'aimait tant.

— Je promets, jura-t-elle avec le plus grand sérieux.

— Adélaïde, je t'en prie... Tu te souviens de cette lettre publique que le Chevalier Gluck a fait publier au printemps ?

— Dans le *Mercure de France* ?

— C'est cela. Il voulait faire jouer son *Iphigénie* à Paris et préparait son terrain. De jolies flatteries à Jean-Jacques Rousseau pour séduire la France et quelques idées dans l'air du temps pour affirmer que la simplicité, la vérité et la nature sont les fondements de la beauté en art...

Il haussa les épaules.

— Enfin, pour toute réponse Rebel lui a réclamé six autres partitions en français, une façon élégante de refuser, et nous n'avons plus entendu parler de lui. Mais cet Allemand a été le maître de musique de Marie-Antoinette à Vienne et tu sais combien la dauphine a d'influence ces derniers temps à la cour, notamment au sujet des spectacles.

Elle se redressa. C'était bien de danger dont il s'agissait, elle l'avait compris en le voyant entrer.

— Alors tu penses que l'œuvre va nous être imposée ?

— J'en ai peur, avoua-t-il. Il n'y a rien d'officiel, mais le bruit court et on ne parle plus que de cela. Les danseurs sont déjà sur le pied de guerre, Madeleine en tête. Elle craint qu'un homme élevé à d'autres traditions que celles de notre vieille maison n'y remette en question la toute-puissance du ballet, mais crois-moi, ce n'est pas le plus important ! Car cette partition est si éloignée du style français que si elle venait à plaire elle pourrait totalement changer le goût du public.

— Mais pas nous empêcher de jouer le répertoire? C'est impossible, Berton, d'ailleurs le jeune Floquet a séduit le public… tu ne peux pas effacer le triomphe de *L'Union de l'Amour et des Arts*! Les représentations continuent à faire salle comble et son style plaît tant!

Il baissa la tête. Justement c'était une question de style. La réforme de l'opéra menée par l'Allemand pour épurer le chant et retrouver la vérité dramatique de la tragédie antique ne pouvait que plaire aux Anciens. Quant à la cohérence du récit qu'il prônait en privilégiant une intrigue unique, à laquelle se rattachaient ouverture et ballets, elle était si loin des opéras français, de leurs prologues, de leurs entrées et surtout du plaisir de la danse tel qu'il avait toujours été ressenti… Les esthétiques risquaient de se heurter.

— En tout cas, cet étranger nous arrive bardé d'ambition, souffla-t-il. Ce qu'il veut, c'est imposer sa révolution au regard de Paris, autant dire du monde, et si nous voulons qu'il nous respecte, nous devons lui opposer une troupe unie, des règles. Et tu dois être là. Tu n'as pas tes forces pour chanter, j'en suis conscient. Il ne faut pas qu'il le sache. Sophie est Première Actrice, tu es son double, abrite-toi derrière elle le temps qu'il faudra. Nous créerons *Iphigénie* et ensuite nous verrons…

Il se tut. Le silence retomba sur la chambre. Seul le grincement incessant des roues au carrefour leur parvenait comme un roulement de tambour au loin pour annoncer la bataille. Rentrer. Elle ferma les yeux, au pied du mur. Même arc-boutée à l'épaule de Berton, si chaude, si solide pour la soutenir, elle se sentait inexistante. Où trouver la force d'affronter ce monde d'apparat qui l'attendait dehors, le duc de Chartres, le public, Sophie provocante et maintenant toutes ces intrigues qui s'annonçaient à l'horizon?

C'était un cauchemar. Juste un cauchemar. Doucement il prit sa main et la posa sur sa paume, doigt contre doigt. Il serait là, toujours. Cette promesse lui serra le cœur. Comme cet homme l'aimait… Dans son lit même il ne pensait qu'à la protéger, lui qui l'avait couverte de baisers. Elle aurait voulu qu'il se récrie, qu'il lui interdise de revenir, qu'il la laisse se noyer encore. Mais il n'avait pas le choix.

Elle le savait. Il était temps.

*

Ils attendaient un étranger. Au premier regard ils comprirent qu'ils recevaient un maître. M. Gluck était grand, massif, une force de la nature orgueilleusement plantée dans le sol. Les boucles de la perruque aux tempes alourdissaient son visage grêlé par les traces d'une petite vérole, mais engoncés sous d'épais sourcils ses yeux brillaient d'un feu sans cesse renouvelé. À soixante ans le compositeur débordait d'énergie. En quelques semaines, il voulut tout remanier, des lignes traditionnelles des chœurs séparant hommes et femmes de chaque côté de la scène par ordre d'ancienneté aux morceaux joués entre les actes, qu'il fit tout bonnement supprimer. Les ballets que Vestris avait prévus pour *Iphigénie* ne lui convinrent pas. Le maître de ballets vexé se rebella. Les conflits devinrent quotidiens. Berton voulut intervenir. Il ne fut gratifié que d'un rire tonitruant :

— C'est vous mon ami, un musicien, qui me dites cela. Ah, je ne vous aurais pas cru attaché à de telles broutilles !

L'amitié et le mépris, d'un seul tenant. Pierre n'avait pas les armes pour répondre à cela. Il était entier et l'autre possédait mille facettes dont il se jouait. C'était un homme de pouvoir. De toute façon, le personnel de la danse était déjà passé à l'ennemi. Quant aux chanteurs, ils faisaient de leur mieux pour se plier à ses exigences, des heures de répétitions, sans une pause, sans une critique. Juste quelques regards noirs, un signe bref et le musicien leur faisait reprendre des passages entiers en s'échauffant, le mouchoir à la main. Il suait, s'interrompait, lâchait trois mots d'allemand et reprenait son ouvrage pour le polir indéfiniment avec la rage d'un maréchal-ferrant s'exténuant devant son feu. C'était un artisan borné, génial et tyrannique. Les artistes n'osaient renâcler, à part Sophie qui se permettait d'arriver en retard et de répondre, ici et là, vertement. Ce n'était pas à l'enfant gâtée de se soumettre au nouvel arrivant. Le public la soutenait encore, elle ne voyait pas plus loin.

Adélaïde sentait tout le danger de cette attitude. M. Gluck ne leur faisait aucun reproche mais ne semblait pas plus satisfait de l'une que de l'autre, comme si l'actrice et son double ne faisaient qu'un. Leurs timbres légers, cristallins, n'étaient pas ce qu'il entendait pour sa musique, Adélaïde en était certaine sans savoir que faire. Sa voix restait terne et ses sons désespérément bas. Elle ne retrouvait rien de ses réflexes, ni son sourire dans le vibrato, ni ces résonances de tête qui l'étourdissaient jusque-là. Le plaisir même de chanter l'avait abandonnée. Sans se poser de questions, M. Gluck la remisait d'un sourire indifférent dans l'ombre de sa rivale. Tous les efforts qu'elle avait faits pour revenir à la vie semblaient inutiles. Elle s'était crue au faîte de la victoire et se retrouvait au peloton d'exécution. Le découragement lui coupait le souffle… Pourquoi fallait-il que cet homme arrive en cet instant où elle luttait contre elle-même, où elle n'avait plus ses forces pour se faire reconnaître ? À cette question sans fin, sa blessure se rouvrait méchamment. Le poids de l'enfant lui manquait. Tout l'amour de Berton, qu'elle lisait dans ses regards inquiets, ne suffisait à combler ce vide.

M. Gluck était loin de comprendre sa détresse. Le triomphe de son opéra l'accaparait tant que quand Henri Larrivée tomba malade quelques jours avant la première, il décida d'en repousser la date. Rebel tempêta en vain. Toute la cour dut accepter un changement de programme pour la simple indisposition d'un artiste. Cela aussi était une première, mais la seule chose inconvenante pour M. Gluck était de jouer sans son Agamemnon : sa musique passait avant tout.

De là l'atmosphère s'échauffa. Paris ne parlait plus que de cet homme implacable et de ce 19 avril 1774 qui pouvait changer le cours de la vie. Les uns se préparaient aux hurlements de triomphe, les autres aux sifflets. Le peuple assiégea les caisses dès onze heures du matin. Devant le peu de billets abandonnés par ces messieurs de la Ville, la colère éclata. Il fallut multiplier les gardes plusieurs fois dans l'après-midi. Une heure avant le lever du rideau, on se battait encore aux guichets.

Adélaïde préféra passer par l'entrée des artistes. En scène les machinistes vérifiaient la fixation des six plafonds en perspective sur le palais d'Agamemnon. L'amertume la saisit. Meubles et trophées d'armes reposaient en coulisses, la tente du roi était suspendue dans les cintres, l'autel de Diane caché derrière la toile de fond… Iphigénie coupée en morceaux attendait son destin. L'atmosphère des répétitions s'était envolée, il ne flottait que ce parfum de peur et d'excitation qui précède le spectacle quand chaque note semble à reconstruire. Comme elle aurait aimé rester là à le humer, à s'en nourrir, à s'en pétrir le corps avant de participer à cette représentation ! Mais le seul rôle qui l'attendait était de se fondre dans la multitude. Elle salua le garde d'un sourire rageur et passa la petite porte de fer.

La salle bruissait comme une foire sous la halle. On se poussait, on s'apostrophait, serré aux limites de l'indécence. Elle se félicita de sa place dans la loge des artistes. Cette foule parée, resplendissant de diamants et grouillant sur place, l'écœurait presque. Les loges qui bordaient le parterre, la baignoire, le crachoir, la chaise de poste et le dessous de balcon, étaient aussi pleines à craquer que lui : elle y reconnut le prince de Conti, les ducs de Coigny, de Luynes et d'Aumont, MM. de Presle et de Chamborant près de la princesse de Soubise, le marquis de Louvois et le comte de Stainville, le menton aussi arrogant qu'autrefois. Aux premières, du côté du roi, avaient pris place le comte d'Artois, la duchesse de Bourbon, le maréchal de Biron, la comtesse de Beauharnais et la marquise de Ségur ; le prince d'Hénin resplendissant dans la lumière et la marquise de Crussol ; venaient derrière eux le comte de Strogonoff, le marquis de Boulainvilliers, les ducs de Choiseul et de Nivernais, et ces dames de Villemomble dressées d'orgueil devant le comte de la Marche, tandis que du côté de la reine Mmes de Vaux, de Fonteville et de Neufbourg encadraient la duchesse de Mazarin, les marquis de Villette et de Brancas… Toute la noblesse était au rendez-vous. Aux secondes, il ne manquait ni ces messieurs de la Ville, ni les premiers Gentilshommes de la Chambre, ni aucun des intendants et trésoriers des Menus. Le triomphe semblait assuré pour M. Gluck.

Chacun se leva à l'entrée du dauphin et de la dauphine, accompagnés du comte et de la comtesse de Provence, de la princesse de Lamballe et de la duchesse de Chartres. Cette dernière s'avança jusqu'au bord de la loge royale sous les vivats. L'orgueil de la maternité flamboyait sur ses pommettes roses. Adélaïde serra les dents. Il n'était plus temps de se croire au-dessus de toute jalousie. Elle avait revu Chartres plusieurs fois mais restait incapable de retrouver entre ses bras ce plaisir qu'ils avaient partagé. Ses désirs l'avaient brusquement quittée, avec le rêve de Philippe et l'enfant, comme s'ils n'avaient jamais existé. Privés d'eux son corps sonnait creux. Il avait perdu sa belle nature, cette sensualité dont elle était si fière. Parfois elle songeait à l'excitation qui l'envahissait dès que Chartres posait ses mains sur elle, à ce frisson qui la saisissait tout entière quand sa bouche trouvait son sein en même temps qu'elle prenait son sexe et comme elle le dominait alors, haletante et victorieuse… Même ces souvenirs ne pouvaient la réchauffer. Son corps s'était décidé à l'indifférence. Plus elle tentait de s'abandonner, plus il s'obstinait. Alors elle faisait l'amour avec Chartres en automate, par habitude, vide de toute sensation, exactement comme elle chantait. Sans doute était-elle morte pour cela aussi.

Mais la dauphine s'asseyait, et la salle avec elle. Déjà les musiciens s'accordaient. La stature colossale de l'Allemand s'avança lentement dans ce chaos sonore jusqu'à son pupitre. De dos, les bras ouverts, il ressemblait à une statue d'Hercule prête à prendre vie pour accomplir des prodiges. Le silence s'imposa. Les premières phrases de l'ouverture y résonnèrent comme suspendues, d'une douceur magique qui prenait à la gorge. Le brusque déchaînement de l'orchestre n'en parut que plus dramatique. Les instrumentistes avaient fait d'incroyables progrès dans la précision des attaques, les nuances, la souplesse du phrasé, et la musique s'enrichissait de contrastes inattendus. Les sentiments se renouvelaient à chaque instant, de surprise en surprise. Au lever du rideau, un tonnerre d'applaudissements empêcha l'orchestre d'enchaîner sur l'invocation d'Agamemnon comme le voulait la partition.

Le Chevalier baissa les bras. De loin Adélaïde le vit soupirer de colère contre ce petit peuple qui ne savait pas écouter. Pourtant un sourire le défigurait ; il venait de naître aux yeux de Paris. Ce reflet à deux visages la troubla au milieu de l'enthousiasme général. Henri Larrivée incarnait en Agamemnon la force d'un roi et la douleur d'un père. Le public bouleversé comprenait enfin pourquoi M. Gluck avait refusé de le remplacer. Ce fut une ovation.

Ce triomphe porta tout le premier acte, puis l'élan retomba. Les passages passionnés alternaient avec une froideur qui les gâchait. Ce style étonnait et ennuyait à la fois. Certaine de recréer l'émotion, Sophie s'élança au tempo haletant de son air : « Ah, que mon cœur est tourmenté, rien n'égale la violence des mouvements confus dont il est agité ! » Malgré l'énergie de ses vocalises et le peu d'aigu qui lui restait elle ne put lutter. La distance s'était faite, la salle ne vibrait plus. Adélaïde réalisa brusquement qu'elle le déplorait. En la confondant d'emblée avec sa rivale, le Chevalier semblait lier son destin au sien. Se pouvait-il qu'un jour, pour protéger sa place, elle en vienne à craindre la chute de Sophie ? C'était un comble ! Que l'autre disparaisse et le titre de Première Actrice lui reviendrait de droit…

L'évidence la cloua à sa chaise. Le droit, pauvre folle. Elle n'avait donc pas entendu les mots de Berton. Ambition. Révolution. Voilà précisément ce qu'une révolution savait faire : bafouer le droit, l'anéantir, imposer ses propres lois ! En une seconde, les bougies s'enflammèrent pour mieux l'éblouir. La peur au ventre elle se détourna.

Deux rangs en arrière Mlle Rosalie frémissait. Son visage rayonnant fixait l'actrice sans la voir, articulant chaque phrase par cœur. Elle était Iphigénie, en scène, prête au triomphe. Le rêve se lisait clairement sur son petit nez retroussé d'orgueil. Adélaïde retint un gémissement. L'une souffrait, l'autre exultait. Où se trouvait sa place entre ces deux précipices ? La chaleur montait le long de son dos, mouillait sa nuque. Toutes ces années à surveiller Sophie, à ne voir qu'elle. Mais d'autres dangers pouvaient surgir de n'importe où. D'une décision de cet Allemand insensible. D'un complot de cette petite ambitieuse. Et si elle venait à perdre sa place, comment survivrait-elle hors de l'Opéra ? Même au fond de son lit elle n'y avait pas songé.

Les applaudissements lui firent lâcher l'éventail. Elle accrocha son sourire et revint à la lumière. Sentant le désintérêt du public, la dauphine s'était résolue à battre des mains à chaque instant. L'étiquette exigeait que la cour l'imite. Bientôt toutes les fins de phrase trouvèrent leur réponse dans les loges. Paris grogna. Ces échos partisans ne lui plaisaient guère, pas plus d'ailleurs que la faiblesse du troisième acte et de son dénouement : Achille enlevait Iphigénie de l'autel, Calchas qui venait de déclarer que sa mort était la volonté irrévocable des dieux assurait prudemment que le ciel était satisfait... Rien de tout cela ne plut. On attendait des huées ou un tonnerre d'applaudissements. Le rideau tomba sur la déception.

Adélaïde laissa Rosalie disparaître avant de se lever. Pour rien au monde elle n'aurait voulu avoir à croiser son regard maintenant. Mais personne ne pouvait se sauver discrètement. Le couloir était plein, les discussions allaient bon train. À piétiner sur place, le ton montait.

— Tout de même, n'y a-t-il pas de quoi s'insurger? s'écria brusquement M. de la Harpe à quelques mètres d'elle. Découper un des plus beaux tableaux de notre ancien théâtre pour le barbouiller, en conservant ici quelques vers de M. Racine et en y substituant là les siens... Ah, ce M. du Roullet fait bien de ne pas être là ce soir, je lui aurais dit ma façon de penser!

Quelques exclamations saluèrent son courage. Le critique n'attendait que cela pour prendre la foule à partie.

— Heureusement que la musique du Chevalier développe dans les situations touchantes de la vérité et de la chaleur, et masque un peu les faiblesses de l'opéra! Mais cette fin... On jette une petite fusée sur le bûcher qui remplace Iphigénie et tout est résolu! Ah, la belle affaire, les dieux sont fort conciliants avec ce monsieur!

Les éclats de rire indisposèrent l'abbé Arnaud. Il se jeta en avant, repoussant Adélaïde contre le mur. Un instant, elle bénit cette nouvelle ordonnance qui interdisait le port des armes à l'intérieur du théâtre. Ces hommes prêts à tirer l'épée pour défendre leurs convictions semblaient devenus fous.

— Vous ne nierez pas, monsieur, articula-t-il avec colère, la beauté de l'ouverture et celle, sublime, de l'invocation d'Agamemnon:

Peuvent-ils ordonner qu'un père
De sa main présente à l'autel
Et pare du bandeau mortel
Le front d'une victime et si tendre et si chère?

Il avait fredonné. L'autre s'esclaffa.

— Oh, je ne nie rien, l'abbé, ni la force des personnages d'Agamemnon et de Clytemnestre, ni l'effet désastreux de votre voix !

— Alors ayez le courage de reconnaître publiquement *Iphigénie* pour ce qu'elle est, un chef-d'œuvre !

— Permettez…

Le front de M. de la Harpe s'enflamma sous le fard. Il n'était pas de ceux à qui l'on ordonne.

— … n'avez-vous vraiment rien à redire sur l'art de votre Allemand ? Jamais Iphigénie et Agamemnon ne sont mis en présence, les adieux à la vie de cette enfant ne sont que des adieux à l'amour, quelle galanterie, et cette longue note tenue sur le « je… n'obéirai point à cet ordre inhumain »… Votre M. Gluck n'entend pas encore comme M. Lully notre langue ! Quant à ce chœur de soldats qui demande livraison de leur victime en répétant toujours la même chose, vraiment, monsieur, ne vous y êtes-vous pas ennuyé ?

L'abbé suffoquait. L'inspiration lui manquait pour répondre au plus piquant des critiques. D'ailleurs, la discussion avait pris des allures de querelle et chaque mot était à peser ; il ne passerait pas trois jours sans que l'on doive choisir son camp.

— Je pense, monsieur, que le Chevalier Gluck saurait vous expliquer chacun de ses choix.

— Mais j'en suis ravi, rétorqua M. de la Harpe, j'aimerais vraiment connaître ses explications.

— Parfait, monsieur, parfait ! Je vous engage à les lire dès qu'elles paraîtront !

L'abbé lui tourna le dos pour mettre fin au duel. Son adversaire tenta d'avoir le dernier mot, mais le flot qui s'était remis en marche avala sa voix. Adélaïde se laissa emporter. Ses jambes se dérobaient. M. Gluck l'avait rêvé ; sa révolution commençait.

L'Opéra fit ce soir-là six mille deux cent douze livres de recette, quand celle-ci ne dépassait jamais trois mille livres. Rebel annonça que l'œuvre serait affichée les mardi, vendredi et dimanche, ne laissant que le jeudi pour un programme d'alternance. Dans la rue, les billets se revendirent jusqu'à quinze livres, et la couronne de fleurs noires surmontée du croissant de Diane et d'un voile léger couvrant le chignon devint l'apanage des élégantes : on ne se coiffa plus qu'à l'Iphigénie.

Le Chevalier expliqua dans le *Journal de Paris* le « je » trop long d'Agamemnon par l'hésitation du roi à désobéir aux dieux, rappelant que cette faute de prosodie ne se remarquait que sur le papier et non au théâtre. La réponse était habile : en se posant en dramaturge, le compositeur repoussait d'avance toute critique sur son manque de grâce ou de légèreté ! Pour son chœur de soldats trop répétitif, il argumenta qu'au milieu d'une disette le chef pouvait parler, le peuple ne savait que répéter « du pain, du pain » ! « *J'aurais pu faire un plus beau choix musical*, écrivit-il, *mais je n'aurais été que musicien et je serais sorti de la nature, que je ne dois jamais abandonner.* » Les beaux préceptes, dignes de Jean-Jacques Rousseau et si loin des tyrannies que M. Gluck imposait chaque jour à l'Opéra. Adélaïde faillit rire d'une telle hypocrisie. Était-ce vraiment cet homme abusé par l'ambition qui osait se déclarer soumis à la nature ?

Elle ne savait plus comment le regarder. Il fallait pourtant chanter Iphigénie, Sophie n'avait pas l'intention de s'y fatiguer : trois représentations pour s'assurer le rôle à vie et elle lui abandonna. Adélaïde se concentra sur sa voix. Soulever les résonances, s'en tenir à la douceur pour combattre ce voile désespérant qui l'écrasait, elle ne pouvait faire mieux. Mais, en entrant en scène, le sourire du Chevalier la surprit. Elle attendait le bras du bourreau et il la suivait, attentif, presque compréhensif. La musique les portait ensemble. Ils s'y retrouvaient, s'y reconnaissaient pour la première fois comme si une sorte de complicité les avait unis face au public. Toute la représentation elle crut rêver. Sorti de là, il n'eut pas un mot, pas un compliment ; rien que cette indifférence bienveillante et lointaine qui malgré tout la rassura un peu.

C'est moins tendue qu'elle arriva le lendemain au théâtre. Françoise l'aidait à se coiffer quand l'orchestre s'arrêta au milieu de l'ouverture. Des chuchotements coururent dans le couloir. Elles se précipitèrent.

— Vous pouvez vous déshabiller, murmura Madeleine, on ne joue pas ce soir.

Son visage était plus blanc que son corsage. Autour d'elle, le Ballet regagnait les loges sur la pointe des pieds.

— Le roi est malade, très malade... Tous les spectacles doivent fermer, on ne sait pas encore pour combien de temps.

Elles échangèrent un regard atterré. On n'entendait plus rien dans le théâtre, pas même la foule qui rejoignait silencieusement la rue. Le mourant semblait dans la pièce voisine. Toute parole eût été un blasphème.

— Tu n'auras joué Iphigénie qu'une seule fois..., murmura Françoise.

Les mots la firent sursauter. Elle se mordit la lèvre, lâcha la coiffe qu'elle tenait encore. Et avant qu'Adélaïde n'ait le temps de la rattraper ses fleurs s'écrasèrent au plancher.

2.

« Le roi est mort, vive le roi ! » criait la cour. « Vive la reine », pensaient les artistes sans avouer leurs craintes. Aussi sûrement que la dauphine devenait reine de France, M. Gluck accédait au pouvoir absolu. La monarchie avait investi l'Opéra.

Sophie s'en moquait ouvertement. Face au danger, l'enfant gâtée préférait s'étourdir. Le public avait appris que son mariage avec François Bellanger n'était qu'un mensonge et commençait à jaser. Pour relever sa réputation son cher comte de Lauraguais lui offrit une farce : il demanda à quatre docteurs de la Faculté de médecine si l'on pouvait mourir d'ennui. Et sur leur réponse positive, il déposa plainte à la police contre le prince d'Hénin qui, en ennuyant Sophie, la condamnait à mort ! Il réclamait une interdiction de visite sur décision de la Faculté elle-même !

On en rit. Sophie en profita pour ne plus cacher ses amours de Tribade et promena Mlle Virginie dans son carrosse à Longchamp. La petite la remercia en la trompant avec Mlle Raucourt et les deux étoiles se sautèrent dessus en plein foyer de la Comédie-Française ! Le marquis de la Villette et François Bellanger durent organiser un simulacre de duel. Deux coups de feu ridicules pour fêter leur mésaventure de cocus. Pendant ce temps, les trois nymphes se réconciliaient au lit. Paris ne riait plus. La coupe était pleine.

Les répétitions d'*Orphée* commencèrent dans cette atmosphère tendue. M. Gluck faisait encore l'effort de se déplacer chez Sophie pour la faire travailler, quand un matin le prince d'Hénin se présenta et s'offusqua qu'on ne cesse la musique pour le saluer :

— En France, monsieur, l'usage est de se lever quand quelqu'un entre, et surtout un homme de considération !

Le musicien ne se fâcha même pas.

— Et l'usage en Allemagne est de ne se lever que pour les gens qu'on estime.

Il avait déjà claqué la porte. Son désintérêt pour l'actrice n'en fut que plus grand. Adélaïde tremblait de le voir se détourner d'elles et ne s'intéresser qu'à Joseph, pour qui il avait transcrit le rôle créé par le castrat Guadagni. Le haute-contre avait la brillance de la voix, la musicalité et la sensibilité qu'il attendait. Grâce à lui, Paris aima *Orphée* à la folie et quarante-cinq représentations consécutives ne vinrent pas à bout de son enthousiasme !

Le deuxième opéra du jeune Floquet se présenta au meilleur moment pour faire face à ce succès. Berton confia le rôle-titre de cet *Azolan* à Joseph, ceux d'Agatine et d'Alcindor à Adélaïde et Henri. Tous trois comprirent vite leur impuissance : M. Gluck avait préparé l'orchestre à accueillir le jeune homme en rival. Les musiciens s'ingéniaient à massacrer la partition. Ils pressaient, ralentissaient, oubliant des altérations, sautant parfois des pages entières ! Il était aussi impossible de chanter juste que de danser en mesure. Le pauvre garçon s'égosillait au milieu de cette comédie. Ses amis durent finalement payer les chefs de pupitre pour que son ouvrage soit joué à peu près correctement.

Ils ne purent payer la salle. La cabale emporta la première. *Azolan* prit le surnom de *Désolant* avant même la sortie du théâtre. Les partisans de M. Gluck échauffaient les esprits et conduisaient cette mascarade d'autant plus absurde que reconnaître la puissance des opéras du Chevalier n'obligeait en rien à rejeter la musique légère et charmante du compositeur français. Mais l'émotion soutenue d'*Iphigénie* et d'*Orphée* avait rendu aux oreilles de Paris cette unité si chère à M. Lully. Avec ses actes séparés, entrecoupés d'entrées et de ballets, l'opéra de M. Floquet produisit l'effet d'un ouvrage disparate et capricieux.

Et la mode n'était plus au caprice.

Seul le pas de deux du deuxième acte dont Berton eut l'idée, qui liait la grâce souriante de Madeleine à la noblesse de Vestris, leur permit de jouer vingt fois devant une salle déchaînée. Chaque soir M. Floquet jurait les larmes aux yeux qu'il n'écrirait plus d'opéra. Il fallait l'éloigner, au moins le temps que les esprits se calment. Ses amis se cotisèrent pour lui offrir le voyage d'Italie.

Joseph et Adélaïde écœurés décidèrent de l'accompagner à sa diligence. C'était un de ces matins de septembre au ciel pesant, terreux jusqu'à l'horizon. Malgré l'heure matinale, la rue Saint-Denis était déjà très animée, surtout aux abords des hôtelleries qui servaient de bureaux aux entreprises de transport. Plusieurs voitures se préparaient sous les enseignes du Grand Cerf, des Deux-Anges et du Cheval Blanc. Les bagages s'entassaient, chacun s'y perdait. Les tourelles de l'église Saint-Leu attiraient toutes les prières avant le départ. Indifférent à tant d'agitation, Étienne Floquet était monté en voiture. Adélaïde eut peur devant son visage défait. Les cernes avalaient ses joues. Il ne supporterait pas des semaines de voyage dans cet état.

Au coin de la rue, la boutique de l'épicier Jourdan regorgeait de soies colorées, d'huiles et de fruits de Provence. Elle acheta des figues sèches et les lui tendit.

— Merci Adélaïde, vous savez que je suis né à Aix…

Sa voix était méconnaissable à laisser sa jeunesse et tous ses espoirs derrière lui. Naples semblait au bout du monde.

— Nous penserons à vous, murmura-t-elle très vite, Berton aussi, même s'il n'a pu venir ce matin.

— Et vous oublierez toutes ces folies ! s'écria Joseph par-dessus son épaule. Vous êtes jeune, monsieur Floquet, et talentueux. Pensez à votre chance de travailler avec les maîtres italiens !

— Oui, merci, merci…

Le mot l'étrangla, comme au soir de triomphe en scène, face au public. Il avait connu le meilleur. Une demi-heure d'acclamations, la promesse d'un avenir glorieux, idyllique, et puis le gouffre. Affronter l'exil et y renaître de ses cendres, la tâche était surhumaine. Elle lisait si bien cela dans son regard vide qu'elle ne trouvait plus les mots. Autour d'eux, des adieux se croisaient, des serments, des larmes. Sa gorge se serra. Dieu seul savait quand ils se reverraient. La voiture s'ébranla, la jeta en arrière sans qu'elle puisse seulement tendre les bras. N'était-ce pas sa propre vie qui s'éloignait ? Ce passé où l'enfant souriait, où Philippe parlait d'amour ?

— Adélaïde, viens, il est parti.

Joseph l'entraîna. Elle se rendit compte qu'elle pleurait. Étienne Floquet ne s'était pas retourné.

— Crois-tu qu'il nous reviendra ? balbutia-t-elle.

Il soupira en la serrant contre lui. Sa belle énergie était retombée, elle sentait son inquiétude à présent. Le public aimait cette querelle qui lui donnait droit à la parole, il voulait qu'elle vive, coûte que coûte, pour retrouver avec elle la passion des jours de conflits. Peu lui importait que disparaisse l'un des champions en lice ; il ne tarderait pas à s'inventer d'autres combats.

Avant tout, il fallait apaiser ceux que l'on appelait maintenant officiellement les Gluckistes. Berton ouvrit donc cette année 1775 en réaffichant *Iphigénie* tandis que M. Gluck, pour montrer sa bonne volonté, acceptait de changer quelque chose à son chef-d'œuvre : le dénouement fit intervenir

Diane, un nouveau ballet reprit les essais de M. Noverre à la cour d'Autriche et mima les jeux des Grecs tels qu'on les connaissait, enfin l'embarquement de l'armée forma un magnifique final. Le succès fut plus grand que la première fois.

Un après-midi la reine prévint deux heures avant le spectacle qu'elle y viendrait avec le comte d'Artois, Monsieur et Madame. Bien trop tard pour respecter le protocole et les mesures de sécurité ! Rebel crut s'étouffer. Il ne trouva que la loge des Bâtiments à mettre à sa disposition, de face aux secondes, et appela à la rescousse les ducs de Brissac et de Biron pour l'attendre à son carrosse et l'escorter jusque-là.

Adélaïde n'apprit la nouvelle qu'en arrivant au théâtre. Jouer Iphigénie sous le regard du Chevalier, en présence de Marie-Antoinette ! Son cœur s'accélérait. Mais Françoise l'aida à se préparer rapidement et souffla la bougie. Debout dans l'obscurité, les mains au creux du ventre, elles inspirèrent ensemble. L'ouverture des côtes repoussant le corps à baleines, loin, loin aux limites de soi, poitrine ouverte... l'instant de grâce où la vie se suspend... puis l'expiration lente, la bouche étirée en un baiser, la sensation du corps qui se referme jusqu'au renoncement... Adélaïde sentait le cycle tranquille la calmer. Tout s'éloignait. Elle n'entendait plus que le cheminement de l'air, de bas en haut, de haut en bas, qui la berçait.

Quand l'avertisseur frappa à la porte elle se leva sans crainte. Le char monumental encombrait les coulisses. Françoise y monta la première et lui tendit la main. Déjà le chœur éclatait, « que d'attraits, que de majesté » ! Elles parurent côte à côte dans la lueur des flambeaux. À leurs pieds, les danseurs entrelaçaient les figures pour saluer Clytemnestre et Iphigénie.

Le Chevalier les attendait. Il dominait l'orchestre telle la figure de proue d'un navire bravant les océans pour toucher la terre promise. Elle plongea ses yeux dans les siens et mordit dans le son. Une reine se voulait parisienne, les directeurs s'affolaient, le public trépignait, à Dieu ne plaise ce n'est pas cela qui lui faisait peur. Elle chantait dédoublée comme jamais, le cœur à Iphigénie et la tête en feu sous les questions. Quelle était la véritable ambition de cet homme impitoyable ? Jusqu'où oserait-il aller s'il ne rêvait que d'une voix neuve pour consacrer sa révolution ? Il faudrait bien qu'il parle, qu'il quitte un jour son hypocrisie. Alors elle saurait ce qu'il pensait d'elle derrière son sourire distant. La rancune la redressa. À l'instant, le vibrato s'envola. Sa voix répondait, emplissait sa tête, traversait la perruque pour rejoindre les cintres. L'aigu brilla, léger. Elle faillit en perdre l'équilibre. La pente de ce plancher qu'elle aimait tant lui semblait vertigineuse…

Joseph saisit sa main. Son partenaire resplendissait dans sa cuirasse. À son sourire, elle comprit qu'elle était revenue à la vie. Comme Achille devait ordonner au chœur « chantez, célébrez votre reine », il désigna la loge des Bâtiments et entonna :

— Chantons, célébrons notre reine !

Les choristes médusés répétèrent ses paroles comme un seul homme. La Grèce avait disparu, et le théâtre, et l'acteur. Il n'y avait plus devant eux qu'un guerrier valeureux emportant la foule pour clamer une nation plus forte et plus heureuse. Le chœur explosa, M. Gluck se retourna et s'inclina devant sa reine. D'un bond le peuple hurla de joie.

Marie-Antoinette gardait les yeux au sol. Les loges se levèrent à leur tour, puis Monsieur et le comte d'Artois à ses côtés. Alors elle releva la tête. Son expression saisit les cœurs. Ces larmes vraies dans la pierre royale étaient celles d'une femme aimée par les siens ; et pleurant, riant, Paris applaudissait à tout rompre pour que cet instant ne finisse pas.

Enfin on bissa le chœur, tant bien que mal car personne n'entendait plus la musique. Joseph sortit de scène sous les acclamations. Une nuée de petites danseuses se pendit à son cou. Lui qui provoquait d'ordinaire les moqueries féminines avec son visage d'angelot joufflu riait à perdre haleine. Adélaïde amusée l'embrassa.

— Viendrais-tu chez moi demain ? murmura-t-il en la retenant. J'ai quelque chose à te montrer… quelque chose qui me tient à cœur !

Elle hésita. Reprendre pied en ce soir d'euphorie, dans le camp des vainqueurs, lui paraissait si inespéré qu'elle avait du mal à redescendre sur terre. Mais lui attendait, la moue de travers. Elle s'en voulut.

— Bien sûr, je viendrai, promit-elle.

Le lendemain Sébastien la déposa devant un immeuble cossu de la rue de Richelieu, près de l'Hôtel des Indes où la Bourse s'était installée. Au troisième étage, l'appartement de Joseph était clair, très élégant avec ses murs jonquille et ses tissus rayés. Le clavecin blanc aux filets d'or trônait au milieu du salon. Son ami l'ouvrit fièrement. La rosace des Ruckers s'inscrivait dans la table d'harmonie.

Elle s'assit au clavier. L'instrument venait d'Anvers et n'avait subi aucun ravalement chez un facteur parisien. Les variations de M. Couperin y résonnèrent avec une délicate précision. Joseph les écoutait en caressant d'un doigt la caisse, tapissée d'arabesques et de dauphins stylisés. Sa timidité semblait revenue sans crier gare. Elle vit enfin les feuillets sur le porte-musique et s'arrêta au milieu d'une mesure.

— Je voudrais que tu déchiffres ma partition, souffla-t-il.

Il tournait les pages. *Hylas et Églé*. Opéra en un acte.

— Je sais, c'est une folie.

— Une folie ?

Elle le dévisagea effarée. Créer son propre opéra, se livrer au public quand celui-ci ne rêvait que de batailles. Mais c'était bien pire qu'une folie dans le contexte !

— Comment feras-tu face aux cabales ? s'écria-t-elle. Penses-tu que M. Gluck te laissera une chance parce qu'il te respecte ?

— Ne t'inquiète pas, il doit repartir pour Vienne, l'impératrice l'y réclame. Peut-être même ne reviendra-t-il pas avant des mois.

— Et tu crois que cela suffira à le museler ? Mais il est capable de tout. Tu as vu comme moi Étienne Floquet disparaître dans cette diligence, rejeté, anéanti. *Azolan* a failli le tuer !

— Je ne te demande que de lire la partition et de me dire ce que tu en penses. Tu es musicienne et mon amie. Si nous montons mon acte à l'Opéra, je voudrais que tu tiennes le rôle.

Elle se sentit idiote. Quels arguments croyait-elle trouver ? Sa décision était prise et se reflétait en paix dans ses yeux. Triompher avec Orphée ne lui avait pas suffi, il voulait être autre chose que ce gosier dont on disait des merveilles. Bien sûr l'interprétation n'était rien face à la création, cet aboutissement de soi, cette fierté ! Elle le comprenait avec une étrange émotion. C'était une vérité enfouie au plus profond d'elle-même, à laquelle elle n'avait jamais songé.

— J'en parlerai moi-même à Berton si tu veux, soupira-t-elle.

Il sauta de joie et voulut qu'elle déchiffre tout, tout de suite. Elle s'exécuta sans se faire prier. Le plaisir de la première lecture était là, et sa part d'excitation. Enfant, Joseph avait été en maîtrise, il avait bénéficié de cet enseignement qui façonnait les grands chanteurs, les maîtres de musique et les compositeurs. Sa musique était correctement construite mais bien trop sage pour tenir tête aux attentes du public. Comment pouvait-elle lui expliquer cela ? Il chantait en faisant le tour du salon, dansant à moitié. Elle s'en sentait presque jalouse.

Finalement elle préféra se sauver sans une critique, la partition blottie contre sa poitrine tandis qu'il se penchait attendri sur la rampe pour la voir disparaître.

Berton les aimait tous les deux. Il inséra *Hylas et Églé* dans un spectacle de Fragments monté en alternance avec *Iphigénie*, qu'il dirigea lui-même. L'acte, coincé entre deux autres si connus que le public ne les écoutait plus, passa totalement inaperçu. Cinq représentations eurent raison de lui, sans sifflets ni cabale. Personne n'avait seulement relevé le nom du compositeur. Le jour de la capitation des acteurs il fallut remettre *Orphée* : la recette habituelle n'aurait pas suffi à payer l'impôt.

Adélaïde sortit de scène glacée. L'affiche avait déjà été retirée. Joseph avait l'habitude des sarcasmes sur son physique, pas des blessures. Elle se demandait comment il allait supporter cette épreuve, comment elle-même la supporterait à sa place…

À sa place. Les mots l'émurent tant qu'elle dut s'asseoir. La partition restait sur la coiffeuse. Elle posa sa main sur le papier comme on touche la poitrine de l'enfant au berceau. La tendresse de l'instant où elle l'avait découverte chez Joseph la submergeait. Un sentiment de surprise et de certitude pourtant. À sa place. Les notes dansaient sous ses doigts. Comme elle avait envie de les caresser. Mais ne le savait-elle pas depuis l'enfance, quand elle improvisait si fièrement ses contre-chants avec Élisabeth à la messe ? La complicité avec le clavecin n'était-elle pas la seule chose qui l'avait ranimée après sa fausse-couche ?

Composer. C'était une évidence, une part d'elle qui venait tranquillement à la vie. Cette vérité enfouie qu'elle n'avait pas comprise. Trouver le rythme des mots, les emporter selon les élans de son cœur, dessiner les phrases comme elle les entendait. Dieu que cette idée la faisait trembler. Composer une musique qui ne serait qu'elle.

— Mademoiselle…

Le moucheur de chandelles faillit la heurter. Il hésita, benêt, devant ses larmes. Elle agrippa son surtout de laine et courut dans le couloir. L'air glacé ne l'arrêta pas. Sébastien attendait sur le siège de la voiture, battant ses coudes à deux mains pour se réchauffer.

— Je marche ! hurla-t-elle.

Il ouvrit des yeux ronds. Elle éclata de rire. C'était la première fois depuis la mort de l'enfant. Les promeneurs du jardin avaient fui l'hiver trop long, les lanternes ne brillaient que pour elle, comme les lueurs aux carreaux du Palais-Royal. Le duc la réclamait régulièrement. Elle se soumettait, le sourire aux lèvres, feignant le plaisir. Les ragots étaient devenus des vérités. Félicité de Genlis était plus que sa maîtresse. On parlait de passion.

Tout lui parut soudain dérisoire. Rejoindre son clavecin, prendre une plume et écouter ce qu'elle avait à dire. Enfin elle connaissait la route, la seule qui puisse la garder tête haute. Une formidable énergie la portait à nouveau. Aucune querelle n'aurait raison d'elle, aucun homme, aussi puissant soit-il, ne pourrait l'inquiéter.

Désormais elle était entière.

3.

Son projet l'enivrait. En même temps, elle ne savait comment l'aborder. Elle n'avait plus l'âge des maîtrises et aucune envie de se plonger dans les traités d'harmonie, leurs règles et leurs évidences mathématiques. D'ailleurs, les terrains accordés aux femmes ne la tentaient guère. Des mélodies galantes, un peu de musique de chambre jouée en famille au salon, de quoi mériter quelques applaudissements polis. Elle ne rêvait que d'airs d'opéras ou d'oratorios. Des envolées lyriques, de l'émotion sur les mots et dans la voix. Ce n'était pas d'un professeur dont elle avait besoin mais d'un ami. Joseph aurait été parfait si, depuis l'échec de son *Hylas et Églé*, il ne s'était montré taciturne et presque distant. Quant à Berton, jamais ils ne pourraient partager ces moments en tête-à-tête sans voir ressurgir des sentiments qu'il avait si bien enfouis et pour rien au monde elle ne voulait le faire souffrir.

Quand il lui annonça la venue de M. Grétry à l'Opéra, elle crut à sa chance. Le compositeur faisait les beaux jours de la Comédie-Italienne avec ses opéras-comiques et sa musique charmante multipliait les idées mélodiques. Elle adorait son naturel, cette facilité apparente des phrases qui s'envolaient comme improvisées pour retomber en un équilibre parfait.

La route semblait toute tracée. Il suffisait d'un peu d'audace. Mériter le respect du compositeur et, dans l'euphorie de sa création, lui demander des leçons !

Sans se douter de ses raisons, Berton était heureux de la voir si enthousiaste. Il la croyait guérie et l'idée de monter ce *Céphale et Procris*, premier essai dans le genre sérieux de M. Grétry, l'excitait tout autant qu'elle : l'opéra avait enchanté Versailles au mariage du comte d'Artois, il pouvait ranimer le sentiment français dans le cœur du public et pacifier la querelle.

Ils attendirent donc mai avec la même impatience. Les premiers jours du mois, les émeutes éclatèrent à Paris. Elle pria pour que ce ne soit qu'un feu de paille mais très vite la violence enflamma la capitale. Le libre commerce des blés instauré par M. Turgot avait créé une peur bien ancrée que les mauvaises récoltes et quelques agitateurs bien placés attisèrent sans peine. Les économistes et les philosophes tentaient d'appeler au calme, mais M. Gluck l'avait dit lui-même pour son opéra : quand le peuple manque de pain, il n'est qu'un cri possible.

La gravité de la situation ne faisait aucun doute. Pour l'ignorer, M. de Maurepas ne trouva rien de mieux que de se rendre à l'Opéra. Il en sortit sous une pluie d'épigrammes :

Monsieur le comte, on vous demande,
Si vous ne mettez le holà
Le peuple se révoltera.
Dites au peuple qu'il attende,
Il faut que j'aille à l'Opéra.

Cette inconscience était révoltante. Il fallait être fou pour croire à la dureté de la répression, à ces vingt-cinq mille soldats disséminés pour surveiller rues et marchés, et à ces manifestants pendus pour l'exemple en place publique pendant que les badauds défilaient devant l'exposition des habits brodés et du carrosse du sacre, qu'il n'était pas question de retarder ! La colère montait. Enfin, le roi décida de supprimer les fêtes prévues pour le mariage de Mme Clothilde et de consacrer ce budget à l'indemnisation des victimes. Le geste venait bien tard, il fit néanmoins son effet. L'étau se desserra. À l'Opéra, chacun reprit espoir. Un vent printanier, léger comme un vol d'hirondelles, emporta le pire qui n'était pas arrivé et M. Grétry put décemment se présenter à l'Académie royale de musique.

Il était exactement l'homme qu'Adélaïde avait espéré : une trentaine d'années, des yeux en amandes dans un visage flou, de la douceur, de l'humour. Il plaisantait tout au long des répétitions. L'orchestre se laissa séduire et oublia M. Gluck reparti à Vienne sur les instances de l'impératrice. Adélaïde incarnait Procris, Marie-Jeanne et Henri Larrivée l'Aurore et Céphale. Tous trois connaissaient bien le librettiste, M. Marmontel, et le travail s'engagea en toute amitié. Le succès de l'ouvrage paraissait assuré. Le *Mercure de France* lui-même l'annonça en vantant les mérites de la partition, ses airs de danse enlevés, ses chœurs d'une grande richesse et surtout ses récitatifs, si proches de la langue française qu'ils semblaient « la parole embellie ».

Le public n'entendit rien de tout cela. Dès le premier acte l'aspect galant du livret lui déplut. Certain d'être condamné à tuer lui-même sa femme, Céphale préférait l'abandonner. Son « je t'aime, hélas, plus que jamais » souleva une exclamation de désapprobation : cet homme manipulé, à genoux devant le destin, semblait n'être que faiblesse. Adélaïde attaqua en vain « Ah, dans les bras de ma rivale ! » avec toute la colère d'une femme outragée, que trahissaient les arpèges périlleux. L'air était sublime. Elle était si heureuse d'avoir retrouvé sa voix pour en assurer la virtuosité qu'elle ne comprenait pas la réaction de la salle. La beauté musicale était ignorée, rejetée pour une seule vérité : M. Marmontel avait fait du héros un homme amoureux. On ne lui pardonna pas cette indécence. Il n'y eut finalement que douze représentations houleuses, insupportables, et M. Grétry s'enfuit sans un mot pour personne, jurant seulement de ne plus écrire d'opéra.

Adélaïde n'osa le retenir. Les mêmes mots qu'Étienne Floquet, elle en aurait pleuré. Cette nouvelle tornade blessait tous ses rêves et la laissait désemparée. Ce n'était pas seulement d'avoir perdu un professeur avant même de l'avoir mérité ; elle avait l'impression de ne plus pouvoir regarder l'avenir sans se heurter à un mur inévitable. Il n'était pas étonnant que le monde de la création musicale ne soit réservé qu'aux hommes. Ces excès étaient écœurants ; aucune femme ne pouvait les affronter.

Mais il n'était pas temps de baisser les bras. Les événements se précipitaient et l'atmosphère, inexorablement, s'envenimait. Berton avait réaffiché *L'Union de l'Amour et des Arts* du jeune Floquet justement, qui faisait encore du succès, en espérant qu'il permette d'attendre un peu plus sereinement le retour de M. Gluck prévu pour l'été : Marie-Antoinette avait trouvé un arrangement avec sa mère, le Chevalier restait attaché à la cour d'Autriche mais viendrait chaque année créer un opéra à Paris, pour la somme de six mille livres et une pension de même valeur. Un pont d'or et de privilèges, sans aucun égard pour la situation financière de l'Opéra… de quoi attiser royalement la querelle.

Pour l'heure, souffrant, l'Allemand retenu à Vienne ne pouvait assister aux répétitions de sa *Cythère assiégée*. Grâce à l'appui du comte de Mercy-Argenteau, Mlle Rosalie y obtint le rôle de Chloé. Adélaïde enrageait mais devait reconnaître que cette peste était maligne. Devenir la maîtresse de l'ambassadeur d'Allemagne était bien la meilleure manœuvre possible pour s'assurer le soutien de M. Gluck et celui de la reine ! L'autre n'en finissait plus de promener son nez retroussé d'orgueil dans les couloirs. Devant le succès des *Courtisanes*, la pièce de M. Palissot dont l'héroïne se prénommait Rosalie, elle exigea même de changer de nom. Rebel refusa catégoriquement. Deux jours plus tard il était obligé de faire gratter tous les livrets.

Mlle Rosalie Levasseur était née et il n'y avait plus de limites à son aplomb. Elle n'hésitait pas à interrompre l'orchestre, réclamant un diminuendo pour ne pas couvrir sa voix, changeant de tempo selon ses humeurs. Un matin elle se plaignit même du retard de Josèphe Laguerre, « trop occupée dans sa loge » pour venir travailler… et fit surprendre la jeune actrice avec M. de Meslay, président de la Chambre des Comptes, dans les moments les plus intimes qui soient. L'affaire était grave, car à l'Opéra il était entendu que tout se jouait mais que rien ne se faisait, et la jolie rousse qui venait d'entrer dans la troupe risquait le renvoi pur et simple ! Aussitôt la trahison de Rosalie devint le scandale licencieux du moment. Tout-Paris débattit de son cas, il y eut mille tractations. Il fallut un jugement à huit-clos, quatre voix de directeurs, quatre voix d'artistes, et le vote de Berton à leurs côtés pour sauver la nouvelle venue.

Françoise s'en amusa presque, satisfaite d'avoir vu juste sur cette fille. Adélaïde n'osa lui avouer comment elle l'avait surprise à chanter Iphigénie dans l'ombre. Tous les pressentiments de cette soirée détestable l'étouffaient à nouveau. Rosalie avait caché un temps ses ambitions ; désormais elle avait les moyens de les satisfaire.

Par bonheur, la création de M. Gluck n'était pas à la hauteur de ses rêves. L'intrigue semblait décousue, les ballets lourds. Apprenant que le maître ne pourrait gagner Paris, Vestris en profita pour ajouter une chaconne qu'il lui avait refusée, ce qui n'empêcha pas le public de s'ennuyer ferme. Au deuxième acte, lorsque les guerriers apportèrent des échelles pour prendre d'assaut le mur où de jolies figurantes les attendaient armées de fleurs, un plaisantin lâcha goguenard :

— À quoi bon ?

La reine sursauta mais la salle rit de bon cœur.

— Laissez-les faire, cria un homme au parterre, c'est pour afficher un nouvel opéra !

Un tonnerre d'applaudissements salua sa proposition. Le vent avait incroyablement tourné et en une soirée M. Gluck avait perdu son auréole ! Son talent à écrire de puissantes tragédies ne s'étendait pas à la pastorale, genre plus léger, proche du ballet. L'abbé Arnaud, qui était devenu l'un de ses plus fervents défenseurs, écrivit qu'« *Hercule maniait mieux la massue que le fuseau* » et tous les Gluckistes s'abritèrent derrière cette prudente métaphore. Pauvre Rosalie ! Elle avait cru son heure de gloire arrivée et promenait maintenant bien bas sa déception. « Étonnant qu'ils la huent, elle a pourtant la voix du peuple », conclut Sophie.

Pour une fois, Adélaïde la bénit.

Cet échec ne fit que renforcer l'agressivité du parti français. Fin août, la reine annonça qu'elle viendrait à l'Opéra produire Mme Clothilde aux hommages de Paris avant son départ pour la Sardaigne où l'emportait son mariage : le bruit courut que puisque l'opéra du Chevalier était tombé, on jouerait celui de M. Floquet. Ses amis s'en vantèrent mais au dernier moment, pour ne pas mortifier son ancien maître, Marie-Antoinette réclama *Cythère assiégée*. Les Gluckistes pavoisèrent à leur tour.

Berton était décontenancé par ce jeu. Le départ du jeune Floquet, son silence à Naples malgré ses courriers, la chute imprévue de l'opéra de Grétry et maintenant tous ces aléas politiques le rebutaient tant qu'une fatigue infinie creusait ses épaules. Adélaïde ne l'avait jamais vu ainsi. En désespoir de cause, il monta un spectacle de Fragments bravement qualifiés de *Nouveaux*, en ajoutant à son acte d'*Erosine Tyrtée* de M. Rameau et *Alphée et Aréthuse* de M. Dauvergne. Aucune nouveauté. Dès le lever du rideau, le public mécontent hua Mlle Châteauneuf. La pauvre fille préféra s'évanouir.

Henri Larrivée dut la porter en coulisses. Un flacon de sels ne la ranima pas. Rebel fulminait. Seul un accident permettait de baisser le rideau une fois la représentation commencée et cette petite traînée le mettait dans une situation insoluble.

— Donnez-lui donc un soufflet, proposa aimablement Rosalie, il n'y a pas mieux pour réveiller les gens !

Mlle Châteauneuf rouvrit les yeux à l'instant. Il fallut la relever, l'épousseter et la renvoyer au sacrifice. Les larmes avaient dessiné d'affreuses coulées dans son fard. Elle renifla. Le public se figea. On lui rendait sa victime, c'était donc qu'il y avait un autre bourreau. Son cœur changeait de camp, follement, comme toujours devant l'autorité du pouvoir. Châteauneuf sentit ce revirement. Elle fit trois pas en arrière, agrippa Rosalie et la jeta dans la lumière.

L'autre, bouche bée, resta à terre. Ses jupes relevées montraient ses bas noirs aux genoux comme une enfant mal élevée. Enfin la honte la saisit. « Salope ! Traînée ! Putain ! » hurla-t-elle en se jetant sur sa rivale. Rameau n'aurait jamais dit cela. Le public écarquillait les yeux, émerveillé. C'est qu'en changeant de nom Mlle Rosalie avait oublié de changer de vocabulaire ! Les filles s'empoignèrent, roulèrent sur le sol. Le corps à corps soulevait les jupons. Rosalie entreprit de bloquer la blonde entre ses genoux et de la déshabiller pour lui lacérer la poitrine. La salle hurla de joie. Berton fit tomber le rideau, il fallut six machinistes pour séparer les furies.

Il n'y eut pas de troisième acte ce soir-là.

Le lendemain le comte de Mercy-Argenteau rachetait l'affront en offrant à l'offensée la baronnie de Conflans-Sainte-Honorine. Rosalie eut son château dans le hameau de Chennevières, avec son titre et son droit de chasse. « Madame la baronne », saluaient les uns par devant ; « putain de baronne », riaient les autres par derrière. Adélaïde n'avait pas envie de rire. Mlle Châteauneuf couchait en prison. C'est alors que la reine annonça son intention d'inviter à l'Opéra son ancien maître à danser M. Noverre. Le feu prit au théâtre.

Le danseur était français mais avait été hué à la Foire quelques années plus tôt pour ses tentatives de ballet-pantomime. Personne ne voulait le voir revenir de l'étranger pour régner en tyran sur le ballet comme le Chevalier sur la classe du chant ! Paris n'était tout de même pas une annexe de Vienne !

L'air des couloirs était devenu aussi irrespirable que celui des rues. Comme chaque année, la capitale s'était couverte d'une couche épaisse de brouillards qui occasionnaient des refroidissements brutaux. « La grippe », disait-on, pour cette soudaineté avec laquelle ils vous prenaient, comme un caprice. On en venait à espérer un orage pour crever l'abcès. Quatre mots épinglés au foyer firent l'affaire.

— Marie Allard est renvoyée…

Madeleine n'en croyait pas ses yeux, immobile devant la note de service.

— Comment cela, Marie ? s'écria Dauberval qui sortait de scène.

Il avait pâli au seul nom de sa partenaire. Adélaïde se précipita.

— Mais c'est impossible, pas si vite. Quelle raison pourraient-ils invoquer ?

— Embonpoint et grossesses répétées, lâcha Madeleine. La décision a été prise hier. Marguerite Dorival est nommée à sa place.

Autour d'eux, il y eut un mouvement d'étonnement. Tous revenaient sur leurs pas. Rebel voulut les disperser d'un claquement de mains.

— Sachez, monsieur le directeur, qu'on ne regardera pas Marie partir les bras croisés ! rétorqua Madeleine. Soit vous le comprenez maintenant, soit comme M. Turgot vous devrez faire face aux émeutes !

— C'est vous qui ne comprenez pas, Guimard. Soulevez le monde avec vous et je vous fais arrêter.

Il pencha vers elle. L'âge avait sculpté au couteau son profil d'oiseau de proie. Madeleine semblait minuscule, mais elle n'avait jamais eu peur.

— Vraiment… et vous sauriez faire entrer la police dans un jardin peut-être ? Mesdames, messieurs, puisqu'il nous faut jouer les hors-la-loi, rendez-vous dans dix minutes près du grand bassin !

Rebel gronda mais ne put les retenir. Adélaïde se précipita vers la loge pour prévenir Françoise. Elles se changèrent en hâte. La porte à l'arrière du théâtre donnait directement sur le jardin du Palais-Royal. Elles traversèrent la grande allée couverte où l'été les filles de haut style paradaient aux côtés des élégantes, tandis que les raccrocheuses se faisaient plus discrètes sous les quinconces. L'odeur entêtante des bouquets de fleurs fraîches et les concerts donnés sur les terrasses avoisinantes y berçaient les rencontres jusqu'à deux heures du matin. Mais octobre avait fait son œuvre. Violons, harpes et hautbois avaient disparu, l'allée était presque déserte. Seules les feuilles des marronniers tournoyaient doucement dans le vent. Leur tapis jaunâtre ne suffisait pas à protéger les talons des coques à moitié ouvertes. Françoise et Adélaïde durent ralentir le pas.

Madeleine avait déjà sauté sur une chaise. Pour elle, inutile de se battre sur l'aspect de la beauté : la qualité était requise pour toutes les femmes à l'Opéra. Mais à trente-sept ans, Marie n'était pas en âge de ne plus avoir d'enfants. La renvoyer pour ce motif était d'autant plus inacceptable qu'elle n'était entrée au théâtre qu'en 1761 et n'avait pas atteint les quinze années de service ininterrompu qui permettaient d'obtenir la moitié de ses appointements.

— De toute façon, la moitié ce n'est pas assez ! clamait-elle. Quant aux cinq cents livres offertes pour cinq années supplémentaires, elles ne pèseront pas lourd dans la balance ! Non, il faut lui permettre d'assurer ses dix ans et d'avoir mille livres de plus de retraite, c'est ce que nous souhaitons tous pour ne pas mourir dans la misère !

— Dis donc, tu es mal placée pour parler d'argent, répliqua Marie-Jeanne, avec la fortune que tu accumules. Et Marie aussi ! Son amant Bontemps lui a tout de même confié la ferme des milliers de chaises qu'il a fait placer dans le jardin des Tuileries…

— Bontemps est mort.

Joseph l'avait coupée sans élever la voix.

— Tu crois que ce bail durera une vie ? murmura-t-il.

L'actrice n'osa répondre. Marie avait de prestigieux amants mais le temps passerait et la laisserait seule, comme les autres. Il fallait se rendre à l'évidence. C'était leur avenir à tous qu'ils défendaient.

— Écrivons un mémoire au roi, proposa Dauberval, contre Rebel nous avons été solidaires et nous avons obtenu gain de cause !

— Mais il faudra faire du chantage, menacer de ne plus jouer, coupa Françoise, et avec mon fils je ne peux pas prendre le risque d'être renvoyée. Tant de filles à la porte attendent notre place.

L'arrivée de Berton l'arrêta. Leur ami avait couru, il peinait à reprendre souffle.

— C'est Rebel qui t'envoie ? lui lança vertement Madeleine. Ne crois pas que tu vas nous convaincre de reculer. D'ailleurs autrefois tu étais de notre côté, je te le rappelle !

— Et c'est toujours le cas pour vous protéger, répliqua-t-il sur le même ton. Je suis venu vous dire que la reine sera là demain. Elle veut assister à une représentation de qualité et pour cela a fait libérer Mlle Châteauneuf de prison. Elle vous informe également de l'arrivée imminente de votre nouveau maître de ballet, M. Noverre. Celui-ci doit trouver tous les talents possibles à sa disposition, Marie Allard sera donc gardée à cet effet, et si elle lui convient elle restera.

Ils se regardèrent. L'autorité d'un roi s'était toujours affirmée en quelques mots formels. Celle d'une reine était toute autre. Pour apaiser les esprits, Marie-Antoinette se déplaçait en personne; pour conserver une artiste elle se justifiait.

— Mes amis, vous n'allez tout de même pas semer la révolte quand Sa Majesté prend position pour vous défendre! s'écria Berton. Elle propose même de fermer le théâtre une semaine pour nous consacrer aux répétitions d'*Adèle de Ponthieu*, le temps que les choses se calment.

— En même temps, elle nous oblige à accepter l'arrivée de Noverre, ce n'est pas si bête, remarqua Madeleine.

Une vague de murmures lui répondit. Il s'immobilisa, pris de court. Sa franchise ne lui avait pas fait soupçonner la manœuvre. Adélaïde le sentit tout à coup si démuni qu'elle ne put le supporter.

— Berton a raison, lança-t-elle, à quoi cela servirait-il de nous mettre en danger puisque les filles sont sorties d'affaire? De toute façon, M. Noverre nous sera imposé, tout le monde le sait.

Le silence s'éternisa. Les regards s'étaient posés sur Madeleine comme si chacun acceptait qu'elle soit juge en ce tribunal. La danseuse tergiversait. L'intervention d'Adélaïde l'avait touchée.

— Très bien, nous attendons, murmura-t-elle, mais en cas de renvoi, il faudra nous battre!

Quelques applaudissements saluèrent sa décision. Déjà chacun se sauvait; les carrosses ne patienteraient pas longtemps à la sortie des artistes. Berton, lui, ne bougeait pas. Il avait toujours mis un point d'honneur à sauvegarder la paix entre les artistes, mais ce soir le soutien d'Adélaïde n'avait pas été de trop. La tendresse illuminait son visage. Elle se détourna, presque coupable. Oh, se sentir unique dans les yeux d'un homme, trembler à imaginer son geste avant qu'il n'ait ouvert la bouche. Elle réalisait brusquement combien elle avait oublié ce sentiment. Son corps s'était emmuré. Où qu'elle aille il gardait son armure, même au plus fort d'un crescendo quand le souffle la portait, qu'elle se donnait au son, que l'émotion de la musique lui venait au bord des lèvres. Personne en frissonnant à son vibrato n'aurait pu croire qu'elle ne savait plus ce qu'était la sensualité. Ses rendez-vous avec le duc viraient à la comédie. Parfois elle sentait cette joie dans ses reins, cette envie merveilleuse qui l'ouvrait davantage dans l'attente, mais dès qu'elle en prenait conscience l'étincelle s'éteignait, la laissant froide et malheureuse.

Elle se força à sourire, les mains serrées l'une à l'autre sous le manchon. L'allée balançait doucement au gré des lanternes. Dieu que les années paraissaient longues à s'étirer ainsi devant elle, sans saveur, sans surprise. La question la blessait plus encore que son secret.

Retrouverait-elle jamais l'envie de mourir dans les bras de l'autre ?

*

Cette pauvre Rosalie n'avait décidément pas de chance : dénoncer Mlle Laguerre avait fait de sa rivale la femme la plus chère de Paris ! Le duc de Bouillon lui offrit toutes les folies, le terrain faubourg Saint-Honoré, l'immense demeure en deux corps de logis pour habiter l'un et louer l'autre comme la fine mouche l'avait exigé, le parc planté et sa salle de verdure. On parlait même de lieux à l'anglaise ayant coûté plus de cent mille livres ! En moins de trois mois, le duc était ruiné. À ceux qui s'étonnaient, il répondit qu'il « aimait mieux faire Laguerre que la reine » ! Louis XVI ne put tolérer pareille indélicatesse et l'exila en Navarre. Aussitôt les prétendants les plus riches se battirent pour sa succession. Les enchères montaient tous les jours. « Comment va la malheureuse ? »

demandait-on. « On ne sait pas, hier encore elle ne se nourrissait que de bouillon. »

Aussi la belle rousse ne s'inquiétait pas et recevait artistes, poètes et aristocrates dans sa villa pour des fêtes splendides. Françoise et Adélaïde s'y rendirent sans Madeleine, trop jalouse pour accepter l'invitation. Vingt ans et une réussite fulgurante… Si Josèphe Laguerre avait osé danser, Madeleine l'aurait étranglée ! À l'entrée du parc, un curieux pavillon chinois présentait son toit recourbé, ses clochettes et son lanternon de cuivre. De multiples fontaines, dans le soubassement, alimentaient un bassin orné de dragons ailés. L'étage rond ouvrait ses sept fenêtres à tous les horizons, les deux hôtels de M. de Monville, l'Ambassade de Hollande chez la marquise de Nicolaï et les toits sans fin de l'ancienne Cour des Coches. Elles l'auraient volontiers visité mais le froid les poussait vers la maison. Ce début d'année 1776 était glacial. Les immondices des rues gelaient dans les ruisseaux. À l'Opéra, les artistes portaient châles et vêtements sur leur costume jusqu'à la dernière seconde et les coulisses ressemblaient à la cour des Miracles. Rebel en était mort sans un adieu. La nouvelle n'avait surpris personne. Ces temps nouveaux où le pouvoir de la reine occultait le sien n'étaient pas faits pour lui.

Au salon Mlle Laguerre allait et venait en parfaite maîtresse de maison. Altière dans une robe de soie mauve, elle paraissait un peu trop grande pour une femme, fièrement cambrée. Deux fossettes enfantines adoucissaient pourtant son visage. Toute sa féminité était là, entre sourire et courbe de reins. Ses invités s'étaient frileusement séparés en deux groupes devant les cheminées, conversant dos à dos.

— Eh oui, il faut choisir son camp, Beaumesnil, comme à l'Opéra ! s'exclama Marmontel en la voyant paraître. Allons, chères demoiselles, vous n'allez tout de même pas nous abandonner ?

Il se serrait à l'abbé Galiani, la mine suppliante. Le secrétaire de l'ambassadeur de Naples était petit, bedonnant, terriblement bavard. Sa voix de fausset faisait rire mais son intelligence et son franc-parler séduisaient. Comme disait Mme Necker, « il pensait trop haut et parlait trop bas ». Il insista en adoucissant son regard sur leurs décolletés.

— Mais nous allons interrompre votre conversation, s'amusa Adélaïde.

— Oh, rien de très sérieux ! Nous discutions de cette pièce que l'on vient d'interdire à la foire Saint-Germain, les *Curiosités de Paris*. L'avez-vous vue ?

— Nous n'en avons pas eu le temps, reconnurent-elles.

Il pouffa. L'ouvrage n'avait été donné qu'une fois. Devant les menaces de vingt gentilshommes, l'auteur avait préféré retirer son texte.

— Comme nous tous, malheureusement, il paraît qu'elle était amusante. Mais aujourd'hui, n'est-ce pas un crime de se moquer de nos actrices comme de nos courtisanes ? L'acteur y présentait Mlle Duthé en automate, affirmant qu'elle faisait tout comme une vraie personne, même plumer proprement un étranger… et la petite Dervieux en guenon des Indes, adorant les pierres brillantes ! On m'a raconté qu'un singe jeté dans le public faisait le tour des loges en agrippant perles et diamants si vite que personne ne pouvait l'arrêter ! Il a laissé quelques aigrettes en berne et de jolies crises de nerfs, pour la plus grande joie du peuple !

Sa perruque tremblait de plaisir.

— Je pense que Mlle Beaumesnil aurait préféré le passage sur cette « vilaine bête » de Sophie Arnould, ironisa Marmontel.

— « Heureusement qu'elle est vieille et a perdu ses dents, ainsi ceux qui l'approchent ne sont touchés que par son venin et son odeur ! »

L'homme récita d'une voix claire, en artiste. Adélaïde se retourna.

— Monsieur Grétry, quel plaisir de vous revoir…

Les mots lui manquèrent. Elle n'avait aucune envie de revenir au scandale de *Céphale et Procris*, sa salle houleuse et toute cette émotion qui l'avait empêchée de se confier au compositeur. D'ailleurs l'assistance s'était tue, complaisante. Ce n'était ni le lieu ni l'heure des explications. Il lui baisa la main pour la sauver d'embarras.

— Vous avez plus de succès à l'Opéra que moi, Adélaïde. Ce rôle d'Adèle de Ponthieu vous va à merveille, il est heureux que Sophie vous l'ait abandonné.

— Ce n'est pas la première fois que notre Première Actrice déserte, coupa l'abbé trop heureux de s'engouffrer dans la faille ouverte.

— Mais c'est la première fois qu'elle se fait siffler ! intervint Françoise.

— Et je ne pense pas que ce soit la dernière. Elle est sur l'autre versant de la pente désormais, celui qui redescend on ne sait où… Enfin tout de même, sourire en scène à un membre de la famille royale comme à un de ses camarades, ou pire, à un de ses amants !

La voix ténue de l'abbé s'envola sur le mot. Chacun éclata de rire.

— En tout cas, la fuite est une bien pâle riposte ! reprit-il vexé. On voit que la grande Sophie Arnould n'a plus de répondant.

— C'est exactement ce que pense Mlle Rosalie, coupa Marmontel. Un ami m'a glissé la feuille qu'on pourra lire demain à la sortie du théâtre. Voyez jusqu'où va la poésie.

Il avait sorti le papier de sa poche et l'abbé s'en empara avec gourmandise. Françoise grogna. Les vers s'allongeaient. Adélaïde n'avait aucune envie de lire. Un coup d'œil au bas de la page lui suffit.

Bientôt sur sa tête blanchie
La faux terrible appesantie
N'offrira plus aux regards indignés

Qu'un squelette hideux, une horrible furie
Pleurant au déclin de sa vie…

Elle dut faire quelques pas en arrière. La chaleur du feu disparut d'un coup. Comment cette fille avait pu passer si vite de l'ombre à la hargne publique ? S'ériger en messagère d'une mort annoncée, elle n'avait donc aucune dignité ! Bien sûr Sophie avait commis la faute qu'elle attendait ; les dix-neuf ans du comte d'Artois, son sourire aguicheur et cette négligence à afficher le désir lui avaient fait tout oublier. Un sourire, devant Tout-Paris. L'irréparable. En une seconde, elle avait passé la barrière du pardon et le public l'avait sifflée comme un seul homme. Bientôt elle serait abandonnée aussi loyalement qu'elle avait été adulée, la logique était implacable et si cruelle. Adélaïde s'en sentait blessée malgré elle. Peut-être resterait-elle une des dernières à souffrir pour l'actrice, elle qui l'avait détestée. À cette faiblesse-là, elle sentait qu'elle n'était pas guérie et qu'elle ne guérirait sans doute jamais. Ce bouillonnement de larmes qui reposait dans sa poitrine comme un volcan endormi ne disparaîtrait pas. Il lui fallait apprendre à vivre ainsi, en respirant à contretemps.

— Mademoiselle Beaumesnil ?

La servante s'inclinait. Le bouquet qu'elle lui tendait mêlait des fleurs de cocon de soie à des feuilles vert tendre. Une merveille italienne, de toute évidence. Le pli cacheté était glissé au ruban et les boucles d'un grand B, entrelacées, imposaient leur empreinte dans la cire écarlate.

Elle était déjà au bord des larmes. La peur remonta d'un frisson dans son dos. Heureusement, la petite avait déjà exécuté une révérence et retournait à son service. Seule la tache de sang lui restait entre les mains, comme autrefois dans l'église de Saint-Séverin. Beaumesnil. Son cœur s'emballait. Tant de temps s'était écoulé, Phillipe n'était pas si hypocrite et ces fleurs délicieuses ne pouvaient parler de vengeance. Au diable la prudence, il fallait qu'elle sache ! Elle déchira le papier d'un geste brusque. L'écriture ne ressemblait en rien à la méchante qui l'avait condamnée :

« Madame, je vous aime. Je cherche en vain les mots pour vous avouer cela avec toutes les grâces qui vous sont dues et sans lesquelles une femme, aujourd'hui, ne sait croire à la sincérité d'un homme. Mais je ne suis qu'un provincial, madame, qui dit les choses comme il les sent : un soir je vous ai vue paraître en scène, je vous ai écoutée chanter et le reste du monde s'est effacé. Depuis vous êtes la seule vérité à laquelle je peux croire.

Vous allez me trouver ridicule, mais ne vous méprenez pas sur les termes de cette supplique. Je ne prétends pas être aimé. Je vous dégage de tout sentiment. J'ai hérité de cinquante mille livres par an et vous les offre si vous acceptez seulement de garder notre liaison secrète. Il vous suffira de vous détacher de ce freluquet au sang bleu qui vous entretient, car le vieux solitaire que je suis ne peut s'empêcher d'être jaloux.

Madame, votre talent m'a fait juger de votre cœur. Jugez du mien comme vous l'entendez. Votre conduite sera votre réponse. »

Sous le blason à trois têtes de bélier la signature s'étirait d'un coup de plume. Charles de la Bélinaye. Elle relut plusieurs fois ce nom, s'entêtant à ses résonances comme au parfum poudré des fleurs artificielles. Sa peur avait disparu. Elle ne pouvait croire à une farce, ni même à un piège. Ces mots étaient une offrande, belle, passionnée, comme personne n'en avait jamais posée à ses pieds. Leur sincérité était évidente. Depuis des mois elle se croyait vide de désir et tout son corps battait au rythme de cette pulsation qui lui prenait les tempes. Si seulement cet homme avait été là, devant elle. Il y avait tant d'amour dans sa lettre qu'il lui semblait sentir la force avec laquelle il l'aurait prise dans ses bras. « Je ne prétends pas être aimé. » Mais quel homme en oubliant toute pudeur pouvait renoncer ainsi au plus beau des rêves ?

Un fou sans doute. Oser lui demander de quitter le duc de Chartres. Il n'avait donc aucune idée de ce qu'était sa vie !

Un provincial disait-il, à la bonne heure, elle le croyait aisément ! D'où sortait-il pour ne pas savoir que l'Opéra était en guerre, que la folie de Sophie, les intrigues de Rosalie et l'indifférence du Chevalier la tenaient au bord du gouffre ?

La colère la saisit. Le bel avenir que lui offrait ce M. de la Bélinaye. S'isoler et tout perdre pour un inconnu. Elle s'approcha de la cheminée et jeta le papier au feu.

Grétry l'observait.

— Adélaïde, vous nous avez quittés si brusquement. Y a-t-il quelque chose que je puisse faire ?

— Monsieur Grétry…

Elle le regarda en face. Cette lettre l'avait enivrée et il était si gentil, si prévenant. En d'autres circonstances elle n'aurait pas osé.

— … accepteriez-vous de me donner des cours de composition ?

— Ma pauvre amie, moi qui ne connais pas deux règles d'harmonie. Et vous me voudriez comme professeur ?

Il la dévisageait comme si elle lui avait demandé la lune. Une seconde elle eut peur qu'il ne se fâche mais il éclata de rire. Il n'avait pas fait d'études sérieuses de contrepoint et la critique lui reprochait assez cette faiblesse sous ses idées mélodiques. Un plaisantin avait écrit un jour : « Entre la partie de basse et celle de premier violon de M. Grétry, on pourrait faire passer un carrosse à quatre chevaux ! »

— Vos conseils seraient inespérés, murmura-t-elle, je ne cherche pas un maître mais une oreille amicale, attentive, qui m'aide à trouver mon chemin.

— Oh, oh, vous êtes une séductrice, Beaumesnil ! coupa-t-il. Allons, je ne saurais vous résister. Quand commençons-nous ? Ce soir… demain ?

Ses pommettes rougissaient d'excitation, éclairant de l'intérieur cette douceur qui baignait son visage. Elle faillit l'embrasser. Une exclamation générale l'en empêcha. La file des domestiques entrait, droite comme la parade des Gardes françaises. Josèphe y entraîna l'abbé Galiani toujours prêt à la gourmandise et les autres suivirent. « Écrevisses, croûtons frits et potage d'oseille », décréta Grétry le nez frissonnant. Elle se pendit à son bras. Que lui importait le menu ? Elle n'avait plus faim, elle ne savait même plus dire merci. C'est tout juste si elle touchait terre.

*

Dès le lendemain, elle le retrouva à la Comédie-Italienne. Ses feuillets tremblaient sous son bras mais il avait chanté en chœur à Liège, enfant, et déchiffra lui-même ses airs avec une curiosité amusée qui la cloua sur sa chaise. C'était la première fois que quelqu'un s'intéressait à sa musique. Une sorte de peur mêlée de fierté la troublait. Ces quelques notes lui semblaient soudain la chose la plus importante au monde. Elle vibrait et souffrait à la fois en espérant son jugement, comme si sa vie entière avait été en jeu dans cette balance-là. En vérité, il s'attendait si peu à ces larmes dans ses yeux qu'il ne sut lui donner que quelques conseils presque timides. Elle repartit avec une liasse de textes et une énergie débordante. Trois mots du compositeur et elle se sentait une autre. Le clavecin l'attirait comme un aimant, elle y passait des heures. L'envie de chanter n'était plus rien, il lui fallait composer, elle en éprouvait le besoin au plus profond d'elle-même.

L'annonce de la reprise de *Sylvie* la trouva dans cette euphorie. Dix ans d'Opéra. Berton n'avait pas oublié cet anniversaire et à la voir si émue, il retrouvait son sourire. Elle se jeta dans ses bras. De longues minutes, il la garda sur son épaule, heureux, avant de reculer.

— Je dirigerai moi-même, murmura-t-il.

Reprendre le rôle de ses débuts sous sa conduite, c'était comme un miracle, un rêve éveillé. Le passé ressurgissait, aussi doux que le printemps après cet hiver qui avait failli les glacer sur place. Le public lui fit un triomphe ainsi qu'à Marie Allard et Dauberval dans leur fameux pas de deux. Il n'était plus question d'attendre la permission de M. Noverre, Marie fut réengagée sur-le-champ. Devant ce public souriant, oubliant sa hargne de l'an passé, Adélaïde chantait sans peine. Sa voix résonnait au plus clair de son front. En même temps, elle scrutait les loges, cherchant les visages inconnus, se demandant si ce Charles de la Bélinaye était là. L'aimait-il plus à la voir ainsi acclamée ? Ou s'était-il simplement amouraché d'une autre, lassé de son silence ? En quatre mois il ne lui avait pas réécrit. Elle s'en voulait d'avoir brûlé sa lettre. Elle aurait aimé la relire et retrouver cette chaleur qu'elle avait fait naître en elle, cette part de plaisir qui lui manquait tant, même si le succès bon enfant de *Sylvie* la réconfortait.

Le courrier de M. Gluck arriva fin mars. Une note de service les réunit tous au foyer. Quand Berton prit la parole elle ne reconnut pas sa voix.

— Mes amis, le Chevalier a pris la route de Paris et devrait toucher la capitale dans quelques jours. Il m'a fait parvenir la partition de son nouvel opéra, *Alceste*, une œuvre bien différente de sa *Cythère assiégée* dont il veut que soit exclue toute entrée dansée « inutile et futile »...

Il appuya ces mots d'un coup d'œil au papier. Le ballet se figea autour de Vestris.

— M. Gluck a conscience que cet opéra repose sur un rôle féminin éprouvant. Il souhaite le confier à celle qui défendit sa Chloé pendant son absence, Mlle Rosalie Levasseur.

Le silence s'abattit sur le foyer comme une chape de plomb. Adélaïde ne respirait plus. Les mots s'infiltraient en elle un à un. De petits coups d'aiguille, rapides, qui s'alourdissaient dans sa poitrine. La douleur irradia ses poumons. Ainsi l'ambitieuse avait gagné. Ce rôle revenait de droit à Sophie. Se l'approprier, c'était non seulement faire voler en éclats l'ancienneté, la qualification des emplois et la tradition, mais aussi renvoyer la Première Actrice sans motif, faire de son départ une honte, jeter l'Opéra dans le chaos.

Il y avait pire. Berton lui jeta un long regard douloureux.

— Celle-ci sera doublée par Josèphe Laguerre.

4.

La salle était comble. La loge des artistes aussi. Accepter l'invitation d'une perruche ou rater la première d'*Alceste*, le choix n'en était pas un. Adélaïde pénétra dans la loge de Mlle Duthé.

La courtisane respirait par saccades affolées au gré de son éventail. La chaleur menaçait son teint de blonde. Son cou trop long hoquetait au même rythme. Tout-Paris ne pouvait tout de même pas s'entasser dans cette salle ! Ce branle-bas de combat était insupportable. Encore ne savait-on pas ce qu'il adviendrait de cette soirée. À en croire un grand nombre de spectateurs, *Alceste* tomberait nécessairement, et à en croire un plus grand nombre, jamais en France on n'aurait entendu de plus belle musique !

Elle récitait bien. Adélaïde se demanda combien de temps elle avait mis pour apprendre par cœur la phrase du *Nouveau Spectateur*. Mais la critique musicale n'était qu'un prélude. Elle s'y attendait, il fallait bien qu'elle paye un peu sa place.

— Comme vous devez avoir peur en ce moment, ma chère ! murmura la Duthé doucereuse. L'Opéra est sens dessus dessous. Vous et Sophie en spectatrices, c'est si inattendu ! Entre nous la pauvre n'a pas joué le bon cheval, le prince de Conti n'a plus aucun pouvoir et elle aurait dû renouveler ses appuis depuis longtemps.

Son regard se fit faussement complice. Savoir choisir le bon cheval, voilà une qualité dont elle pouvait être fière. Le comte d'Artois lui avait si bien cédé qu'il en délaissait sa jeune femme : « Le comte a une indigestion de Savoie, il vient à Paris prendre du thé », disait la bonne humeur populaire. Adélaïde n'avait pas été si maligne. L'heure de la vengeance avait sonné. Cette fille ne lui avait jamais pardonné de lui avoir volé le duc de Chartres et ce n'est pas à elle qu'elle allait avouer sa colère. Oui, la protection qu'elle s'était si bien obligée à garder ne lui avait servi à rien. Oui, Chartres n'avait pas eu un mot pour la soutenir. Oui, les mauvais sentiments du roi à son égard le rendaient assez lâche devant l'amitié de Marie-Antoinette pour qu'il n'ose critiquer une seule de ses décisions ! La rage la dévorait.

Heureusement, l'autre était plus facile à appâter qu'une souris.

— Vous avez une bien jolie toilette, lança-t-elle.

— Oh, tout vient de chez Mlle Bertin ! C'est sa robe en soupirs étouffés, je l'ai fait garnir de regrets superflus et d'un point de candeur parfaite. Vous avez remarqué la couleur de mes souliers, n'est-ce pas, « cheveux de la reine »...

Cette cervelle d'oiseau minaudait, en précieuse. L'élégance la portait au rang des favorites. Adélaïde en profita pour scruter la salle. Le public était nerveux, les regards des femmes se croisaient, virevoltants, les hommes debout tanguaient d'un pied sur l'autre. Tous se retournèrent ensemble.

Sophie entrait au bras du prince d'Hénin. Elle n'avait pas osé arriver en retard, ni même après la reine. Derrière eux le prince de Ligne et François Bellanger formaient l'arrière-garde. Ses derniers amis. Sa cabale n'osa lancer les applaudissements de peur que les Gluckistes ne saisissent l'occasion pour siffler. Tête haute, elle s'assit dans le silence.

Elle était perdue. *Alceste* était son rôle, tous le savaient. Quelques années plus tôt ils se seraient levés d'un seul élan pour réclamer justice et ce soir ils attendaient, méchamment, ne demandant qu'à suivre la marche d'une querelle à laquelle elle ne pouvait se soustraire que par lâcheté. Qu'allait faire l'enfant gâtée ? Quels beaux soubresauts lui restait-il ? Dans sa lettre publique elle avait reproché aux directeurs leur attitude. Dieu sait qu'ils n'y étaient pour rien, mais elle ne pouvait braver ouvertement la reine. Sa franchise s'était bornée à s'amuser du logement du Chevalier chez Rosalie, que l'autre avait obtenu du comte de Mercy-Argenteau en prétextant la facilité du travail. Elle avait pourtant ajouté : « *Nulle raison personnelle ne me fera déprimer le génie et ne m'empêchera de rendre justice à celui de M. Gluck. Il est, je le dis hautement, le musicien de l'âme.* » Adélaïde ferma les yeux. Elle aurait tout donné pour que Sophie sache s'en tenir là. Faire de son départ une injustice indéniable pouvait sauver sa dignité, la paix de l'Opéra et sa propre chance de se battre loyalement.

Mais la salle se levait. Elle dut suivre le mouvement. Quelques applaudissements saluèrent l'entrée de la reine.

— Ah ça, Marie-Antoinette n'a plus droit qu'au bout des doigts, s'amusa Mlle Duthé. Il paraît que le roi s'est inquiété de la froideur de la capitale et qu'elle a répondu : « Je voudrais vous y voir, Sire, avec votre Saint-Germain et votre Turgot, vous y seriez rudement hué ! »

— Voilà qui doit vous plaire, une femme qui tient tête aux hommes…

— Pas aux hommes, à son mari ! Et cela n'a rien de drôle ! Une épouse qui part à la fête quand le pauvre homme se couche, qui assiste seule aux courses de chevaux, s'étourdit au pharaon et se ruine au lansquenet. En vérité la morale s'échauffe. Non, qu'une reine reste à sa place et les courtisanes garderont la leur !

L'arrivée de M. Gluck retint son ardeur. Autour d'elle le silence s'était fait d'un coup. Adélaïde s'assit le cœur serré. Elle savait l'opéra magnifique. Dès l'entrée d'*Alceste*, le Chevalier prouvait qu'il pouvait écrire le plus beau récitatif qui soit. L'air « Grands dieux, du destin qui m'accable » montait progressivement jusqu'à l'explosion finale. Le système du Chevalier, qui consistait à employer les masses orchestrales en proportion du degré de passion, trouvait en *Alceste* une héroïne à la mesure de son génie sonore : la femme inquiète pour son époux, effondrée à l'idée de le perdre puis renaissante en apprenant qu'il pourrait vivre si quelqu'un se sacrifiait à sa place, la femme en *Alceste* était le drame même, tragédie d'un être et non, comme d'ordinaire, d'une situation décidée par les dieux. Ici les dieux ne pouvaient que s'émouvoir ; mourir pour l'être aimé les dépassait.

Alceste était un rôle merveilleux. Rosalie le chantait à pleine voix, arrondissant les sons, portant son legato jusqu'au bout du souffle. Cette sensibilité musicale transfigurait son visage et faisait presque oublier sa figure potelée. Malgré cela la cabale se déchaînait. La reine applaudissait sans cesse, suivie par une partie de la salle, tandis que les hommes payés par Sophie et les détracteurs de M. Gluck sifflaient sans pitié. Certains spectateurs semblaient prêts à se battre quand Rosalie entonna « il me déchire et m'arrache le cœur ».

— Le cœur, dites-vous, mademoiselle ? hurla un homme au parterre. Moi, ce sont les oreilles que vous m'arrachez !

Elle s'étrangla. Le Chevalier dut arrêter l'orchestre. Quelque chose d'indéfinissable tournoya qui pouvait choisir le pire.

— Permettez, monsieur…

Un homme s'était levé à l'amphithéâtre. Il s'inclina par-dessus la balustrade.

— …on vous arrache les oreilles, dites-vous ? Mais tant mieux, monsieur, tant mieux, si c'est pour vous en donner d'autres !

Le public éclata de rire. Les partisans de Sophie se mirent à huer mais la situation s'était renversée irrémédiablement. Le fou rire gagnait le parterre et l'on souriait jusque dans la loge royale. Le Chevalier fit signe aux instrumentistes. Rosalie reprit sa phrase avant même qu'ils ne le suivent. Ce fut une ovation.

Le troisième acte vint gâcher cet élan : Apollon ramenait *Alceste* à son peuple et l'opéra s'achevait dans un ballet joyeux qui contrastait avec la force tragique de l'opéra. Le parti français, sentant le vent tourner à nouveau, siffla sans arrêt. La cabale de Sophie amplifia le mouvement, la salle suivit. Le rideau tomba dans la confusion la plus totale. Les hurlements de triomphe croisaient les huées les plus vulgaires tandis que les rares têtes restées froides fuyaient cette folie. Impossible d'applaudir Joseph en Admète et Henri en Hercule.

— On dira ce qu'on voudra, déclara Mlle Duthé, mais l'amour conjugal n'est pas un sujet très passionnant au théâtre et M. Gluck aurait dû se souvenir qu'on lui en avait fait le reproche pour *Orphée* ! Et puis ces effets sonores si choquants, ces cuivres soulignant l'air d'*Alceste*, comment était-ce déjà… ah oui, « divinités du Styx » !

Adélaïde la laissa s'éventer vigoureusement. Deux robes chez Mlle Bertin, demain, et il n'y paraîtrait plus. L'encombrement du couloir ne permettait pourtant pas de se sauver si facilement. L'agressivité était telle que la foule piétinait sur place, rageuse. Le premier avorton semblait prêt à écharper son voisin. Seule la pauvreté des décorations faisait l'unanimité : à part l'acte des Enfers de M. Machy avec ses arbres desséchés, ses rochers mordus de flammes et sa faux d'or sur l'autel de la Mort, tout avait déplu. La voix haut perchée survola soudain ces critiques.

— *Alceste* est un échec… un échec ! Il faudra bien que chacun le reconnaisse !

Sophie s'appuyait d'une main à la rampe, de l'autre à l'autorité du prince de Ligne. Le public hésita. Ses hommes de main s'étaient rassemblés autour d'elle.

— Et ce n'est que justice ! hurla-t-elle. Le droit doit être respecté ! La carrière de Rosalie s'arrête là, voilà le prix de ses intrigues ! L'Opéra devra me présenter ses excuses, et faire amende honorable, tous les rôles de princesses m'appartiennent dans ce théâtre…

La hargne l'emportait. Elle oscilla sur sa marche, les yeux flamboyants, en femme abandonnée incapable de laisser partir son amant sans s'humilier elle-même. Son teint brillait. Les mots ne pouvaient plus venir à son secours. D'un regard elle provoqua la foule.

Elle savait, tout, la folie et le déshonneur, mais était prête à marcher au supplice consciemment, comme *Alceste* en quelque sorte. Elle avait joué des héroïnes toute sa vie, il était juste qu'elle prenne le droit de mourir comme elles. Le public seul pouvait consacrer ce sacrifice ; elle préférait le braver plutôt que d'accepter bras baissés les chemins possibles du silence et de l'abandon. À ce dernier rôle, elle affronterait la solitude de la victime pour mieux supporter, demain, celle de la femme au sortir de scène. L'épreuve était connue, le dénouement accepté. Pour cela elle ne les redoutait plus.

Adélaïde sentit les larmes lui brûler les yeux. Son ennemie, sa sœur, avait trouvé sa route, la dernière. Mais elle, où s'en allait son avenir ? La nausée la saisit si fort qu'elle faillit s'évanouir sur ce plancher. Plus question de fuir. Il fallait qu'elle rebrousse chemin et qu'elle parle au Chevalier, de force si nécessaire.

Elle prit le flot à contre-courant. Étonnamment le silence régnait derrière la porte de fer. Les artistes avaient déserté, les machinistes travaillaient sans un mot. *Alceste* n'avait été qu'un cauchemar ce soir.

— Par pitié, monsieur…

La supplique de Berton sembla s'élever de nulle part. Stupéfaite, elle recula derrière une toile.

— … ne restez pas ici à attendre de vous blesser ! Reprenez-vous, que diable, votre opéra a soulevé des passions. N'était-ce pas ce que vous désiriez ?

— *Alceste* est tombée !

M. Gluck marchait de long en large. Les pans de son habit battaient ses cuisses comme les ailes d'un oiseau prisonnier. La sueur coulait sur son visage, sa belle perruque glissait en arrière et laissait apparaître les cheveux collés. Il n'était ni désespéré, ni déçu ; simplement il ne comprenait pas.

— Ma réussite, mon chef-d'œuvre… *Alceste* est tombée !

— Tombée, oui, vous avez raison, tombée du ciel ! s'écria l'abbé Arnaud en surgissant le chapeau armé en bout de bras. *Alceste* ne tombera pas autrement à l'Opéra, Chevalier. Le public est désappointé mais cette réaction était somme toute prévisible. La seule chose qui compte, c'est que votre musique l'a ému et ce, plus que jamais.

— Ah, mon cher Arnaud, si vous pouviez dire vrai…

Le compositeur l'embrassa. Il pleurait presque. Douter d'*Alceste*, c'était lui demander de renier sa foi.

— J'ai tellement cru qu'*Alceste* plairait…

— Mais elle va plaire, je vous en réponds !

— Vous ne comprenez pas. *Alceste* ne doit pas seulement plaire à présent, dans sa nouveauté, mais dans deux cents ans si la langue française ne change pas, et cela parce que j'en ai posé les fondements sur la nature et que la nature n'est jamais soumise à la mode !

— Oui, je le crois, dit Berton conciliant.

— Mes amis, renchérit l'abbé, si *Alceste* ne prend pas aux premières représentations, elle prendra aux dernières ou l'année prochaine. Mais elle prendra !

Il tendit son mouchoir au Chevalier qui se moucha bruyamment et disparut avec lui. Berton leur emboîta le pas, tête basse. Adélaïde se tapit dans l'ombre. Pour rien au monde elle n'aurait voulu que quelqu'un la surprenne maintenant. Sophie trahie forçait son admiration. Cet Allemand tyrannique qu'elle avait pris pour un monstre était aussi un être humain, en proie au doute et au désespoir. Elle détestait le destin, soudain, qui l'avait exclue des deux camps sans lui laisser le temps d'ouvrir la bouche.

Elle resta là un temps infini, sans bouger, incapable de réfléchir. Quand elle se décida à sortir le concierge lui lança un regard étonné. Le laquais du duc de Chartres patientait devant la porte.

— Ah, mademoiselle, Dieu soit loué ! s'exclama-t-il.

Elle lui tourna le dos.

— S'il vous plaît, vous ne pouvez pas me faire cela...

Le malheureux suppliait sur ses talons. Elle se mit à courir dans la rue des Bons-Enfants. Que cet homme se fasse battre comme plâtre, elle n'en avait cure. Puisqu'il avait renvoyé Sébastien, elle rentrerait à pied, voilà tout. Sa froideur lui faisait horreur mais elle ne pouvait s'arrêter. Elle était seule, désespérément seule. Berton ne pouvait rien pour elle, il n'avait même pas eu le courage de la prévenir avant cette réunion affreuse et le duc n'était qu'un pantin à genoux devant la reine ! Les hommes étaient des lâches. Pourquoi n'avait-elle pas écouté son cœur et cédé à cet inconnu ? Avait-il hésité, lui, à se traiter de vieux fou, solitaire et jaloux ? En lisant son billet elle s'était sentie revivre et pourtant elle l'avait écarté sans hésiter, par peur du lendemain. La belle affaire ! Chartres n'avait pas levé un doigt pour elle ! Ah, monsieur voulait la consoler ce soir, grand seigneur, eh bien elle n'était plus à sa disposition. De toute façon, aujourd'hui, demain, il ne lui en voudrait pas de sa fuite. Ne restait-elle pas pour lui un de ces amours dont on ne sait se défaire pour ne pas vieillir ?

Elle passa tambour battant devant l'immeuble des chanoines de Saint-Honoré. La petite rue Baillif se resserrait avec ses hôtelleries bon marché. Un groupe de voyageurs s'était formé devant chez Delaloue. Elle pesta mais ils s'écartèrent naturellement. C'est alors qu'elle prit conscience de la berline qui la suivait.

Elle était énorme, d'un beau vert sombre. Le cocher tira ses chevaux et s'arrêta à sa hauteur. Les armes brillaient sur la portière. Un blason d'argent à trois rencontres de bélier de sable. Le cachet. La lettre, ses mots fous. D'un bond elle sauta sur le marche-pied.

Il devait avoir une quarantaine d'années et portait un chapeau à l'ancienne mode comme plus personne à Paris. Une partie de son visage y disparaissait ; pas son sourire, ni cette barbe courte éclaircie de roux.

— Vous ne pouviez pas répondre, n'est-ce pas ?

Sa voix était grave.

— Je ne vous blâme pas, madame, vous êtes aimée des plus grands.

— Je ne suis pas aimée…

L'émotion lui coupa la parole. Il ouvrit la porte, tendit le bras et la souleva. Son corps trouva le sien sans heurts. Il attendait, un mot, une explication d'elle. Elle se posa contre sa poitrine, effarée. Il y avait si longtemps qu'elle n'avait été à sa place.

— J'aurais dû chercher à vous répondre, chuchota-t-elle, vous faire comprendre que je ne pouvais quitter le duc, en tout cas retenir un peu mon caractère.

— Nous voilà déjà un point commun, nota-t-il avec un petit rire amusé. Voyons, qu'avez-vous donc fait de ma lettre, Adélaïde ?

Elle releva les yeux. Son regard bleu était aussi franc qu'un ciel d'été.

— Je l'ai brûlée, avoua-t-elle.

Il éclata de rire.

— Ah tout de même! Moi qui y ai gâché une plume, un pot d'encre et trois heures de sommeil. Mais je m'en veux, vous savez, je n'aurais pas dû vous écrire en ces termes. J'avais conscience que ce choix était difficile, un vieux bougre amoureux, incapable de partager et si loin de votre monde. J'ai failli réécrire, mais je suis trop orgueilleux…

Sa moue d'enfant câlin prêt à dire n'importe quelle vérité pour être pardonné était drôle. Elle enfouit son sourire dans sa redingote. Aussitôt ses bras l'enlacèrent sans oser l'enfermer. La voiture s'était remise en marche et les berçait. Dix ans qu'elle n'avait senti ce roulis appuyée à un homme, en confiance. La chaleur venait, et tant d'images oubliées qui se glissaient en elle à son insu, guidées par sa voix. Sa colère s'était envolée. Il n'y avait plus que cette douceur exquise. Son corps attentif, offert. S'il avait su comme cette lettre lui avait permis d'aborder Grétry et ce qu'il avait fait pour elle ce soir-là… La tendresse la bouleversa. Elle ferma les yeux.

— J'aime votre timbre, murmura-t-il, et cette expression sur votre visage en scène… À l'instant où je vous ai entendue je ne pouvais être le même. Votre voix courait sur ma peau et déjà il n'y avait plus qu'un pauvre diable qui ne voulait plus vous quitter. Vous êtes la vie, sans vous tout est mort! Je n'ose retourner dans ma Bretagne et pourtant rien ne m'attire ici. La foule m'impressionne, je fais le tour de la capitale les yeux ouverts sur ses contrastes et je ne lui trouve aucune harmonie. Je ne suis resté que pour vous, Adélaïde. Moi j'aime mes arbres, la demeure de mes ancêtres. L'horizon infini de la mer aussi et le rire des enfants sous ses éclaboussures de dentelle. Oui, j'ai aimé tant de choses là-bas sans vous connaître…

Il soupira et elle eut peur, tout à coup, de le perdre. C'était une folie, un homme qu'elle n'avait jamais rencontré, dont elle ne savait rien sauf que tout son être lui appartenait pour quelques mots merveilleux qui l'avaient mise à nu.

Elle se redressa, caressa la masse vaporeuse et douce, et le dessin de sa bouche avant d'y poser ses lèvres.

— Je vous aimerai, promit-elle.

5.

Passé la porte Saint-Antoine, la rue de Charenton s'engageait à l'ombre des hauts murs de l'Hôpital des Quinze-Vingts pour s'étirer droite jusqu'à la vallée de Fécamp. Quelques bâtiments la bordaient, tout le reste n'était que cultures. La grille écaillée trahissait à peine la maison, orangée dans le soleil avec son rempart de capucines. Juin était doux. Les fenêtres s'ouvraient sur la pelouse envahie de framboisiers et les grands marronniers. Seuls les échos de la manufacture toute proche, qui fabriquait des tabatières de carton verni, perturbaient le silence.

Comme elle aimait le calme de cette campagne isolée. Se partager entre l'Opéra et la vie avec Charles dans cette maison modeste, aux volets de guingois, lui plaisait plus qu'elle ne l'aurait cru possible. À l'arrière le jardin gardait des allures sauvages. Jean, le fils de Nanette et Sébastien, adorait s'y cacher. Des chambres du premier étage, la vue s'ouvrait par-dessus les chantiers jusqu'à la Seine et l'ombre épaisse de l'Hôpital de la Salpêtrière. Elle voyait l'arrivée des trains de flottage et le déchargement du bois sur le port de la Rapée, au milieu des tonneaux de vin de Bourgogne et des pierres qui descendaient de Charonne et de Montreuil. Paris s'oubliait.

C'était bien assez pour décourager les curieux. Plus de sorties dans la nuit ni de laquais en livrée à sa porte, sa disparition de la vie galante avait fait jaser trois semaines tout au plus, le temps que les recherches des uns et des autres s'arrêtent au Boulevard. Mlle Beaumesnil s'était sans doute amourachée d'un tapissier, d'un brasseur ou même d'un maître-maçon. De l'amour bourgeois ! Il n'y avait pas là de quoi faire vendre un journal. Quant à ses amis, ils ne posaient pas de questions. Leur confiance la touchait. Même Madeleine, qui serait morte pour un commérage, respectait son secret. Elle la savait heureuse.

De toute façon, la Première Danseuse avait bien d'autres soucis en tête. La situation financière de l'Opéra, malgré les succès du Chevalier, se résumait à cent vingt mille livres de déficit et la Ville excédée s'était décidée à chercher un particulier pour la débarrasser de ce fardeau. Madeleine était persuadée qu'un dilettante ne pouvait qu'aggraver la situation. Elle avait convaincu les Premiers Sujets d'écrire un mémoire au roi réclamant le droit de se diriger seuls, en comité directeur avec Berton à leur tête, comme le faisaient les deux Comédies sous le contrôle des Gentilshommes de la Chambre. Mais la troupe de l'Opéra était à la fois la plus divisée, la plus indisciplinée et la plus aimée de toutes ; elle faisait de l'Académie royale de musique un tonneau de poudre au cœur de Paris. Louis XVI ne pouvait l'ignorer.

Il n'y eut aucune réponse. Simplement ils apprirent un matin la nomination de M. de la Ferté, ancien intendant des Menus-Plaisirs : vingt ans de service à la cour et une fidélité à toute épreuve, de quoi museler le Bureau de la Ville et les artistes. Madeleine était verte de rage. Adélaïde comprenait sa déception sans arriver à la partager. L'amour de Charles, le bonheur de vivre chaque jour entre ses bras étaient si nouveaux, si excitants, que les sursauts de l'Opéra la laissaient presque indifférente. Elle ne voyait qu'une chose, Berton devenait directeur général tandis que MM. Dauvergne et

Joliveau redescendaient au rang de simples inspecteurs et se voyaient adjoindre de multiples collaborateurs des Menus pour purifier les comptes. Et il fallait, disait-on, rentabiliser les spectacles ! Pour cela M. de la Ferté fit passer les bals de nuit de deux à quatre par semaine, et créa les jours de relâche, de cinq heures à minuit, des bals « de santé » auxquels les malades pouvaient assister. Ainsi Paris dansa tous les soirs à l'Opéra. La reine qui adorait cela et n'était pas étrangère à cet engouement promit d'y venir souvent pour soutenir l'entreprise.

Enfin l'administrateur entendait bien engager de véritables réformes. Il commença par inventer son système des feux, un nombre de points attribué par représentation qui seul fixait les appointements des artistes en fin de mois. Cette mesure de bon économiste, respectable sur le papier, se révélait en réalité si injuste face aux caprices des distributions qu'elle souleva un tollé général ! Quant au nouveau règlement qu'il fit placarder sur les murs de la capitale, en deux jours il fut arraché : n'osait-il pas limiter l'accès aux répétitions à cinquante personnes seulement, choisies par les régisseurs ? Et même interdire la présence des compositeurs aux premières ? À l'Opéra les habitudes étaient des traditions ; en vingt ans de service à la cour, M. de la Ferté ne l'avait pas soupçonné.

Tout-Paris s'était levé. Touché dans sa probité, l'administrateur remit sa démission au roi, un mois à peine après le renvoi de M. Turgot. Sa Majesté le supplia de rester jusqu'à Pâques, fin de l'année administrative, et il dut se soumettre, mais on ne le vit plus en coulisses. Madeleine était ravie. Cependant, elle avait conscience que la situation était préoccupante. Louis XVI ne voulait plus entendre parler d'eux et en avril prochain n'importe quel amateur fortuné pourrait s'offrir la place de directeur avec la bénédiction royale ! Ils n'avaient que neuf mois pour trouver la parade.

— C'est bien assez, ma chérie, disait Charles, regarde... ne t'ai-je pas gagnée en moins de temps finalement ?

Il en revenait toujours à cet argument pour lui voler un baiser et elle le laissait faire, sachant qu'il comprenait mieux que personne l'importance de cet échec. L'Opéra avait perdu son ministre le plus intègre, comme la France. Pour lui ce théâtre n'était que le reflet d'un pays où chaque réforme soulevait des émeutes et où rien ne changerait tant que le roi reculerait. Cette évidence n'entamait pas sa foi en l'avenir. Il donnait raison à Madeleine de vouloir écrire mémoire sur mémoire pour que l'affaire prenne de l'importance dans le cœur du public et dans l'esprit du roi. Adélaïde avait du mal à croire que cela serve à quelque chose et que Louis XVI accepte un jour l'idée d'un comité directeur. La polémique les emportait et ils en débattaient joyeusement, surtout pendant les longues séances de pose au salon pour ce portrait que Charles voulait d'elle, très vite, au cas « où elle l'oublierait ». Chaque après-midi où elle ne chantait pas elle devait s'astreindre à ces heures immobiles tandis que pour se faire pardonner, allongé sur sa bergère, il parlait sans arrêt. Parfois, n'y tenant plus, engourdi et voulant avoir raison il se levait d'un bond, l'enlaçait et la serrait jusqu'à ce qu'elle capitule. M. Pujos s'accommodait volontiers de leur bavardage mais pas de ces interruptions qui déplaçaient sa mise en scène : sur la table ronde lyre, guitare, trompette et musette de cour se croisaient en une jolie nature morte.

Un après-midi le peintre n'y tint plus.

— Monsieur de la Bélinaye, comment voulez-vous que je termine ce tableau si vous distrayez sans cesse mon modèle ? osa-t-il.

Charles éclata de rire.

— Ne vous plaignez pas, monsieur, grâce à moi votre « modèle » supporte l'épreuve et avec son caractère, je ne crois pas que vous réussiriez seul cet exploit. Et puis, n'êtes-vous pas bien ici, loin de l'agitation parisienne ?

M. Pujos admit d'un sourire. Il était autant connu pour son talent de portraitiste que pour sa rapidité. Charles avait vu ses œuvres lors de l'exposition de Saint-Luc à l'hôtel de Jabach et l'avait payé fort cher pour qu'il quitte incognito son atelier du quai Pelletier. Il recula son siège, le pinceau en l'air. Nanette l'observait. Plus de vingt secondes à regarder la toile et c'était le signal. Elle entra avec le thé. La vie champêtre lui allait si bien qu'elle gardait ses joues roses malgré sa grossesse.

— Vous ne semblez pas apprécier la capitale, monsieur de la Bélinaye, articula-t-il entre deux de ces délicieux gâteaux à la cannelle, et pourtant les batailles de l'Opéra vous passionnent. Pour ma part je les trouve inutiles, elles n'ont que l'avantage d'amuser Paris !

— Je ne suis pas parisien, éluda Charles qui n'avait pas l'intention de raconter sa vie.

— Au moins avez-vous aimé *Médée*, le ballet de M. Noverre ? La pâle copie que nous en avait donnée Vestris n'était pas à la hauteur de l'original. Tout de même, raconter un drame par la danse, quel talent ! Aurions-nous imaginé sans lui Madeleine Guimard en tragédienne ? Et la démesure de Mlle Heinel dans le dénouement... Cette folie pour embraser le palais, égorger ses enfants et se tuer sur leur corps !

Le peintre faillit s'étrangler et se jeta sur sa tasse de thé. Adélaïde sourit. Madeleine avait réussi à faire pleurer le public en interprétant la fragile Créuse, titubant jusqu'à la mort sous l'effet du poison. Elle en était aux anges. D'ailleurs plus un danseur ne songeait à la rébellion contre le nouveau maître de ballets : il leur avait offert le droit à l'intelligence et à la sincérité.

— Si la reine n'avait fait un pont d'or à M. Noverre pour le nommer à l'Opéra, il n'y aurait apporté que la paix, soupira-t-elle, peut-être même aurait-il adouci la violence d'*Alceste*.... mais Vestris, Dauberval et Gardel craignent désormais pour leur place, et la campagne menée par Mme Gardel nous promet de nouveaux combats.

— Ah, sa lettre publique va trop loin, c'est certain ! assura le peintre. « On sait que notre roi n'a plus guère de pouvoir sinon ceux qu'accepte de lui abandonner l'Autriche », voilà une folie qui fera reculer tous ceux qui pensent comme elle. Cette dame n'a pas encore compris à quel point il était dangereux d'attaquer la reine !

Adélaïde ne répondit pas. Cette agressivité latente aggravait surtout la mauvaise opinion que Louis XVI avait de l'Opéra. Marie-Antoinette aurait pu intervenir mais elle semblait avoir oublié sa bienveillance d'autrefois à régler les conflits. Le public et les artistes devaient l'admettre, c'était elle qui les faisait naître désormais.

Elle s'approcha du portrait. Aussitôt sa rancune s'envola. Appuyée à la petite table, le buste tendu vers les instruments de musique, elle entrait dans la lumière. Le peintre avait mis une gaieté charmante dans ce mouvement. L'été l'inspirait. Malgré le fond sombre, on eût dit une lavandière sous le soleil. Les mots lui échappèrent.

— Merci, monsieur Pujos, je ne me serais pas vue autrement.

L'artiste s'inclina.

— Votre compliment me touche, mademoiselle ! Oserai-je vous demander pourquoi vous avez préféré être peinte avec les attributs de la Musique ? J'aurais pu souligner l'art du chant en vous offrant la couronne de myrte et de roses d'Érato, une lyre ou un tambourin entre les bras…

— C'est moi qui ai choisi les instruments, coupa Charles. Sans doute ne le savez-vous pas, mais Mlle Beaumesnil compose.

— Vraiment… ?

M. Pujos les dévisagea tour à tour. Il semblait mal à l'aise, comme décontenancé devant une indécence. Elle en rougit. Jamais elle n'aurait cru Charles capable de la trahir ainsi. Mais lui souriait et reprit un gâteau. L'odeur de cannelle flotta un instant sur la pièce silencieuse. Sentant qu'il valait mieux s'éclipser, M. Pujos prit poliment congé et suivit Sébastien. Il avait à peine disparu que Charles ouvrit les bras.

— Tais-toi, ma chérie, je sais déjà tout ce que tu vas dire et sur quel ton. Mais tu ne peux pas m'empêcher d'être fier de toi.

Elle soupira sur son épaule. Dieu qu'il maîtrisait bien l'art et la manière de lui couper la parole ! Comme cette drôle de grimace qu'il opposait à tout énervement, un œil au chambranle, avec un « tu ne mords plus ? » qui avait don de la désarçonner. Bien sûr, comment aurait-elle pu lui reprocher son enthousiasme ? Composer sous son oreille attentive, dans cette maison où la musique résonnait merveilleusement, portée par la quiétude des champs alentour, était la plus belle chose qui lui soit arrivée. Le soir, il s'asseyait au concert, quand il n'avait pas écrit un quatrain sur lequel il entendait qu'elle improvise ! Elle ne se faisait pas prier. L'amitié avec Grétry avait grandi, elle avait la sensation de progresser grâce à ses leçons. Les accords ne la conduisaient plus comme avant. La mélodie lui venait tout de suite, elle l'entendait sur les mots mêmes, à la première lecture. Sa voix était redevenue son meilleur allié. Tout partait d'elle, l'inspiration et la structure, et la phrase suivait enfin ce naturel auquel elle aspirait. Sans l'intérêt de Charles, elle n'aurait pas trouvé si vite cette confiance.

— S'il te plaît, murmura-t-elle, tu tiens à notre discrétion ici et je m'y conforme, comprends à ton tour que je ne veuille pas me prêter aux ragots. Tu as vu comme moi la réaction de M. Pujos ! De par ma position il m'a aussitôt imaginée chantant ma musique sur la scène de l'Opéra et il a cessé de respirer !

— Et pourquoi cela ? N'y a-t-il eu aucune femme compositeur à l'Opéra ?

Sa question était si directe qu'elle se mordit les lèvres. Bien sûr elle avait déjà pensé à cela et Berton avait répondu sans s'étonner.

— Si, deux, avoua-t-elle. Mlle Jacquet de la Guerre avec un *Céphale et Procris* et Mlle Duval avec ses *Génies* au début du siècle.

— Tu vois, tu pourrais être la troisième.

— Mais tu sais qu'il n'est pas envisageable qu'une femme fasse interpréter ses œuvres en public. Encore moins pour une création dramatique, pour laquelle il lui faudrait affronter ce monde de cabales et de critiques dirigé par les hommes, si violent ces derniers temps. D'ailleurs ces opéras n'ont connu que quelques représentations et n'ont jamais été repris. Et puis pour ces deux femmes, la situation était exceptionnelle, elles étaient des clavecinistes prodiges, l'une avait déjà écrit beaucoup de musique instrumentale et l'autre était connue du théâtre où elle accompagnait.

— Pour toi aussi la situation est exceptionnelle, n'appartiens-tu pas à l'Opéra ?

— Cela ne saurait suffire ! Ces femmes vivaient dans des familles d'artistes, prêtes à accepter ce qui ailleurs rebute les convenances, elles avaient des proches pour les épauler…

— Et toi tu m'as.

Elle se tut, à bout d'arguments. Il en profita pour l'embrasser doucement, puis passionnément, enfin à petits baisers pointus, rapides. Il adorait ce genre de jeu. Il lui réclamait parfois le baiser « d'une femme qui ment et qui va partir », ou « d'une coquette qui ne veut pas avouer qu'elle est amoureuse », ou même « d'une prude qui découvre le plaisir à son insu ». Elle se dégagea de ses bras en riant. Son cœur battait si fort à cette discussion qu'elle avait besoin d'y mettre un terme.

Elle voulut qu'ils partent à pied pour le port de la Rapée. L'ombre des marronniers bordait la rue Traversière. Quelques remises, l'étendue des cultures potagères et ils arrivèrent vite aux chantiers. Au bout de la berge le petit pont traversait l'égout des fossés de l'Arsenal et ils payèrent leur écot. Trois deniers pour accéder au plaisir des restaurants qui fleurissaient partout depuis que les mariniers avaient obtenu le droit d'organiser des joutes. Leurs assiettes rivalisaient avec les matelotes et les fritures du Port-à-l'Anglais, et un public nombreux se pressait sur les terrasses dans une atmosphère bon enfant. Rien de mieux que la danse pour mettre en appétit. Au moindre son d'un hautbois ou d'une musette, Charles oubliait sa noblesse. Les jambes lui démangeaient. Il l'emporta collée à lui comme une paysanne à la noce. Cette passion convenait ce soir à son cœur battant. Elle se jeta dans la mêlée en bénissant le costume léger enfilé pour le portrait.

Ils aimaient tant se sentir ainsi serrés, excités par la danse au milieu de la foule anonyme. Le désir naissait là de lui-même. D'un commun accord, ils le laissaient courir dans leurs veines jusqu'à plus soif. Mais quand il saisit sa nuque elle n'eut plus envie d'attendre. Ces soubresauts ne la grisaient plus. Ils rejoignirent d'un pas vif la voiture que Sébastien postait au bout du chemin. Sentir Charles la soulever si facilement, la poser près de lui dans ce lieu clos, à leur parfum, étaient des sensations qui la brûlaient de l'intérieur.

Sur la banquette, elle chercha ses lèvres en glissant ses mains dans les siennes. Sa barbe glissait sur elle, caressant son visage, ses seins dressés sous sa robe. Ils se gardaient de toute caresse. L'attente leur plaisait, il leur fallait leur nid et ces marches qui y conduisaient, montées lentement enlacés l'un à l'autre, avec au ventre la certitude du plaisir. Il la déshabilla face au miroir pour mieux l'avaler des yeux. L'amour était toujours aussi fort. Elle cria sans retenue parce qu'il aimait la sentir envoûtée par son propre corps et revenait au bord d'elle, sans pitié, pour la supplicier vive. Mais quand il s'écroula elle jouit plus encore, écrasée par ce grand corps à sa merci. Le dernier gémissement. Le vide. Ce paradis noir en suspens, vibrant, sans limites. Plus rien n'existait. Les sensations ne resurgirent qu'une à une, d'un calme absolu. Leur peau. La moiteur de l'air. Ce lit qui n'était qu'à eux. Les mots venaient, débordaient de lui pour mourir sur sa poitrine. Elle se tut. Le poids était revenu d'un coup. Sa gorge se serrait encore en pensant à l'enfant.

Il la retourna contre lui, attentif à ce qui le dépassait. Ses bras l'enveloppaient tout entière. Elle sentait son menton sur ses cheveux, ce bercement qu'il voulait tendre, son sexe humide contre ses reins, et avait du mal à croire à ce miracle. C'était comme si elle sortait d'un long engourdissement, si étrange que de loin il semblait n'être qu'un rêve, et qu'elle marchait à nouveau, vivante, libre, avec une force qui décuplait son inspiration. « Et toi, tu m'as. » Les mots de Charles ne l'avaient pas quittée de toute la soirée. Elle ferma les yeux. Créer son œuvre, à l'Opéra… Ce n'était qu'une folie. Et pourtant cette idée courait dans son corps comme ce plaisir qui l'irradiait encore de tous ses échos. Dieu sait pourtant si elle aimait cette chambre dans la chaleur de l'été mais elle voyait plus loin soudain, et la route, et l'horizon. Lui en coulisses, tapi dans l'ombre à espérer son triomphe. Elle bravant les interdits et écoutant sa musique résonner dans le théâtre. Un bonheur infini. Elle ne pouvait y croire.

Elle inspira l'oreiller et cette bonne odeur de plume qu'elle aimait à nouveau. Tout cela était bien réel. Le souffle de Charles devenait régulier et la pièce balançait doucement à son rythme. Pas un sifflement d'oiseau ne dérangeait la campagne. Elle n'entendait plus que cette pulsation folle dans ses veines, et ces violons triomphants qui la suivaient. Ce métronome n'était pas près de ralentir.

Elle sourit. Elle ne dormirait pas cette nuit.

6.

Berton l'évitait. Bien sûr tout aurait été pardonnable sauf cet amour secret qu'elle affichait et qui était le sien. Quand parfois contraint et forcé il se tournait vers elle, c'était avec des yeux creux, embués d'une telle jalousie qu'elle baissait la tête. Il souffrait. Seigneur, il souffrait, lui qui lui avait donné tant de preuves d'amour quand elle était sous terre ! Et que trouver à dire ? Même en trahissant Charles elle ne pourrait soulager sa peine.

Il lui fallait garder à nouveau ses distances. Cette perspective la blessait, surtout maintenant que Charles lui avait mis en tête ces projets fous. Berton était le mieux placé pour accepter une œuvre à l'Opéra, voire l'y diriger lui-même. Elle songeait à ce qu'aurait été leur complicité s'ils avaient partagé une création : il l'aurait conseillée, soutenue, portée. Par lui, tout aurait été réalisable. Mais cette porte s'était fermée. L'amour les avait séparés.

La situation de l'Opéra ne faisait que le miner davantage : *Alceste* poursuivait sa route incertaine, la recette était de plus de quatre mille livres chaque soir et le public se battait dans la salle. Il n'avait d'autre solution que de remettre en alternance *L'Union de l'Amour et des Arts* du jeune Floquet, seul ouvrage capable de lui tenir tête. Mais pour combien de temps encore ? Il n'en savait rien.

Enfin le signor Cambini se présenta avec une nouveauté, *Les Romans*, un ballet créé quarante ans plus tôt dont il avait réécrit la musique. Brusquement ranimé par cette création, Berton distribua Françoise et Henri dans l'acte de chevalerie, Mlle Laguerre dans la bergerie et Adélaïde et Joseph dans la féerie finale. Le déchiffrage leur parut facile, les airs agréables mais sans surprise. Cette musique ne reflétait qu'une élégante bonhomie presque futile face à l'intensité dramatique du Chevalier. Bien sûr le public avait montré avec la reprise de *Sylvie* qu'il pouvait encore se passionner pour des ouvrages légers, mais tous les excès étaient à craindre venant de l'orchestre : M. Gluck avait dû retourner d'urgence à Vienne au chevet de sa nièce malade et les musiciens, fidèles à leur maître dans l'épreuve, allaient sans doute s'ingénier à détruire au mieux la partition. Berton semblait ne même pas y penser. Il affichait une confiance absolue dans l'ouvrage. Adélaïde s'étonnait et s'inquiétait tour à tour sans oser lui parler.

C'est Joseph qui lui avoua la vérité. Le Chevalier n'avait pas rejoint sa nièce, il avait reçu la nouvelle de son décès ici même, à l'Opéra, et s'était écroulé devant Berton. Elle le regarda avec des yeux effarés. M. Gluck terrassé. Elle ne l'imaginait même pas. Mais son partenaire était formel : la jeune Marianne n'avait que seize ans, le musicien l'avait élevée comme sa fille et s'était soudain senti puni par Dieu. Il avait fait son mea culpa et promis d'écrire à l'orchestre pour que les lâchetés dont il avait usé contre Floquet ne se renouvellent pas. « Et tu le crois ? » faillit-elle lâcher tandis qu'elle le dévisageait sans un mot. Ce monstre d'orgueil avait trahi sans hésiter les lois d'une maison qui n'était pas la sienne et soulevé la guerre sous ses pas. Et voilà que devant la mort monsieur admettait que la gloire était vaine ? Il voulait oublier les jours de complots et de révérences, devenir humain ? C'était bien tard. La colère la submergeait. Joseph et Berton étaient trop naïfs, l'autre promettait une lettre et ils entrevoyaient la paix ! Mais on n'abattait pas un titan en le touchant au cœur ; il n'avait pas de cœur.

Elle préféra se sauver sans discuter et pressa Sébastien. Se laisser aller aux secousses de la voiture lui fit du bien. Elle aurait voulu que le cocher fouette ses chevaux, que le galop les emporte comme pour une de ces courses effrénées qui réunissaient de plus en plus de public dans la plaine des Sablons. Mais au contraire ils avaient à peine passé l'Hôpital que Sébastien ralentit et s'arrêta devant l'ancienne caserne des Mousquetaires Noirs qui le jouxtait. Il apparut aussitôt à la portière.

— On nous suit, madame, murmura-t-il. Un cavalier solitaire, qui ne cherche même pas à s'en cacher. Que voulez-vous que je fasse ? Vous m'avez demandé d'être attentif à ce que personne ne découvre la villa.

Exaspérée, elle descendit de voiture. L'homme n'attendait visiblement que cela et lança sa bête vers elle. Malgré l'épée au côté et l'uniforme des Gardes françaises, elle n'eut pas peur tant son sourire parlait pour lui.

— Mademoiselle Beaumesnil, permettez…

Ses fleurs étaient jolies. Elle les repoussa.

— Vous faites fausse route, il est inutile de vous adresser à moi et vous le sauriez si vous lisiez les journaux, monsieur… ?

— Armand de la Rouerie ! s'écria-t-il en sautant de cheval. Mademoiselle, je vous écris depuis un mois et vous ne me répondez pas !

D'un geste, il confia les rênes à Sébastien et se tourna vers elle. Sa moue enfantine sur ses manières de soldat était attendrissante. S'il avait vingt ans, il n'avait guère fait de chemin avec. Elle s'en voulut. C'était un peu sa faute, cette comédie. En quittant la vie galante elle avait reçu plus de lettres lui promettant monts et merveilles pour redevenir vivante qu'elle ne pouvait en lire et les avait jetées sans remords.

— Monsieur de la Rouerie, je suis désolée...

— Ne le soyez pas ! coupa-t-il d'un trait. Tout est oublié puisque je peux vous parler aujourd'hui. Laissez-moi m'expliquer. C'est mon oncle qui m'a amené à l'Opéra, il vous adore, et moi aussi en vous entendant je suis tombé sous votre charme ! Votre voix trahit si bien les qualités de votre cœur et la beauté de votre âme... Je vous aime, Adélaïde, je vous l'ai avoué vingt fois dans mes lettres ! Ma famille a du bien, je suis officier et j'attends d'une succession de quoi nous faire riches tous les deux.

Son exaltation l'amusa.

— En voilà, monsieur, une déclaration au beau milieu de la rue ! Vous avez peut-être un peu trop bu de ce vin de Bourgogne qu'on conserve dans les fûts alentour ?

— Non, je vous jure.

— Alors vous êtes un de ces jeunes fous qui rêvent d'Opéra pour devenir un homme ?

— Je ne sais pas, c'est sans importance, je n'ai qu'une question, une seule et devant moi vous devrez bien y répondre ! Adélaïde, voulez-vous m'épouser ?

Les mots l'étourdirent. Le lien sacré au-delà de tous les plaisirs. Ce rêve qu'elle avait écarté, ce rêve mort dans sa petite chambre aux fenêtres clouées. Le vent de novembre balaya la rue.

— Mais vous oubliez qui je suis, murmura-t-elle.

— Que m'importe ! s'écria-t-il en s'engouffrant dans sa détresse. On voit aujourd'hui de plus en plus de ces mariages qui défient les lois communes.

— Et qui sont aux yeux de tous des déshonneurs ! Monsieur de la Rouerie, vous finiriez par regretter votre décision, je vous deviendrais odieuse.

— Jamais, jamais !

Il avait saisi sa main et la porta à sa joue, avec cette dévotion qu'on prend à s'agenouiller devant Dieu dans la chapelle déserte. C'était une offrande aussi folle que la lettre de Charles qui l'avait bouleversée. Il lui tendait sa vie, humblement, lui qui ne devait rêver que de batailles et d'honneurs. Ses yeux noirs brillaient dans son visage fin. La tendresse la souleva, elle ne put s'empêcher de poser une main sur ses cheveux. Ce geste lui donna tous les droits. Il l'enlaça et la renversa sur son épaule. Elle sentit ses lèvres s'emparer d'elle, si avides, si intrépides qu'elle ne sut réagir. Et pourtant, le désir n'avait rien à voir avec ce flot qui voulait l'emporter de force. Son corps s'était échappé à l'instant. Les baisers de Charles la réchauffaient à cent lieues de là. Elle aurait pu le gifler ; elle se dégagea doucement.

— Armand, je ne peux pas.

— Taisez-vous, supplia-t-il.

— Non, je ne peux pas, ni vous embrasser, ni vous entendre, j'aime un homme de tout mon cœur...

— Mais vous l'oublierez !

— Sûrement pas ! Je l'aimerai longtemps encore et ne saurai le quitter. Armand, vous êtes un jeune homme adorable, vous méritez d'être heureux mais pas avec moi. C'est impossible.

Son beau sourire se figea. Il haletait, la bouche hargneuse comme un enfant perdu qui court droit devant lui pour oublier sa peine. Tout à coup, la dureté dans ses yeux lui fit peur. Ce trou béant qui les séparait, où leurs lèvres s'étaient jointes et ne pouvaient plus se comprendre, ressemblait au destin. Instinctivement, elle tendit les bras. Il recula.

— Oh, pas de pitié, Adélaïde, ne me regardez pas ainsi. Rendez-moi votre vrai visage, cette force de vie resplendissante sur la scène. Que je l'emporte, qu'elle remplisse l'éternité de mes jours et de mes nuits sans vous...

Il avait déjà sauté en selle. Elle le vit suivre au galop la rue de Charenton et passer devant la grille de la villa avant de disparaître. Son cœur s'arrêta. Et si Charles était sorti à cet instant ? S'il l'avait surprise dans les bras de ce fou, ployant sous ses baisers ? Dieu sait ce qu'il en aurait pensé. Cette soirée délicieuse lui parut soudain d'une fragilité insupportable. Le gravier fuyait sous ses talons. Même dans le feu de l'Opéra elle ne rêvait qu'à ces moments où elle retrouvait Charles et se blottissait contre lui. Une couverture sur les pieds, elle regardait la nuit tomber en l'écoutant raconter la terre bretonne de son enfance... L'église de Saint-Christophe-de-Valains où il avait laissé la tombe de sa femme, le manoir de la Bélinaye dressé devant la cour d'honneur avec son palier à balustres et ses deux pavillons asymétriques encadrant le corps central ; le parc qui descendait jusqu'aux détours de la Minette et le clapotis du ruisseau entre les pierres moussues ; enfin ce colombier rond qui lui rappelait irrésistiblement la Mauvesinière. C'était une sorte de parenté entre eux, un lien tendre. Quand il en venait aux légendes, Nanette s'attardait, tenant d'une main une assiette, de l'autre son ventre épanoui. Voilà ce qui la comblait, les histoires au goût de sorcellerie où la mort impertinente se jouait du bon Dieu, la statue de la Vierge miraculeuse, les guérisons inexpliquées et la forêt des Druides qui gardait ses secrets aux limites de Landéan. Ils riaient ensemble à son air joyeusement terrifié. Que ces soirées étaient douces ! Elle n'imaginait plus vivre sans elles. Un frisson la traversa.

— Pas un mot, Sébastien, n'est-ce pas ? lâcha-t-elle.

Elle regretta aussitôt ses paroles. Le cocher souriait. Comme s'il avait pu songer à la trahir, lui si fidèle, si dévoué ! Sa main se tendit comme un pardon et d'un geste sûr il l'aida à remonter en voiture.

*

Une lettre. Une simple lettre. Joseph et Berton l'attendirent pendant que la cabale préparait ses armes et que l'orchestre détruisait patiemment la partition. Ils l'attendaient encore à six heures quand Marie-Antoinette fit prévenir la salle qui l'attendait depuis une demi-heure qu'elle ne viendrait pas. Le message ne comportait aucune explication ; une reine n'a pas à se justifier.

Le rideau s'ouvrit sur *Les Romans* massacrés. Quatre cents personnes se présentèrent à la seconde représentation, moins à la troisième. Berton annonça pourtant le retrait d'*Alceste* et afficha l'opéra de M. Cambini pour l'été. Alors le public revint en foule et, talons au plancher, réclama le contraire toute la soirée. Il fallut baisser les bras.

En sortant de scène, Joseph lui tendit un pli cacheté.

— Tiens, c'est arrivé de Vienne cet après-midi.

Son visage disait assez sa désillusion. Elle le laissa s'éloigner avant de lire. Six lignes à peine et la signature du Chevalier avalait le reste du papier : « *Messieurs de l'orchestre de l'Académie royale de musique, on me dit que vous exécutez avec une perfection surprenante Alceste. Ce témoignage de votre amitié me touche. Je vous prie pourtant de mettre tout le soin possible pour faire réussir Les Romans de M. Cambini qui, outre ses talents, est fort honnête homme, ce qui est bien rare parmi nos confrères en ce siècle.* »

Elle claqua son éventail. Elle le croyait incapable d'écrire à l'orchestre ; il l'avait fait, trop tard. C'était pire. Impossible de savoir si les aléas de la poste avaient retardé son courrier à son insu ou s'il n'avait agi qu'en parfait hypocrite comme d'habitude. « Honnête », la belle qualité, si rare parmi les musiciens que lui-même ne la possédait pas ! Elle enrageait. En vérité M. Gluck n'était qu'un courtisan ; malgré son absence, son âme restait au cœur des intrigues. Sans doute n'en serait-il plus jamais autrement.

Elle en était là de son amertume quand Grétry la fit prévenir par son domestique : il lui donnait rendez-vous l'après-midi même au coin de la rue Charlot. Ce ton d'urgence piqua sa curiosité. Elle promit à Charles de rentrer vite. Ce n'était pas nécessaire.

— Avec Nanette pour cuisinière, ma chérie, je pourrais patienter une éternité.

Elle sourit à sa sincérité. Ses bottes ouvertes pendaient dans l'herbe et, le jabot dégrafé, il ressemblait à un buveur de taverne affalé sur sa table au milieu des gardénias.

— Cours voir ton M. Grétry, ajouta-t-il. Tu sais à quel point je crois à ton talent et je reste persuadé que grâce à lui tu accompliras de grandes choses.

Il hochait la tête, en visionnaire, avec un sourire confiant qui l'émut. Si elle n'avait pas déjà été habillée, elle se serait jetée dans ses bras. Elle lui envoya mille baisers du bout des lèvres et se sauva avec Sébastien, pas mécontente de retrouver un peu de cette vie parisienne qui commençait à lui manquer.

Le boulevard de la Bastille était large avec ses remblais sablonneux. Les voitures s'y croisaient librement sans gêner les passants et les chevaux heureux piaffaient dans le soleil. Mais dès qu'ils furent en vue des théâtres d'Audinot et de Nicolet ils durent ralentir. Les parades aux balcons attiraient la foule, les bancs étaient pris d'assaut et les loueurs de chaises couraient, l'œil aux aguets. La chaleur d'août avait séché la terre. Malgré l'arrosage qui passait deux fois par jour, la poussière volait et se fichait dans le fard. Il en fallait plus pour décourager les élégantes. Pour célébrer l'été la coiffure la plus à la mode était aussi la plus inconfortable : des fleurs piquées dans des bouteilles incurvées sur la tête, remplies d'eau, émergeaient comme par magie des cheveux blanchis de poudre. On disait que c'était le printemps qui sortait de la neige. On le disait et on souffrait.

Adélaïde se pencha à la portière en riant. La queue s'allongeait devant le cabinet des figures de cire de Curtius. Elle aperçut enfin le musicien qui lui faisait signe.

— Parfaitement à l'heure, Grétry, mais quelle mouche vous a piqué ? s'amusa-t-elle. Et le boulevard du Temple… Pourquoi ne pas m'avoir rejointe au café de la Régence ?

— Ah, je déteste, s'écria-t-il, c'est comme chez Procope, plein d'hommes qui ne songent qu'à noter qui entre et sort, et à quel bras ! Sans compter qu'on n'y fume pas ! Non, ma belle amie, pour une fois je vous propose la tanière d'un auteur d'opéras-comiques, un bon petit café des boulevards.

Il la fit sauter de voiture et l'entraîna. Dédaignant la boutique du limonadier Savrillat, ses liqueurs et son chocolat si prisé, il tourna sans hésiter dans une large cour. L'escalier descendait à une cave voûtée de pierre. Accoudés aux tables, les clients discutaient librement entre jeux d'échecs, de dames et de tric-trac. Dans un coin, de grosses lanternes ficelées à une poutre éclairaient une table de billard. Elle s'assit avec plaisir. Ce Café Turc était d'un exotisme rafraîchissant.

— Notre cher auteur ! s'exclama la grosse dame qui se précipitait. Voulez-vous du café ? Il est pour moi, tant que vous nous écrirez de beaux ouvrages !

Sa poitrine palpitante semblait prête à accepter aussi qu'il lui fasse de beaux enfants puisque ses *Mariages Samnites* triomphaient aux Italiens. Sans attendre de réponse elle se détourna d'Adélaïde avec un mépris jaloux. Mais Grétry n'y voyait rien, il ne songeait qu'à son secret d'État.

— Ma chère, le signor Piccinni va venir à Paris ! Personne n'est encore au courant. C'est mon ami Caraccioli, l'ambassadeur de Naples, qui me l'a appris ! Le roi lui a offert six mille livres de traitement et il sera là fin novembre !

Elle le dévisagea stupéfaite. M. Caraccioli avait déjà recommandé le compositeur à la cour et la du Barry, pour s'opposer à la dauphine, avait appuyé les négociations jusqu'à ce que la mort de Louis XV ne remette tout en question. Et voilà que l'Italien remontrait le bout de son nez… Grétry en sautait de joie sur sa chaise ! Mais qu'avaient-ils besoin de ce nouveau coup du sort pour alimenter la querelle ?

— Enfin Grétry, deux partis à l'Opéra ne vous suffisent donc pas, s'écria-t-elle, il vous en faut trois ! Et comment appellerez-vous ce nouveau bataillon ?

— Les Piccinnistes, lança-t-il pas loin d'en rire. Mais souriez, Adélaïde, que diable ! Il est aujourd'hui beaucoup de gens à Paris pour croire que seul un Italien puisse apporter une nouveauté digne de rivaliser avec le Chevalier. Le mépris des Gluckistes a assez duré, ce n'est pas vous qui me direz le contraire ?

Il était heureux, c'était insensé. Elle reconnaissait à peine son professeur si patient d'ordinaire. Il sentit son émotion et voulut lui tendre la main. La grosse dame lui coupa la route, le regard aussi noir que ses tasses ; mais il l'appelait Dame Carbot avec une douceur incomparable. Elle s'éloigna en roucoulant.

— Adélaïde, vous ne comprenez pas. Le maître logera chez moi, Marmontel lui fera travailler notre langue et lui écrira un livret, un parti se formera autour de nous pour préparer son premier opéra français… et il nous faudra une héroïne !

Elle réalisa enfin ce qu'il attendait d'elle. Dans un vertige, elle entrevit l'engrenage, l'Opéra semblable à cette salle de jeux où les couleurs s'affronteraient, les œuvres qu'on opposerait les unes aux autres, les condamnations, à la victoire, à la défaite. Le Chevalier n'avait pas seulement révolutionné la musique, il avait aussi galvanisé la passion de Paris. Le public était sorti de son hibernation et voulait frémir à cette émotion qui fait les chefs-d'œuvre.

— M. Piccinni n'acceptera peut-être pas cette confrontation, murmura-t-elle, après tout il n'a pas d'animosité particulière contre M. Gluck…

— Mais il espère la consécration du public parisien ! Ne croyez pas aux beaux sentiments, Adélaïde, l'estime que ces deux musiciens ont l'un pour l'autre ne tiendra pas les rênes de cette querelle, car c'est un cheval fou qui suit son destin.

— Oh, Grétry, mais pourquoi ne réécrivez-vous pas pour l'Opéra ? Un Français rétablirait la paix et nous sauverait de cette violence !

— Jamais ! s'écria-t-il dans une grimace. C'est fini et vous pouvez me croire, Adélaïde, plus jamais je n'affronterai ces petits amateurs qui ne connaissent rien à la musique et se permettent de diriger l'opinion ! Ah, les idées à la mode, les théories des encyclopédistes, de M. Rousseau et de M. de Grimm n'ont pas fait que du bien en proclamant la sensibilité comme seul juge de notre art... Cette évidence sentimentale qui prévaut sur tout, la belle affaire.

D'un geste il repoussa sa tasse et son amertume.

— Mais je suis d'accord avec vous, ces batailles sont déshonorantes pour la musique. C'est pourquoi il faut les finir. Tant qu'un homme de renommée internationale n'affrontera pas le Chevalier en face, il nous imposera des siècles de tyrannie. M. Piccinni va le faire et il aura besoin d'une actrice pour le servir... Sophie est perdue, vous le savez, tout le monde le sait, et M. Gluck a clairement montré sa préférence pour Rosalie avec *Alceste*. Vous devez prendre parti maintenant, ma chère. C'est d'autant plus important pour vous que si vous voulez un jour tenter l'Opéra avec votre œuvre, il vous faudra vous appuyer sur l'amour et le respect du public. C'est lui qui vous protégera, n'oubliez pas que vous n'êtes qu'une femme !

La surprise la cloua sur place. Il avait un sourire attendri. Ainsi lui aussi avait pensé à cela, même s'ils n'en avaient jamais parlé ! Brusquement, elle lut si bien dans ses yeux la confiance de Charles qu'elle céda.

— C'est entendu, Grétry, je serai à vos côtés, Piccinniste puisqu'il le faut...

Il laissa échapper un joyeux juron. Autour d'eux les joueurs sourirent, sûrs de leur entente. Avec la soirée qui s'annonçait lourde, les chopes circulaient plus vite, l'atmosphère commençait à s'enfumer.

— Dame Carbot, s'écria un homme à la table voisine, me v'là en veine ce soir, attends-toi à ce que je te rachète ta cave à l'aube avec tout ce qu'il y a dedans, toi y compris ! C'est la fortune qui te tend les bras !

Ils applaudirent ensemble comme un bon public. La grosse dame en rit et embrassa son fou, à tout hasard. Adélaïde sentit son cœur s'alléger. Cette comédie résonnait au rythme de la musique italienne. Elle serait volontiers restée des heures à ce concert, mais Charles l'attendait et Grétry devait rejoindre son théâtre.

Elle demanda à Sébastien de rentrer au pas pour profiter encore un peu des pitreries d'Arlequin et des montreurs de marionnettes. Le Vauxhall de Torré ouvrait ses portes ; il était méconnaissable à cette heure, sans sa foule bigarrée et ses illuminations de nuit. Le ciel tournait doucement aux ocres chauds, baignant Paris d'une lumière inattendue. Elle avait l'impression de regarder sa vie basculer dans ce changement de couleurs. Rencontrer Grétry, aimer Charles, déménager rue de Charenton lui avaient paru tout un cycle de bonheur. Et maintenant l'idée de triompher dans les opéras de M. Piccinni la bouleversait comme un aboutissement. Un parfum de roses emplit soudain la voiture. Les Filles de la Sagesse savaient comme personne transformer un jardin en œuvre d'art et leurs rosiers étaient si grands qu'ils dépassaient les hauts murs du couvent de Bethléem. Elle ne connaissait pas cette science. Ses framboisiers s'étaient tellement multipliés qu'ils attaquaient presque la grille.

Sur le tertre la berline avait disparu.

— Monsieur est parti pendant votre absence, expliqua Nanette, il a laissé une lettre au salon.

Son ventre tirait son tablier et elle s'était assise, le visage perlé de sueur. Adélaïde lui fit signe de ne pas se lever. Elle trouva le billet posé en évidence sur la cheminée : « *Ma chère âme, je dois te quitter. Mon neveu Armand m'a écrit de la Trappe où il s'est enfermé sur un coup de tête… une histoire de femme, dit-il, qui l'aurait refusé et qu'il aimait par-dessus tout! Mais je connais cet étourneau, il n'a pas dû s'enticher de la sagesse incarnée et il suffira de le faire parler pour le ramener à la raison. Pardonne-moi, mon amour, de t'abandonner ainsi mais je veux que la vie lui soit belle encore, et clairs les matins d'amour. Je n'en ai que pour quelques jours. Promets-moi de ne pas m'oublier, ton Charles.* »

Le soleil éblouit le carreau. La Trappe. Le monastère le plus isolé de France. Une prison pour celui qui à vingt ans rêvait de batailles! Elle revoyait si bien ce désespoir dans ses yeux quand il avait sauté en selle! Si seulement il n'avait pas parlé d'un oncle qui adorait sa voix… Il aurait suffi d'un mot de plus, d'un nom et tout aurait été simple!

Elle se rattrapa à la fenêtre. La chaise longue paressait sous les marronniers, à cette place même où elle n'avait pas embrassé Charles tout à l'heure… Mais pourquoi ne l'avait-elle pas embrassé? Pourquoi était-elle partie ainsi? Ce baiser lui semblait affreusement important tout à coup, une de ces signifiances si chères aux Bretons. Son cœur explosait dans sa poitrine. Dieu que cet homme comptait pour elle! Jamais, jamais elle ne supporterait de le perdre lui aussi!

— Sébastien!

Elle avait crié. Il était là, un genou au sol. Elle s'appuya à lui sans pudeur. Si Charles interrogeait Armand, il en viendrait aux aveux. Ces deux-là se ressemblaient, même passion, même fureur d'aimer. Elle ne pouvait attendre les bras croisés qu'ils se jalousent.

— Sébastien, il faut partir pour la Trappe, tout de suite.

— C'est impossible, murmura-t-il. La voiture ne tiendra pas et d'ici trois heures la nuit va tomber.

Il hésita, une main sur sa poitrine comme au jour de mariage quand il avait prêté serment.

— Mais si nous avions une berline, madame, nous partirions à l'aube!

Elle faillit l'embrasser et se rua vers le secrétaire. Deux billets, vite écrits. Berton ne refuserait pas de la remplacer et Madeleine leur trouverait bien une solution. Sébastien disparut avec ces messages tandis qu'elle préparait une malle avec Nanette. Le bonheur de l'après-midi, l'enthousiasme de Grétry, leurs rires dans cette cave rafraîchissante lui paraissaient si loin qu'elle avait l'impression d'avoir rêvé. Elle ne pensait qu'à Charles, Charles au salon dans sa bergère, Charles montant l'escalier soudé à elle, sa barbe caressante, ses mains tremblantes de désir… Tout ceci n'était qu'un malentendu. Il saurait dénouer ce nœud comme il savait dénouer toute chose. Alors elle avouerait ce qu'elle n'avait pas dit en quatre mois de bonheur. Armand comprendrait, il les bénirait, ils reviendraient ensemble tous les trois. Elle allait d'une fenêtre à l'autre, tournant en rond malgré la chaleur qui écrasait la campagne. Pas un gramme de vent ne soulageait les grands arbres. Elle ne put dormir une seconde et finit par s'allonger sur son lit, un oreiller en travers de la poitrine.

À cinq heures le gravier crissa sous le poids des voitures. Madeleine sauta d'une lourde berline noire à quatre chevaux. Adélaïde s'attendait si peu à la voir qu'elle se jeta dans ses bras. La danseuse feignit la curiosité, courut dans les pièces et voulut tout savoir, à commencer par le nom de cet homme qui la condamnait à rentrer en fiacre à l'aube, en femme perdue ! Mais Adélaïde la connaissait trop bien désormais. Elle embrassa son amie. Laisser Nanette entre ses mains était la seule certitude rassurante dans cette aventure.

Le soleil se levait. Sébastien chargea la malle. Lui non plus n'avait pas dormi, pourtant il était prêt. L'émotion la saisit. Sur les marches de la berline elle se retourna.

La maison avait oublié ses teintes orangées. La découpe de ses cheminées trouait le ciel pâle comme une silhouette de papier léger. Madeleine et Nanette se tenaient côte à côte dans ce décor immobile, la danseuse menue et la servante au ventre rond, souriante quand bien même on lui enlevait son mari à l'heure de la délivrance. Elles levèrent la main. Le signe d'amour, pour garder les siens du mauvais sort.

Adélaïde s'engouffra dans la voiture les larmes aux yeux. Au diable les convenances, c'était le ciel qu'elle remerciait de lui avoir donné ces petits bouts de femmes résistantes et ce gaillard au courage de Gascon qui fouettait ses chevaux.

La route serait longue mais ils étaient deux.

7.

L'aube était humide. Chauffé à la flamme de son four, bras nus, l'homme semblait s'en moquer. Il tendit à Sébastien deux galettes au sel.

— Ah, pour sûr, monsieur, vous allez vous perdre dans cette forêt de la Trappe ! Un nombre infini de chemins s'amusent à vous dérouter, combien y sont morts ! À croire que c'est un endroit maudit.

Il se signa rapidement.

— C'est presque incroyable que ses seuls habitants soient des moines, et des plus intègres encore.

— La vie dans l'abbaye est donc très austère ? demanda Sébastien.

— Pour ça oui ! Autrefois il n'y avait que cinq ou six vauriens qui arrêtaient les villageois pour jouer à la boule avec eux, faisaient venir les filles dans leur cloître et leurs chevaux jusque dans le chapitre. Mais depuis que monsieur l'abbé a pris les choses en main, oubliés les plaisirs ! Les moines ne sortent plus de chez eux que pour pêcher dans l'étang. Ils prient toute la journée, se nourrissent de poisson, des légumes et des fruits de leurs terres.

À voir ses joues rondes, ce régime ne semblait pas fait pour lui. Adélaïde sourit à la portière. Le boulanger s'inclina et fit aussitôt signe à son apprenti d'aller lui chercher quelque chose.

— Mais ici, où sommes-nous ? demanda-t-elle.

— À Tourouvre, madame, à quatre lieues de Mortagne.

Son geste embrassa le paysage. Le bourg n'était pas bien grand. L'église se détachait à peine des maisons sous son haut toit pentu. Au-delà la plaine s'étendait verdoyante sur cette région qui avait offert tant d'hommes et de femmes téméraires à l'aventure du Nouveau Monde.

— Je dois me rendre à l'abbaye, expliqua Adélaïde, savez-vous si elle est ouverte à cette heure ?

Le bonhomme éclata franchement de rire.

— Ah, six heures et demie, c'est une heure pour la campagne, madame, et plus encore pour un moine ! C'est qu'ils se lèvent tous à une heure du matin, ceux-là, pour aller prier aux matines et ceux qui les ont vus, Dieu me pardonne, en ont eu la chair de poule. Imaginez soixante religieux, en cortège dans la nuit, une lampe flottant au gré de leurs litanies ! Ensuite ils se recouchent mais sont debout pour la grand-messe de sept heures...

— Votre petit apprenti pourrait m'y conduire ? coupa-t-elle en remerciant l'enfant qui revenait avec ses chaussons chauds.

— C'est que j'ai besoin de lui, madame, et puis c'est dangereux là-bas avec les marais ! Onze étangs entourent l'abbaye et la rendent presque inaccessible. Je ne voudrais pas qu'il se perde avec vous.

— Vous préféreriez sans doute qu'il vous rapporte cinq livres ?

— Jean, vas-y tout de suite ! s'écria-t-il content. Il faut mener cette dame à la Trappe.

— Nous vous le ramènerons dans la matinée, promit-elle, mon affaire ne sera pas longue à régler.

— Ah, pour ça, vous ne m'étonnez guère ! Les dames là-bas, on ne les laisse même pas entrer !

Elle sursauta.

— Mais il doit bien y avoir un parloir, ou…

— Non madame, appuya le boulanger, le peuple peut se rendre à l'abbaye pour la messe, mais pas les femmes. Une messe spéciale est dite pour elles dans la petite chapelle Sainte-Marguerite de la première cour. C'est la règle ! Elles pénètrent dans les communs pour la cuisine et le blanchissage, elles ne vont jamais plus loin.

Il se mordit la lèvre soudain, conscient d'avoir raté cinq livres. Le petit s'était immobilisé devant la voiture. Les chevaux lui plaisaient et il aurait aimé être du voyage. Elle hésita. L'instinct l'avait poussée jusque-là, elle devait voir Charles et rien ni personne ne pourrait l'en empêcher.

— Partons tout de même, ordonna-t-elle.

Le cocher souleva le gamin et le posa près de lui. Heureux de sa liberté, l'enfant rit de bon cœur. La berline s'ébranla. Ils contournèrent les maisons au pas avant de suivre la route de la forêt. Elle ne cessait de penser à cette histoire d'interdiction. Si elle l'avait réalisée plus tôt, elle aurait pu emprunter les vêtements de Sébastien. Il en était peut-être encore temps dans la voiture ? Elle s'imagina en bas blancs dans les grosses chaussures carrées, avec sa culotte et son habit à boutons. Comme Charles aurait aimé cet épouvantail ! Son rire en cascades traversa la voiture. Non, de telles histoires n'étaient bonnes qu'au théâtre. Elle le ferait prévenir et il sortirait. De toute façon, il n'avait qu'une nuit d'avance ; sans doute n'avait-il même pas parlé à Armand.

Elle s'enfonça dans les coussins. À l'approche des étangs l'humidité du sous-bois était saisissante. Un brouillard opaque emportait de minuscules insectes qui collaient à la peau. L'été ne semblait pas pénétrer sous ces arbres, si hauts qu'on apercevait à peine le ciel, en taches mouvantes et sans couleur. Entre les troncs serrés les chemins se croisaient comme un labyrinthe, mais l'enfant s'en moquait ; il était maître en ces lieux, criant, tête au vent, commandant mille choses aux chevaux. C'était son défilé. Les courtisans s'inclinaient et il saluait d'un côté, de l'autre, attentif à ne pas perdre sa couronne.

Les deux coups de feu éclatèrent presque en même temps. Des nuées d'oiseaux s'envolèrent. Elle se redressa, folle de terreur.

— Sébastien, Sébastien !

La voiture fit un bond en avant et oscilla, happée au sol par le tapis de feuilles pourries. Les chevaux soufflèrent d'impuissance. Elle s'accrocha au montant de la portière. Sa tête heurta le bois, la douleur s'infiltra jusque dans sa nuque. Loin, très loin, elle entendait l'enfant sangloter. Pauvre petit, il avait oublié ses rêves et sa belle comédie. Ces arbres étaient une armée qui se refermait sur eux pour mieux les enterrer. Jamais ils ne verraient le bout de cette forêt maudite.

Enfin le clocher émergea de la pénombre. Aussitôt le rideau d'arbres s'écarta, découvrant la clairière et l'eau immobile à l'horizon. Le chemin s'élargissait. Ils pénétrèrent au galop dans les bâtiments de l'avant-cour, butèrent sur le porche aussi majestueux qu'un arc de triomphe. Elle sauta de voiture et se jeta vers la grille.

Les pelouses s'étalaient en triangles. Au-delà de leur trèfle bienheureux l'église dressait son portail dentelé comme un triptyque. Quatre moines couraient. Il y avait un corps à terre.

Un duel… elle ne pouvait le croire. Aucun son ne sortait de sa gorge. Un duel à l'aube, en païens, comme à Paris aux barrières des boulevards ! Comment deux hommes censés avaient-ils décidé d'une chose pareille sous le regard de Dieu ? Le galop d'un cheval la fit sursauter. La silhouette disparut d'un trait vers l'étang, mince, légère. Elle hurla enfin :

— Charles, non, non… par pitié !

Mais ces moines n'entendaient rien. Elle suppliait et ils se sauvaient, pliés en deux sous le poids de leur fardeau. Le corps tressautait entre leurs bras. Ses jambes se dérobèrent.

Cette statue de la Vierge au-dessus de sa tête n'intercédait que pour les trappistes. Ce lieu de miséricorde ne lui accorderait aucune grâce.

— Madame…

Sébastien l'avait rattrapée. Elle s'abandonna contre lui. Ne plus respirer. Ne rien savoir. Peut-on mourir sur une prière ?

— Madame, ne pleurez pas, ce ne sont peut-être pas eux ! Nous ne les avons vus ni l'un ni l'autre ! Et puis il y a une autre porte là-bas, nous trouverons quelqu'un. Vous entrerez, madame, je vous le promets !

Il l'emportait déjà dans la voiture. Les chevaux renâclèrent à se remettre en route, effrayés par l'odeur de la poudre. Près d'elle, la couverture trembla. Une petite tignasse blonde en sortit. Elle se calma d'un coup et enlaça l'enfant. Il faudrait lui donner des pièces comme il n'en avait jamais eu. Pour rien au monde il ne devait parler.

La porte était minuscule, elle bénit Sébastien de l'avoir aperçue. Mais dès qu'il frappa au judas un moine ouvrit, en bure beige et cravate de coton, une calotte posée sur sa perruque courte.

— L'abbé dom Chambon va vous recevoir, madame, déclara-t-il. Je peux vous conduire au vestibule où l'on accueille les hôtes de passage, mais c'est dans l'enceinte et seules les princesses de sang royal y ont accès. Me donnez-vous ici votre parole de ne pas en sortir ?

Elle s'attendait si peu à ce discours qu'elle promit sans hésiter. La grande cour carrée, plantée d'arbres fruitiers, ressemblait à une île au milieu de cette forêt dense avec son gravier clair et ses parfums de sucre. Il n'y avait pas âme qui vive. Seul l'envol d'un oiseau ici et là dérangeait le silence. Sous un auvent elle aperçut la berline verte et retint un cri.

— Je m'occupe du petit, murmura Sébastien, je vous attends…

La porte qui se refermait les sépara. Elle s'obligea à suivre le pas tranquille du portier dans les couloirs immaculés. Son cœur se soulevait au balancement de sa bure. Enfin il la laissa dans une grande pièce vide. À peine quelques fagots de bois s'entassaient dans un coin. Ignorant les inscriptions en latin sur la muraille, elle pénétra dans la cellule attenante.

Sans doute était-ce là que Charles avait dormi. Les larmes lui brûlaient les yeux. Une couchette de bois et sa couverture piquée, une petite table, un bougeoir. Aucune trace de vie. Les cadres se suivaient au mur : « On supplie très humblement ceux que la divine providence conduira dans ce monastère de trouver bon… », disait le premier. Les suivants réclamaient le silence à tout moment, des célébrations religieuses aux activités manuelles. Il était interdit d'entrer dans la cellule des autres, de se promener entre onze heures et midi, ou de bâiller aux matines. Pas un mot ne concernait les femmes. La divine providence ne les attendait pas.

— Madame de la Bélinaye ?

La question la cloua au sol.

— Bien sûr, vous n'êtes pas son épouse, murmura l'abbé comme s'il l'avait toujours su. Madame, je suis étonné que deux hommes qui s'aimaient hier se soient battus ce matin, mais j'imagine sans peine que vous êtes la cause de leur querelle.

Elle fit face à son ironie. Son regard clair la désarma. Il avait une soixantaine d'années, le visage pâle, presque ascétique. L'aube flottait autour de lui comme une armure sacrée mais il n'y avait ni jugement ni méchanceté dans ses yeux ; rien qu'un peu de curiosité. Sans doute était-ce la première fois qu'il voyait un démon d'aussi près.

— Nous pensions tous qu'Armand de la Rouerie ne resterait pas parmi nous, avoua-t-il, il n'était venu nous rejoindre que par dépit amoureux mais pendant ces quelques semaines nous l'avons apprécié.

— Alors sauvez-le, mon père ! Paris est loin, qu'est-ce ici que ce duel, sous le regard de vos moines et de cette forêt plus silencieuse qu'une tombe ?

Elle cherchait en vain à retenir dans sa voix cette passion qui le rebutait. Son visage s'était fermé, aussi lisse que les murs de chaux qui enserraient sa vie.

— Vous oubliez, madame, que si ce duel a eu peu de témoins il va avoir des conséquences…

— M. de la Bélinaye se taira, coupa-t-elle, son geste était une folie et je l'aurais empêché si j'étais arrivée plus tôt !

— Ce n'est pas ce dont je vous parle.

Le monstre, elle ne le savait que trop. Elle dut s'asseoir sur la couchette. C'était impossible, Dieu n'était pas si cruel.

— Cet homme n'accusera pas son neveu, avec ou sans vous, madame, assura-t-il. Le Seigneur nous a confié son âme. La balle a touché le poumon, il est mourant.

L'éclair illumina ces murs blancs comme neige. Tout son corps se glaça. Voilà la force qui l'avait entraînée jusque-là. Ne le savait-elle pas depuis trois jours ? Charles allait mourir, son Charles à elle, si bon, si drôle, si sensible, qui l'avait comblée dans l'ombre… Il l'avait aimée plus que sa vie, il la perdait par sa faute, pour un rien, un hasard au cœur de leurs existences ! La rage et la douleur l'étranglèrent.

— Je l'ai aimé… je voulais l'aimer… toujours…

— Je vous crois, murmura-t-il en posant une main sur son épaule.

— Et je n'ai pas eu le temps de lui dire ! Conduisez-moi près de lui, mon père, je vous en supplie, ne serait-ce qu'un instant.

— C'est impossible, madame. L'infirmerie est dans l'enceinte et les femmes n'y ont pas accès.

Un rire nerveux la souleva. Elle rejeta sa main généreuse. Cet abbé était donc sourd, fier comme la justice, portant haut sa bannière bénie. Mais où était son Dieu de miséricorde ? Le regardait-il seulement dans les yeux quand il le priait sans remords ?

— Un homme se meurt et vous fermez sa porte... Voilà toute votre belle charité chrétienne ! N'écouter que les règles établies auxquelles tout doit se plier, le temps, le silence, le bien et le mal chacun son fossé...

Sa voix résonnait sous la voûte à l'en étourdir. Il recula.

— Mais le Seigneur ne vous commande-t-il pas l'amour ? hurla-t-elle. C'est lui qui m'a amenée ici. Ouvrez les yeux ! J'aime Charles, et lui aussi m'aime, comment pouvez-vous séparer ce que Dieu lui-même a uni ? Si j'avais été sa femme, vous ne m'auriez pas refusé son dernier souffle !

La rage l'emporta. D'un geste elle balaya les cadres au mur et leurs interdictions. Les verres se brisèrent dans un bruit d'enfer.

— D'ailleurs qui vous donne plus de droits que moi en ces lieux ? Votre costume ? Votre fonction, que vous avez achetée, comme tous vos privilèges...

— Vous blasphémez, madame !

Il se signa trois fois les yeux au ciel. Elle n'entendait plus. Elle courait. Où pouvait être cette infirmerie ? Comment la trouver dans ce dédale de porches, de sentiers, de bâtiments ? L'immense grille luisante de tentacules lui coupa la route. La foi de cet abbé était aussi solide qu'elle, rien ne la renverserait.

— Charles !

Son cri traversa la forêt. Les arbres frémirent, fiers de leur mutisme. Personne ne lui porterait secours ici. Il n'y avait pas de deus ex machina, pas de décors tombant du ciel ni de dieux indulgents pour aider les mortels. Il lui fallait rebrousser chemin, quitter cette cour fermée, revenir au portier et son trousseau de paradis.

Le chœur s'éleva d'un coup. La strophe était longue et les voix multiples. Elles se turent ensemble comme si un seul homme avait décidé d'elles.

— Chant grégorien, les pauses permettent de méditer sur la vérité des psaumes.

L'abbé l'avait rejointe le pas tranquille. Il savait bien qu'elle ne sortirait pas de cette prison.

— Chanter est la plus belle des prières, madame. N'oubliez pas que Dieu ne demande qu'à nous pardonner.

Elle tomba à genoux. Qu'osait-il ordonner sans savoir ? Charles allait mourir à quelques mètres d'elle derrière des murs sacrés, ces murs où elle avait failli être enfermée autrefois. Mourir en pécheur, une arme à la main, lui qui avait mené une vie honnête et généreuse ! Cette injustice n'était pas digne de lui. Quelqu'un devait prier pour son âme. Ne devrait-elle faire qu'une chose dans l'éternité de vie qui lui restait, c'était celle-là. Et demander pardon, de ne pas avoir parlé plus tôt, d'avoir laissé des souvenirs gâcher son bonheur. Jamais elle n'avait aimé Philippe comme elle avait aimé Charles. Quels que soient les mots qu'elle puisse trouver désormais, elle ne pouvait les confier qu'à Dieu. Elle ne chanterait plus, n'écrirait plus ; ses rêves n'étaient qu'une illusion. La vente de la maison rue Pavée lui rapporterait assez d'argent pour que les sœurs du couvent de Faremoutiers l'accueillent sans mépris. Mlle de Villars et la Beaumesnil ne feraient plus qu'une.

— Adieu, Charles, je t'ai aimé…

Elle releva la tête, lança son serment aux nuages.

— Je t'ai aimé de tout mon cœur, je le jure devant Dieu !

Le chant des moines revint à l'instant. L'écho du chœur prit possession du ciel et toute l'abbaye résonna comme une quinte sous l'archet. Elle ferma les yeux. La paix l'avait envahie. Et la brume embrassa ses larmes.

8.

Les larges paniers s'ébouriffaient au sortir des carrosses. Élégantes et curieux du parterre s'attardaient dans le vestibule où les courants se heurtaient en vagues courtoises, pour un soir complices.

— La reine a promis sa venue…

— Pour soutenir Sophie ou pour assister à sa fin, allez savoir ?

On riait sous l'éventail au dernier mot de l'abbé Galiani, qui avait qualifié l'actrice du « plus bel asthme » jamais entendu. La pauvre avait dépensé une fortune pour se protéger du pire mais c'était sans espoir.

Adélaïde s'appuya à une colonne. Elle avait été folle de présumer de ses forces pour assister à cette représentation. C'était absurde de vouloir respirer une dernière fois l'air de ce théâtre et partir au bras de Sophie, même si sa mort était aussi la sienne. Elle se détourna. Trop tard, Rosalie fondait sur elle dressée sur ses ergots.

— Beaumesnil, ma chère, quelle pâleur ! Es-tu malade ou seulement prête à t'évanouir pour notre petite camarade ? Oh, vous étiez donc si proches ! Alors voilà où étaient passées tes amours secrètes, tu étais devenue Tribade toi aussi ! Pour ma part, vois-tu, je préfère les hommes et cela me réussit…

Elle lorgnait vulgairement le comte de Mercy-Argenteau. Avec son aigrette de plumes, on aurait dit un de ces volatiles de basse-cour qui paradent par hoquets, secouant leur crête ridicule. Adélaïde ne put répondre. Le sol tanguait doucement.

Mlle Duthé passa son coude sous le sien.

— Pour aimer les hommes, Rosalie, on te connaît, dit-elle, mais pour ce qui est de tes préférences, elles sont plus discrètes et c'est dommage.

L'autre se figea. Ses joues s'enflammèrent sous le fard. Elle ouvrit la bouche, se noya dans le silence et tourna les talons. Déjà elle gagnait l'escalier du côté du roi pour rejoindre son amant.

— Je sais, mon soutien est inespéré, reconnut Mlle Duthé, mais ne me remerciez pas, j'avais un compte à régler avec cette peste.

Son regard s'arrêta sur les cernes que la poudre ne cachait pas.

— Ah ça, mais je ne vous avais vue que de dos ! s'écria-t-elle. Pas étonnant que Rosalie s'en soit donné à cœur joie ! Êtes-vous folle de paraître ainsi en public, et à l'Opéra encore. Pourquoi pas à la cour devant le roi ?!

Adélaïde sourit. Elle se sentait si faible qu'elle n'espérait plus qu'un siège. La Duthé l'entraîna, se frayant un chemin à coups d'éventail, le menton provocant pour deux. Elle la poussa dans sa loge et la dévisagea avec attention. Il lui fallait au moins un indice pour le prix de tant d'efforts. Que lui avouer ? Que la mise à mort ne l'intéressait pas, qu'elle n'était venue que pour embrasser ceux qu'elle aimait et partir dignement, que sa carrière finissait là ?

Mais cette petite voix dans sa tête voulait absolument parler.

— Que savez-vous des amours de Rosalie ? lâcha-t-elle.

La courtisane éclata de rire.

— Ah ça, vous semblez plus morte que vive mais la vengeance vous intéresse encore ! À la bonne heure, je vous échangerai mon secret si vous voulez. Que m'offrez-vous ?

— Je ne sais pas, avoua Adélaïde, qu'est-ce qui vous intéresse ?

— L'argent. Et comme il n'y a que les hommes pour me le donner, les hommes aussi, en conséquence, mais seulement en conséquence.

— Trois cents livres.

La jeune femme la toisa, ravie.

— Trois cents livres, mon prix pour une nuit ordinaire, allons, cela me reposera ! La demoiselle a un amant de cœur, le Paillasse du théâtre de Nicolet. Mercy-Argenteau risquerait de moins l'aimer s'il savait que celui qui le fait cocu et vit de son argent le croise chaque nuit dans l'entrée !

Les applaudissements dus à la reine saluèrent fort à propos sa tirade. Adélaïde en profita pour ne pas répondre. La honte lui mordait le visage. Conclure ce marché, à l'heure du départ, du renoncement, quand elle s'était promis de vouer sa vie à la prière et de se détacher de tout ! N'était-ce pas assez de passer une robe d'apparat quand elle aurait voulu porter le deuil ? Elle se sentait parjure. Heureusement, la salle qui faisait semblant d'applaudir attendait sa reine à elle, sa reine déchue. Personne ne semblait vouloir se taire, même au premier rang des loges. Les musiciens s'accordèrent dans un brouhaha scandaleux. Pas une note de l'ouverture ne fut écoutée, pas plus que l'invocation d'Agamemnon pourtant tant aimée. Mais quand Calchas déclama « la victime s'avance », le silence tomba.

Sophie parut en scène, pâle et consentante, prête au sacrifice avec Iphigénie. Elle s'était couverte de diamants comme on souhaite mourir dans de beaux draps. À l'instant même où elle ouvrit la bouche les Gluckistes sifflèrent. Elle ne cilla même pas, les doigts crochetés au volant de gaze, plus blancs que le tissu. Seule la petite veine de son cou battait dans la lumière. La salle frémit. Son indulgence avait été si grande pour l'enfant chérie. Mais Sophie s'épuisait. Elle ne gérait plus son air, ses sons baissaient, perdaient leur justesse, s'enrouaient presque. Elle tenta discrètement de s'éclaircir la gorge. Le timbre disparut dans le grave.

La salle n'attendait que cela. Une plaisanterie fusa, et sa réponse immonde. Les échos ricochèrent. Le public s'était trouvé. Il dressait un mur sans pitié devant l'actrice. Chacune de ses inspirations trouvait sa réponse dans les huées. Le parterre lui-même l'abandonna, entonna ses phrases et en rit. Le courage agrandissait ses yeux gris. Elle souffrait au supplice, les bras ouverts comme un christ en croix, et Adélaïde avec elle sur sa chaise, d'une douleur si grande qu'elle aurait pu hurler sur place.

Et soudain la reine lâcha ses gants et applaudit à tout rompre. La salle grogna, stupéfaite. Le respect la contraignait au silence.

— Je n'aurais pas cru que Marie-Antoinette en ferait tant pour une cause perdue, s'amusa la Duthé. Voilà le public muselé… et la mise à mort renvoyée à plus tard!

Elle n'était pas loin d'en rire. Mais les Parisiens serraient les dents. Tout leur revenait en mémoire, les absences, les caprices et les plaisanteries blessantes, le mensonge sur le mot sacré de mariage et le scandale affiché au bras de Mlle Virginie. Ils avaient décidé de l'heure de la vengeance; personne ne pouvait les en priver et sûrement pas une femme, fût-elle reine de France.

Sophie se tournait vers Joseph, les larmes aux yeux. Pour la première fois de sa vie, elle ne cherchait plus à séduire, elle jouait divinement. Sa voix trembla sur les mots qu'Achille ne méritait pas:

— Oui, vous brûlez que je ne sois partie…

Ce fut une étincelle. Un battement de mains solitaire au paradis et une traînée de poudre. En une seconde, la salle lui coupa la parole, sans une injure. C'était un tonnerre d'applaudissements comme elle n'en avait jamais connu. Oui, elle brûlait qu'elle soit partie, oui, elle brûlait qu'elle parte. Le désaveu était sans appel.

Adélaïde ne put en supporter davantage. Elle se leva et sortit de la loge en courant. Le garde effaré lui ouvrit la porte sans poser de questions. Il y avait dans les coulisses un silence de mort. Tout le monde assistait au carnage historique. Sur la loge de Sophie le nom de Rosalie Levasseur avait été tracé de biais, à la craie. Elle arracha son mouchoir de col et frotta. Les lettres se brouillèrent en une tache infâme.

Alors elle attendit.

Il n'y eut ni rires étouffés ni bavardages au sortir de scène. La porte s'ouvrit et se referma aussitôt. Sophie s'y adossa, les bras croisés sur sa poitrine. Il lui faudrait se protéger seule désormais, elle le savait, c'est le lot des pauvres, de ceux qui ont tout perdu. Son regard se posa sur Adélaïde tandis qu'elle restait là sans respirer, un temps infini pour ne pas revenir à l'inconcevable. Enfin elle lâcha d'un trait, d'une voix qui ne tremblait plus :

— Ils m'ont chassée, c'est à toi de te battre maintenant.

Adélaïde secoua la tête. Comment raconter d'un mot le drame, la culpabilité et toute cette détresse qui lui nouait la gorge.

— Sophie, je ne peux pas, murmura-t-elle, c'est pour cela que je suis venue, pour t'offrir mon bras et partir avec toi…

— Ton bras ? s'offusqua l'autre comme si quelque chose pouvait encore la vexer. Mais je n'ai que faire de ton bras, est-ce qu'on porte un mort ailleurs qu'en terre ? Et puis j'ai toujours eu celui d'un homme pour me garder du ridicule, ce soir il n'en sera pas autrement ! Tu n'as rien à t'approprier, petite voleuse, ni mon châtiment, ni ma disgrâce. C'est ma place, je te la donne, tu n'as pas à la refuser !

Elle se redressa, outrée devant la maudite qui manquait à sa plus belle promesse, celle faite à une mourante.

— Rester, c'est ton devoir de double, l'ordre naturel des choses. Je t'ai tout de même fait attendre dix ans pour cela !

— Je ne peux pas rester, répéta Adélaïde, Charles est mort… mort sous mes yeux, seul, le cœur plein de rancune ! Jamais je ne me le pardonnerai !

— Je comprends, il te sera difficile d'oublier.

— Mais je ne veux pas oublier, je veux expier !

Elle tremblait. Les grands arbres l'entouraient, indifférents à ces deux coups de feu qui déchiraient ses nuits. L'actrice la dévisagea.

— Expier… est-ce là un si joli mot que tu prennes tant de plaisir à t'y convertir ? Laisse-moi te dire qu'il ne t'appartient pas, qu'il existe dans tous les dictionnaires, à sa place et sans oriflammes, tout près d'expirer. Expier, pauvre folle, mais à quoi veux-tu donc te condamner toi-même ?

— Je vais entrer au couvent.

Sophie ne bougeait pas. Son visage s'était détendu, sa bouche molle s'entrouvrait. Elle qui avait pleuré avec Iphigénie avait les yeux secs. Et brusquement ses joues rougirent comme des braises. Elle l'agrippa et la souleva de terre. Les coups pleuvaient sur Adélaïde comme elle n'en avait jamais connus.

— Au couvent, espèce de garce ! Au couvent, vraiment… C'était bien la peine de me faire subir ta jeunesse et ton talent, de gagner le public contre moi, et la du Barry, et le duc de Chartres, pour m'abandonner au moment où j'ai besoin de toi en petite fille sage qui a retrouvé sa vocation !

— Je ne t'abandonne pas, Sophie, le passé est le passé, c'était notre chemin.

— Alors pourquoi l'as-tu pris ?

L'autre la menottait méchamment. Elle hésita. Sa vie refusait de défiler sous ses yeux comme elle sait si bien le faire, dit-on, à l'heure dernière.

— Parce que je ne savais pas qu'un jour…

— Un jour quoi ? coupa Sophie. Tu deviendrais assez lâche pour tout abandonner au seuil même de la chance ? Tout le monde sait que le signor Piccinni doit gagner Paris, qu'il lui faudra une héroïne face à Rosalie. Elle est devant toi, la bataille, Adélaïde, et tu me la dois. Partir pour toi, pas pour cette fille, c'est mon dernier honneur...

Deux larmes surgirent dans ses yeux. Elle se décomposait. Elle était laide, elle était vieille, elle s'oubliait.

— Et tes amis, peux-tu leur tourner le dos sans remords ? Françoise, Madeleine, Joseph, Berton qui t'aime tant... Et celui à qui tu dois tout, celui qui t'a faite un jour glacé de novembre où tu n'avais plus rien, le public, ton public, Adélaïde ! Vas-tu l'expier aussi, dans ton couvent où l'on prie les courants d'air comme si le Bon Dieu avait le temps de s'y promener ?

— Assez !

Le cri lui fit mal. Elle n'en pouvait plus de recevoir ces vérités comme des soufflets. Où s'était-elle trompée ? Charles lui-même ne l'aurait pas voulue déloyale.

— Assez, je t'en prie, supplia-t-elle.

— Ouvre les yeux, petite, et vois que les fantômes n'existent pas...

Sophie se tut. Elle aurait tant à en côtoyer demain, de ces esprits encombrants dans la grande maison désertée. Oubliés la mode, l'argent, les caprices et ce fol imprévu qui fait croire au bonheur. Ce combat ne lui offrait que la vieillesse.

Adélaïde l'enlaça. Comment vivre sans cette attente excitante, ces instants en suspens où l'on écoute venir la musique derrière la toile, cette seconde magnifique où un seul pas dans la lumière vous transporte dans un autre monde ? Personne ne pouvait imaginer cette mort-là sans l'avoir affrontée.

La cascade de boucles roula sur son épaule. Sophie soupira. Sa dernière victoire.

— Alors venge-moi, murmura-t-elle.

*

Impossible de voir quoi que ce soit dans cette obscurité, mais rien qu'à tâter ses paupières gonflées elle sentait que ses yeux resteraient rouges longtemps. Pas question que quiconque la surprenne ainsi. Elle sortit sur la pointe des pieds de la loge de Sophie et se glissa sans bruit dans la sienne.

L'atmosphère chaude de la petite pièce la happa. Le parfum de Françoise y flottait encore. Elle l'aspira doucement, immobile, le cœur étreint en songeant que ce soir aurait pu être le dernier. Autour d'elle les meubles reprenaient forme, le paravent, le poêle, les deux chaises côte à côte. L'ombre se détacha du mur.

— Ne dis rien !

L'homme l'avait déjà bâillonnée. Son visage disparaissait presque entièrement entre le col de son manteau et son chapeau, et pourtant son étreinte la rassura. Ainsi il était vivant, les journaux avaient dit vrai qui le surnommaient l'évadé de la Trappe. « Armand… » lâcha-t-elle malgré elle. Il se méprit sur sa détresse et l'enlaça. Aussitôt elle retrouva cette inconscience dans ses bras qui l'avait surprise la première fois sous le soleil de la rue de Charenton. La rancune la submergea. Il n'était qu'un enfant gâté. Quelle idée de se battre avec le comte de Bourbon-Busset dans sa fuite ! L'ami d'enfance du roi était dans un état critique, toutes les polices de France couraient à ses trousses et Louis XVI ne songeait qu'à le pendre. L'affaire avait de quoi séduire Paris et Versailles : leurs noms s'étalaient en première page des journaux avec l'aventure de la Trappe. La dispute de l'oncle et du neveu autour de ses charmes faisait vibrer les lecteurs, on lui prêtait mille perfidies, faisant marcher le vieux sur la tête, lui souriant à la porte tandis que le jeune se sauvait par la fenêtre… Seul le duel aux portes de l'abbaye était passé sous silence. Les moines n'avaient pas parlé finalement, le petit boulanger non plus. Elle l'avait assez payé.

— Pourquoi es-tu venu ? Tu es recherché, tu n'aurais pas dû prendre ce risque ! jeta-t-elle en se dégageant de ses bras.

— Il fallait que je m'explique, murmura-t-il, j'ai voulu te laisser une lettre mais il y avait une femme dans ta loge, j'ai dû me cacher.

Ils se tutoyaient. C'était une folie. Comme s'ils continuaient une conversation commencée depuis des lustres. Elle le regarda fermer la porte, allumer une bougie et resta saisie devant son visage. Il jouait sa vie et seul son pardon lui importait. Dieu, comment n'avait-elle pas vu sa ressemblance avec Charles ?

— Adélaïde, je ne sais pas ce qui s'est passé ! s'écria-t-il brusquement. J'adore mon oncle mais quand il a parlé de toi, nous avons perdu la tête ! Nous ne pouvions nous rencontrer qu'à l'extérieur, nos pas s'embourbaient dans ce sol détrempé comme des sables mouvants, par colère je l'ai provoqué et il s'est retourné… J'ai cru que c'était pour me prendre au mot, j'ai tiré… Je te jure que je ne voulais pas cela !

— Armand…

— Non, ne dis rien, pas maintenant… Je sais que tu m'en veux mais tout va s'arranger, je vais me racheter, à ses yeux, aux yeux de tous !

Sa voix s'était envolée. Quelqu'un s'arrêta dans le couloir. Il souffla la bougie et l'attira tendrement, à cette place même qu'elle avait quittée. Elle écoutait son cœur plein de fougue battre contre le sien, hébétée. Se pouvait-il que pas un instant il n'ait envisagé les conséquences de son geste ? Que sa culpabilité lui soit si insupportable qu'il préfère la fuite à la vérité ? Elle l'avait vu sauter à cheval et disparaître sans une hésitation. Le désespoir l'étranglait. D'où aurait-elle osé lui faire des reproches ? Il ne s'était battu que pour elle.

— Attends-moi, je t'en supplie, murmurait-il. Je pars pour l'Amérique et je m'illustrerai au combat, tu verras. C'est tête haute que je rentrerai à la cour pour t'épouser ! Oui, je t'épouserai, Adélaïde, je t'en fais le serment…

Sa voix hoquetait sous ses baisers. Il l'embrassait et elle retrouvait les bras de Charles, la nuit chaude sur la maison, les échos de la Seine par les fenêtres ouvertes. Au mot d'Amérique tout son corps s'était apaisé. Il fallait qu'il parte, que rien ne le retienne. Ainsi il ne reviendrait pas.

— Va, j'ai peur pour toi, murmura-t-elle.

Il n'entendit qu'un aveu et la serra follement. Son visage s'enfouit dans son cou comme au plus fort de la passion. Elle s'abandonna. Ne rien dire, du drame, de la mort. Ne pas avouer que l'image de Charles remplirait ses yeux jusqu'à son dernier instant, qu'elle ne saurait plus aimer, qu'à jamais elle serait seule.

Elle le poussa vers la porte. La lumière les éblouit. Il y avait du bruit, tout près. Il rabattit son chapeau et disparut.

Alors elle embrassa le vide.

— Pardon, Charles…

Elle pleurait.

9.

M. Piccinni arriva à Paris fin novembre. Des semaines de voyage dans le froid l'avaient épuisé et il passait ses journées prostré devant le feu. Adélaïde décida d'attendre un peu avant de lui rendre visite chez Grétry.

Elle connaissait trop ce sentiment d'impuissance. Elle avait beau se répéter que Charles était mort, son corps peinait à chaque instant. Parfois un timbre grave, une barbe aperçue dans la foule la faisaient sursauter. Elle restait en suspens quelques secondes, puis lâchait prise et devait s'asseoir, les larmes au bord des yeux.

Par bonheur personne n'était venu la déloger de la maison, ni courrier ni clerc. Charles avait sans doute payé l'année d'avance. La neige avait recouvert son jardin, les champs avoisinants et les toits des chantiers, formant un tapis blanc jusqu'à la Seine. Sur les rives le travail devenait pénible et les rues boueuses, mais cet espace immaculé flottait autour d'elle comme un cocon. Pour rien au monde elle n'aurait voulu le quitter. Au salon, le tableau de M. Pujos gardait sa lumière d'été. Il la réchauffait.

D'ailleurs elle n'avait touché à rien. Les affaires de Charles restaient à leur place comme s'il était parti en voyage et aucune nouvelle d'Armand ne venait troubler ce sentiment.

Le jeune homme avait échappé aux recherches sans que l'on puisse savoir s'il avait pu embarquer ou non pour l'Amérique. L'affaire s'oubliait, personne ne s'intéressait plus aux frasques du jeune comte de la Rouerie. Ainsi la vie avait repris un cours tranquille. Elle n'avait pas revu le duc de Chartres et la location de la maison qu'il lui avait offerte rue Pavée la sauvait des bras de qui que ce soit d'autre. Simplement l'envie de composer l'avait abandonnée. Ses oreilles n'entendaient plus rien. À peine essayait-elle de commencer une phrase sur une idée, un intervalle, que celle-ci perdait tout élan. Elle n'osait même plus s'asseoir au clavier tant cette sensation d'être dans une impasse la désespérait.

Sans Charles tout lui manquait, sans doute parce que tout lui semblait vide de sens, même ce besoin d'écrire qu'elle avait cru si profondément ancré en elle. Elle en venait presque à redouter la rencontre avec M. Piccinni. Mais l'Italien allait mieux, il s'était mis au travail et Joseph la pressait de l'accompagner chez Grétry. Elle ne sut refuser.

La rue Poissonnière, si large à l'extérieur du Boulevard, se rétrécissait vite en entrant dans Paris. Tôt le matin les marchands de marée l'empruntaient avec leurs charrettes pour rejoindre la Halle aux poissons, mais à cette heure les débits de vin avaient déjà ouvert leurs portes. Les tonneaux encombraient les pavés. Le moindre pouce volé soulevait des disputes. Au milieu de ce vacarme, des violonistes sortaient du bureau de leur corporation, au coin de la rue Saint-Vincent, et venaient jouer devant les boutiques en espérant trouver un contrat pour la soirée. La foule s'attroupait, les carrosses ne passaient qu'au pas et les chevaux trépignaient, les oreilles frémissantes aux sons aigres des cordes.

Adélaïde préféra sauter de voiture. Les relents de vin lui soulevaient le cœur et elle se sentait de plus en plus à l'étroit dans cette atmosphère parisienne, bruyante et animée. De toute façon, le petit immeuble où logeait Grétry était à quelques pas. Il ressemblait à un hôtel particulier avec son balcon et ses ferrures ouvragées. Joseph tout excité faisait les cent pas devant la porte cochère. Grétry les attendait de pied ferme lui aussi et, un doigt sur les lèvres, poussa doucement la porte du salon.

M. Piccinni devait avoir une cinquantaine d'années. Les flammes éclairaient son visage pâle, anguleux, et sa stature frêle sous la couverture. Debout devant lui, Marmontel déclamait des vers en battant la mesure du pied et en traçant dans l'air la courbe de sa voix. Le maître suivait le jeu du menton comme un enfant. Le tableau était si saisissant qu'ils s'arrêtèrent sur le seuil.

— Monsieur Joseph Legros, de l'Opéra, et sa partenaire mademoiselle Beaumesnil, votre héroïne ! s'exclama Grétry.

M. Piccinni se leva aussitôt. Bien qu'il ne soit pas très grand, une sorte de poids mystérieux semblait l'empêcher de se déplier normalement. Il baisa la main d'Adélaïde en marmonnant quelques mots de français incompréhensibles, éclata de rire et reprit le tout en italien. Ses yeux brillaient. Elle lui sourit sans savoir que dire. D'instinct elle trouvait cet homme adorable, bien élevé et incapable de tenir tête au Chevalier. Les intrigues n'étaient pas faites pour lui, il s'envolerait à la première bourrasque.

Marmontel pensait tout le contraire. Il savait qu'un compositeur ne connaissant rien à leur langue serait rejeté d'avance et qu'il n'avait que quelques mois pour lui apprendre le français… C'était un pari en soi et le poète était joueur. Au diable la grammaire, il ne visait que le rythme et l'intonation des phrases, en dessinant ces lignes, ces pics et ces accents que M. Lully avait crayonnés autrefois sur la voix de la Champmeslé. La déclamation et la prosodie. Tout était là. La mélodie italienne, elle, ne pouvait que séduire. Elle apportait avec elle ce naturel qui au-delà de la virtuosité créait l'émotion. Loin des recherches du Chevalier sur la symbolique des instruments et les effets sonores elle n'était qu'une arabesque, charmeuse et élégante comme l'avait été la musique de M. Lully.

Elle acquiesça sans un mot et laissa sa place à Joseph. Le haute-contre enthousiaste proposa d'improviser sur les phrases de Marmontel. L'un se mit à chanter, l'autre dansait à ses inflexions. Le maître éclata de rire. Dans la rue la cadence réussie d'un violon souleva des applaudissements. Elle s'en voulut de ne pas être au diapason.

Grétry sentit son désarroi et l'attira vers la fenêtre.

— Voyons Adélaïde, pour l'instant M. Piccinni est malade, un peu perdu, mais il va reprendre des forces.

— Assez de forces pour abattre un tyran armé par la reine ? lâcha-t-elle sans le vouloir.

— Oh, ne dis pas cela ! Marie-Antoinette aime son ancien maître et voudra le défendre, bien sûr, mais jamais elle ne desservira l'Italien.

Il se redressait comme si elle l'avait vexé. Elle se tut par amitié. La reine faisait ce qu'elle voulait désormais, sans se préoccuper de la morale ou des conséquences financières. Elle avait pratiquement provoqué une rébellion générale en s'entichant du Premier Danseur du théâtre de Naples et en lui offrant huit mille livres pour rester à l'Opéra. Heureusement qu'il en gagnait trente mille chez lui et avait refusé ! Quant aux vingt mille livres promises à M. Noverre pour le nommer officiellement maître de Ballet, elles avaient tant dégoûté M. de la Ferté que, refusant d'attendre Pâques comme il l'avait promis au roi, il s'était enfui en laissant *Orphée* et *Iphigénie* à l'affiche. Les Gluckistes pavoisaient.

Grétry n'était pas prêt à entendre ces vérités.

— Tu as tort, insistait-il, Marie-Antoinette n'a pas toujours conscience de ce qu'elle fait et sa générosité peut être mal interprétée, mais elle n'est ni méchante ni partisane. Vois comme elle s'est rendue au Concert Spirituel pour soutenir Joseph.

Le haute-contre se retourna en entendant son nom.

— C'est vrai, nous avons joué deux symphonies de M. Gossec, *La Sortie d'Égypte* de M. Rigel et trois concerti, et elle m'a félicité de ce programme avec infiniment de gentillesse…

Il resplendissait. Prendre la direction de cette société de concerts prestigieux aux Tuileries lui avait donné une assurance nouvelle. Le Concert Spirituel était le seul à Paris avec le Concert des Amateurs à fonctionner par souscriptions, ouvrant ses portes à un large public, et l'orchestre y était excellent. Veiller sur son avenir, faire entendre de la musique nouvelle et changer les goûts du public lui apportaient enfin autre chose que sa carrière de chanteur. C'était la première fois qu'Adélaïde le voyait si heureux depuis l'échec de son opéra.

— Cesse de t'inquiéter, reprit-il en passant un bras autour de ses épaules, le talent du signor Piccinni va s'imposer de lui-même ! Alors M. Gluck ne régnera plus sur Paris et la capitale oubliera ses envies absurdes de querelles. D'ailleurs le jeune Floquet s'est décidé à rentrer de Naples, son Te Deum y a connu un véritable succès et je vais l'afficher.

— Quelle bonne nouvelle ! s'exclama Grétry. Quoi de plus motivant que la perspective d'une première pour un compositeur ? Mon ami, pourquoi ne pas proposer le Concert Spirituel à Adélaïde ? Elle cesserait de tourner en rond avec ses airs et se lancerait dans une œuvre d'une plus grande envergure…

— Tu ne m'as pas dit que tu composais ?

Joseph ouvrit de grands yeux.

— Je… je n'en ai pas eu l'occasion, murmura-t-elle sans oser lui rappeler son silence lors d'*Hylas et Églé*.

— Tu aurais dû, j'en suis très heureux ! Le Concert est à ta disposition, évidemment, quand tu le souhaites.

Grétry applaudit à tout rompre. Il savait que depuis la mort de Charles elle cherchait en vain l'inspiration. Elle baissa les yeux sous son regard appuyé. Cette promesse de création parisienne était un rêve. La tête lui tournait. Elle avait de plus en plus souvent de ces vertiges inattendus. Mais la porte s'ouvrait et une petite fille se précipita.

— Il y a concert, papa ?

Sa mère parut sur le seuil pour l'excuser. Ses deux autres filles se collèrent à sa jupe. Le maître qui écoutait sans comprendre sourit.

— Lucile aime la musique, elle est très douée, dit fièrement Grétry.

L'enfant se blottit contre lui. À quatre ans, blonde, elle avait des yeux immenses. Ses sœurs Jenny et Antoinette étaient tout aussi jolies. À la naissance de la petite dernière, Grétry avait été nommé directeur de la Musique de la Reine et lui avait naturellement donné son prénom, tandis que celle-ci acceptait d'être sa marraine. Elle marchait à peine, en somnambule, les bras tendus, mais sa détermination était amusante. Brusquement elle lâcha la robe de sa mère, fit trois pas droit devant elle et buta sur le tapis. Adélaïde dut se pencher pour la rattraper.

Ses oreilles bourdonnèrent. Un essaim en colère, l'entraînant dans sa course. La pièce se renversa. L'odeur poussiéreuse du plancher.

Un coup à sa tempe.

L'obscurité.

L'instant suivant la lumière avait changé. Les rideaux tirés offraient une douce pénombre. Elle était allongée sur un lit, sa robe délacée. Tous avaient disparu sauf Jeanne Grandon qui lui souriait. La femme de Grétry avait un visage rond, adorable, toujours rougissant. Derrière elle, sur le mur lambrissé de bleu, un pastel représentait le musicien et ses filles ; c'était une de ses plus jolies œuvres.

— Vous sentez-vous mieux, ma chère ? murmura-t-elle. Tout le monde a eu peur, je n'ai jamais vu mon mari s'affoler ainsi ! Vous ne devriez peut-être pas sortir dans votre état ?

Elle prit sa main et la tapota gentiment. Sa voix était douce comme celle d'un ange. Au pied du chevalet s'étalaient dessins en attente et pastels soigneusement rangés par couleurs. La bonne odeur de cire emplissait la chambre. Les bruits de la rue s'oubliaient, elles étaient seules au monde.

Adélaïde ne pouvait répondre. La vérité balançait doucement au gré de sa nausée. Anéantie par la mort de Charles, ni la fatigue ni l'arrêt des menstruations ne l'avaient inquiétée. Depuis trois mois elle ne songeait qu'à ce hasard diabolique qui avait croisé sa route pour mieux lui voler son bonheur. Les légendes bretonnes débordent de ce traître-là. Il est des rencontres qu'il ne faut pas faire ou il ne vous reste qu'à préparer votre belle mort, les affaires en ordre et les draps blancs.

Elle ferma les yeux. C'était tant d'espoir et de crainte à la fois. Mais Jeanne Grandon se penchait, complice.

— Voyons, n'êtes-vous pas heureuse d'être enceinte ?

*

Attendre un enfant était miraculeux. Attendre un enfant de Charles l'était plus encore. Chaque jour en regardant son ventre s'arrondir elle retenait son souffle. Pas une alerte, pas une douleur, même en février quand une chaleur incroyable envahit Paris. Un soir une gerbe de lumière semblable à la queue d'une comète sortit du couchant pour former un arc lumineux de près de 150 degrés, éclairant l'horizon d'une grande aurore boréale. Les savants s'interrogeaient, le peuple se signait et les femmes enceintes gardaient le lit. Elle continuait d'aller et venir, légère, sans se préoccuper de cette apocalypse prédite par certains. C'est la nuit que l'inquiétude la réveillait. Elle ouvrait les yeux affolée à l'odeur du sang séché et se figeait, le temps de prendre conscience du drap sec et de la peau souple sous ses doigts ; puis venait le sursaut délicieux. L'enfant avait fait son nid, il l'aimait comme elle aimait cette maison dans la douceur du printemps. Chacun de ses mouvements la sidérait. Une onde de plaisir inconnu la traversait. Jamais un son n'avait trouvé dans son corps de telles résonances… et bercée par elles, elle retrouvait les envolées musicales et l'envie de les écrire.

Berton n'était pas pour rien dans cette renaissance. Elle lui avait tout avoué, la mort de Charles et son besoin de composer. Il avait ouvert les bras sans un reproche. Simplement une parenthèse s'était refermée, leurs routes s'étaient rejointes. Malgré sa douleur, elle devait reconnaître qu'elle en était heureuse. Régulièrement il écoutait ses essais et critiquait avec son indulgence habituelle. Quand il apprit ses liens avec Grétry il la supplia : il y avait longtemps qu'il voulait tenter une reprise de *Céphale et Procris* et la désertion de M. de la Ferté lui laissait toute liberté, mais Grétry avait juré de ne jamais remettre les pieds à l'Opéra. Seule Adélaïde pouvait le convaincre !

L'idée lui sembla merveilleuse. Cette musique grisante de légèreté, le rôle de Procris, sa brillance étaient exactement ce dont elle avait besoin. Grétry séduit finit par capituler. L'accueil chaleureux que lui réserva le public le récompensa largement de sa décision. Vingt-six représentations qu'Adélaïde assura avec le plus grand plaisir ! La beauté de l'ouvrage était enfin reconnue et elle se sentait revivre. Chaque soir ces arpèges virtuoses qu'elle adorait la faisaient frissonner. Ils crurent tous au succès. Ils avaient oublié que Pâques était un ultimatum.

Le roi devait remplacer M. de la Ferté. En même temps, il ne voulait plus entendre parler d'eux. Il se contenta donc de confier l'affaire au ministre de Paris… qui nomma son cousin germain M. de Vougny. Ils avaient craint n'importe quel dilettante : celui-là était un Gluckiste acharné, bien décidé à éliminer tous les rivaux du Chevalier. Sa première mesure fut d'interrompre *Céphale et Procris*. Du jour au lendemain, Grétry se trouva renvoyé de l'Opéra, sans explications, avec le même mépris que la première fois ! C'était scandaleux. Touché, le compositeur s'enferma quelques jours chez lui sans voir personne. Adélaïde prenait de ses nouvelles par l'intermédiaire de Jeanne. La jeune femme était confiante, son mari était plus fort que ces querelles absurdes et reviendrait vite à de bons sentiments. De toute façon, il n'y avait rien à dire. M. de Vougny, fier de ses pleins pouvoirs, avait déjà réaffiché *Iphigénie*.

Ainsi la capitale attendit dignement son maître. *Armide* devait être créée dans l'été. Le parti français n'espérait plus qu'en Étienne Floquet pour s'opposer à lui : son Te Deum était programmé pour le 29 mai au Concert Spirituel. Adélaïde pensait avoir le temps d'y assister mais Françoise poussa les hauts cris. Pas question de voir les douleurs la prendre n'importe où et d'être obligé de la transporter d'urgence dans l'officine parisienne d'une sage-femme plus ou moins propre, ou pire, à l'Office des accouchées de l'Hôtel-Dieu !

— Sais-tu qu'il y a là-bas un décès pour quinze accouchements ? ajouta-t-elle avec une grimace éloquente. Tu restes là. La sage-femme n'est pas loin, elle est compétente et n'attend qu'un mot de Sébastien pour accourir. Joseph parlera pour toi à Étienne Floquet et nous viendrons en fiacre, après le concert, pour tout te raconter.

Adélaïde ne répliqua pas. Son amie avait raison, mener une grossesse à terme après deux fausses-couches était déjà inespéré. D'ailleurs Berton lui avait obtenu une gratification royale pour remplacer ces deux mois d'appointements qui ne pouvaient lui être payés sans représentation effective et elle quitta l'Opéra mi-mai. Il faisait beau à n'y pas croire. Le jardin commençait à retrouver son foisonnement d'été et la maison, avec sa ceinture de capucines en boutons, ses teintes orangées qu'elle adorait. Sa layette était prête. Elle coupait des fleurs en bouquets, aidait Nanette aux confitures de mûres et le reste du temps se consacrait à la composition.

La perspective du Concert Spirituel était tellement excitante ! Avec Grétry, elle avait décidé du sujet de son oratorio : *Anacréon*. Le destin du poète grec tiraillé entre Bacchus et l'Amour l'inspirait. Son style devenait homogène, les pièces s'organisaient, trouvaient des liens imprévus. Parfois en relevant les yeux du clavecin il lui semblait voir Charles dans sa bergère, à cette place même où elle se pelotonnait contre lui l'an passé. Alors elle portait les mains à son ventre et l'enfant qui la malmenait joyeusement retenait ses larmes. Il allait vivre, ce soleil prometteur ne pouvait mentir ; et M. Floquet retrouverait la gloire parce qu'il le méritait.

Ce 29 mai, elle tourna en rond dès le matin. Le concert était à six heures et elle n'attendait pas ses amis avant la tombée de la nuit. Quand elle entendit la voiture sur le gravier, si tôt, elle sut que tout était perdu.

Joseph entra le premier, la mine défaite. Il brassait l'air à deux bras comme si les mots l'étouffaient.

— Si tu avais vu cette cohue ! La police a dû intervenir. Des centaines de personnes sont restées dans le jardin des Tuileries à attendre le verdict.

— C'était prévisible, avança-t-elle doucement, Tout-Paris espérait ce retour…

— Et a été horriblement déçu ! s'écria-t-il. Plus de fraîcheur de style, plus rien de cette spontanéité française qui le caractérisait ! Que nous a offert M. Floquet ? Une œuvre longue, quelconque, médiocre, avec des thèmes entiers empruntés à d'autres ! Du vol à l'étalage, voilà ce que nous avons entendu, fort bien orchestré ceci étant !

Françoise posa une main apaisante sur son bras.

— C'était terrible, murmura-t-elle, les gens sont sortis sans un mot, comme si quelqu'un était mort dans la salle.

— L'opéra français n'a plus de descendant, voilà tout, coupa-t-il.

Adélaïde se sentit soudain affreusement lourde.

— Tu lui as parlé ?

Il nia de la tête. Il s'en voulait presque d'avoir offert son aide au jeune homme. Elle voulait le consoler et ne trouvait rien à dire. Il ne s'agissait pas d'une simple déception. Leur seul espoir désormais était italien, c'était déshonorant. Elle fit signe à Nanette d'apporter des rafraîchissements. La douleur la saisit là sans prévenir. Une crampe énorme, intolérable au creux des reins, à lui couper le souffle. Son corps entier se suspendit dans l'air comme l'arc prêt à tirer. Et brusquement tout s'évanouit. Elle retomba sans forces sur le fauteuil.

Françoise se précipita, glissa ses mains dans les siennes et attendit. La contraction les traversa ensemble.

— Sébastien, allez chercher la matrone, tout de suite! ordonna-t-elle. Nanette, il faut la monter.

Joseph s'était levé. Il n'y eut pas de discussion possible, il voulut la porter lui-même dans l'escalier. Il semblait avoir oublié sa colère et la veillait à petits regards inquiets, de marche en marche. Nanette ouvrait le lit, Françoise parlait sans arrêt. Adélaïde sourit. Ils s'agitaient autour d'elle comme des abeilles autour de leur reine. Elle entendait sur ce ballet des traits de doubles-croches et un hautbois virevoltant. Presto giocoso. Elle aurait pu l'écrire les yeux fermés. Mais déjà Joseph disparaissait dans un baiser. Elle s'abandonna avec confiance aux mains de Nanette.

La sage-femme ne tarda pas. Elle n'était guère bavarde. Les oreillers redressés, un coussin sous les reins, elle l'oublia pendant des heures. Pourtant les contractions se rapprochaient. Adélaïde gémissait malgré elle à leur rythme infernal. Le linge humide que Nanette posait régulièrement sur son visage ne lui apportait que quelques secondes de répit. La chaleur avait pris possession de son corps, la soulevait par vagues de plus en plus fortes. Elle ne réussissait à les supporter qu'en roulant d'un côté à l'autre du matelas et en hurlant n'importe quoi, des sons monstrueux, pour résister. La vieille ne sursautait même pas à ses plaintes. Elle sommeillait près de la fenêtre. La nuit était tombée. On n'entendait plus un bruit sur la campagne. Et tout à coup elle se réveilla, releva ses manches et lança ses ordres à travers la pièce.

C'était l'heure de la bataille. Adélaïde se redressa. Françoise et Nanette lui écartaient les genoux, la maintenaient fermement. L'onde rougeoyante était devenue continue. L'immense point culminant de la douleur. La vieille fourrageait en elle. Elle ne s'en sentait que plus à la merci du destin. Le visage de Charles tremblait dans l'ombre. Imaginait-il cette force qui l'écartelait sans pitié ? En avait-il supporté tant sur sa couchette de fortune quand il avait regardé la mort en face ? Oh, si seulement il avait su que cet enfant était le sien…

Elle hurla. Le bébé avait glissé d'elle d'un seul mouvement. Il ressemblait à un monstre d'image pieuse avec son cordon qui lui pendait du ventre. La sage-femme le plongea dans le baquet, le ressortit vite pour le frictionner. Une petite fille. Inerte. Les cheveux collés sur son teint terreux. La vieille la malmenait, tête en bas, tapant sur les pieds. L'eau, encore l'eau. La chaleur écrasait la chambre.

Elle serra les poings dans le drap trempé. Que fallait-il donc donner dans cette vie pour contrer la fatalité si toute cette prière qui la submergeait n'y suffisait pas ? Elle avait envie d'hurler. Elle aurait tué cette sorcière s'il l'avait fallu.

Mais l'œil s'était ouvert. Il regardait le monde, battit deux fois, étonné. Un frisson parcourut le petit corps ensanglanté. Et brusquement son cri déchira la nuit.

— Élisabeth…

Elle tendit les bras. Elle n'y avait pas songé avant et tout lui paraissait simple. Elle enverrait Sébastien à la Mauvesinière, il joindrait sa tante de n'importe quelle façon. Son père avait eu une idée merveilleuse autrefois avec cette histoire de costumes paysans. Élisabeth saurait pour la petite. Il fallait qu'elle sache.

Le bébé s'était tu en touchant sa poitrine. Elle le regardait, sidérée d'être en vie alors que son cœur s'était arrêté. Ses petites lèvres se tordaient dans tous les sens en un discours mystérieux. Des sourires, des reproches, de la colère… Elle eut envie de rire soudain. Encore un petit oiseau qui n'en ferait qu'à sa tête.

— Françoise, tu seras sa marraine, murmura-t-elle, et Joseph son parrain, il me l'a promis.

Son amie hocha la tête. Elle pleurait.

— Nanette…

— Taisez-vous, madame, coupa la petite servante, vous savez bien que pour Sébastien et moi il ne faut vous inquiéter de rien.

Elle tenait encore sa main. Pas une seconde elle ne l'avait abandonnée. Adélaïde l'embrassa. Quoi qu'il arrive, ces deux-là resteraient près d'elle. Ses amis aussi. Grétry la soutiendrait, Berton lui ouvrirait les portes. La route se dessinait. Quelles que soient les embûches elle la suivrait. Elle devait cela à Charles, c'était sa vie, son cœur qui battait dans ce petit bout pour rester à ses côtés, toujours. Il avait eu tellement confiance en elle. Elle ne pouvait le décevoir. Elle trouverait le courage d'écrire son œuvre et de balayer les convenances. Elle la défendrait aux yeux de tous pour la porter jusqu'à l'Opéra.

Un enfant est une certitude. Une certitude blottie au creux des bras.

10.

En attendant l'*Armide* de M. Gluck, Paris se pressa tout l'été à la Comédie-Française pour *Gabrielle de Vergy*: le chevalier Fayel y découvrait l'amour de sa belle pour M. de Coucy, égorgeait son rival, lui arrachait le cœur et le plaçait dans une coupe que des servantes ouvraient complaisamment au public chacune leur tour avant de le servir à un festin qui empoisonnait l'héroïne.

M. Voltaire eut mal au cœur. « Les Français auront bientôt un nouveau genre tragique, la tragédie exécrable ! » prédit-il. Mais le succès de Mlle Vestris et de ses spasmes était phénoménal. On ne se rendait au spectacle que pour s'y évanouir. Une caricature représenta une femme sortie inconsciente du théâtre :

— *C'est cette maudite tragédie, sans doute ? Vous n'y reviendrez plus ?*

— *Pardonnez-moi, je l'aime beaucoup, je n'en ai pas manqué une représentation et j'espère m'y faire, les accès commencent à diminuer…*

— *J'admire votre courage, madame !*

C'est dans cette folie sanglante que Marmontel lança le premier coup de canon de la bataille d'*Armide*. Son *Essai sur les révolutions de la musique* établissait sans conteste la supériorité de la musique italienne. Chaque jour qui suivit vit paraître une réponse. M. de Vougny se frottait les mains, la polémique remplirait les caisses si le succès n'y suffisait pas. M. Gluck avait obtenu de la reine deux mois entiers de répétition et la promesse que si un artiste était malade le jour de la première le programme serait modifié, qu'on jouerait n'importe quoi, qu'au pire on fermerait le théâtre en remboursant mais que pas une note d'*Armide* ne serait mise en péril. C'était assez dire combien son ouvrage était exceptionnel.

Berton en était effaré. Cette faiblesse que le musicien avait montrée à la mort de sa nièce semblait s'être envolée ; pour l'éternité M. Gluck était redevenu le monstre d'orgueil qu'il avait toujours été. Adélaïde n'en attendait pas plus de lui. Cela la touchait à peine. Élisabeth dormait au berceau et grandissait doucement dans la maison chérie. Toutes ses prières étaient exaucées.

La lettre ramenée par Sébastien l'avait rassurée. Pour ne pas se laisser aller à l'émotion, sa tante avait écrit quatre pages de nouvelles en lignes serrées : la petite Madelon s'était mariée à un fermier du domaine, elle avait sept enfants tous plus intrépides les uns que les autres. Le parc n'avait pas changé avec ses arbres centenaires et sous leur protection la maison restait debout, malgré une aile qui penchait un peu et quelques tuiles envolées à sa toiture. Certains volets ne fermaient plus qu'avec une bonne dose de volonté et la pierre qui s'effritait çà et là laissait toute victoire aux mousses envahissantes. La Mauvesinière avait la petite vérole et ne guérissait pas. Quant au colombier, il s'était écroulé. On ne l'avait pas reconstruit. Tous ces détails remplissaient sa vie, par ailleurs si monotone entre la mauvaise santé de messire de Villars et les exigences toujours plus grandes d'Antoinette. Sa sœur lui avait interdit de chanter à la messe comme à la maison, et même de toucher au clavecin. La musique n'avait pas résonné une seule fois à la Mauvesinière depuis leur retour. La punition était douloureuse, même si lui permettre de rester là après ce qu'elle avait fait était d'une grande indulgence. Elle préférait le parc du domaine à la cellule d'un couvent et y chantait doucement entre les arbres, bouche fermée, en pensant à Adélaïde… Comme elle était heureuse d'apprendre l'existence de la petite Élisabeth et de les savoir en sécurité toutes les deux ! Une de ses amies venait de perdre son mari et les courriers pouvaient lui être transmis en toute confiance : « *Ce sera la lumière de mes jours, mon petit oiseau, écris-moi souvent et surtout décris-moi l'enfant et toute ta vie. N'oublie rien. Je t'embrasse et t'aimerai toujours.* »

Ces derniers mots sentaient le désespoir, le vide, la résignation. Adélaïde en pleura. Elle avait cru sauver la vie de sa tante en se soumettant au chantage de M. de Sartine ; en vérité Élisabeth payait tous les jours et c'était sa faute. Elle se devait de faire quelque chose, n'importe quoi, quel que soit le danger. Cette décision tournait en boucle dans sa tête du matin au soir. Mais comment pouvait-elle intervenir ? Elle n'en avait aucune idée.

Cette impuissance la minait tant que la hargne de Paris qui s'échauffait lui semblait dérisoire. Le parti français appelait pourtant à la révolte : M. Gluck n'avait-il pas osé écrire son *Armide* sur le livret même de M. Quinault ? C'était une provocation, le défi ultime, M. Gluck face à M. Lully au mot à mot, à la respiration même. Le progrès contre la mémoire. La dernière fois, sans doute, que le passé servirait de référence.

La soirée promettait d'être historique. Personne n'en avait prévu la tristesse. Aux premières notes de l'ouverture le fantôme de M. Lully se dressa dans cette maison qui était la sienne. Sa musique dramatique et gracieuse s'offrait à la confrontation directe de celle grandiloquente de l'Allemand. Les Gluckistes avaient follement parié sur cette opposition qui devait consacrer leur révolution ; ils avaient oublié qu'*Armide* était l'un des chefs-d'œuvre de la musique française, sinon son symbole même. Cette victoire réclamait une trahison nationale. Le public bouleversé se retenait d'applaudir. Il y avait dans l'air une culpabilité qui écrasait tout. On avait cru passer à l'avenir et on avait failli à la mémoire d'un être cher, trop vieux et trop aimé pour qu'on puisse lui faire de la peine sans être malhonnête.

Marmontel sortit de la salle ravi.

— Alors, contente de Rosalie ? lança-t-il à Adélaïde.

Elle haussa les épaules. La soirée ne lui semblait pas plus à la plaisanterie qu'au triomphe de qui que ce soit.

— Enfin, ma chère, elle a chanté faux, une merveille. Et aussi étonnant que cela puisse paraître, *Armide* est tombée…

— Pour donner toutes ses chances à votre *Roland*.

— Notre *Roland* ! reprit le poète en se frottant les mains. Quand je pense que M. Gluck a osé déclarer que cet opéra était l'aboutissement de sa recherche. « C'est un drame complet », a-t-il dit, si complet ma foi qu'il en est ennuyeux à mourir ! Pas un air séparé qui vous chatouille l'oreille, on dirait que tout est en récitatif et que ce monsieur prend plaisir à bannir le chant de la tragédie lyrique !

Il sauta d'un bond dans sa voiture.

— Beaumesnil, je le dis et le proclamerai dans les journaux, le rôle d'Armide n'est que criaillerie. Le musicien a transformé l'enchanteresse en sorcière ! Le public a jugé, c'est le triomphe de la raison !

Elle ne sut lui répondre. Comment osait-il parler de raison ? La beauté d'*Armide* avait été défigurée par la guerre, le pire ennemi de la raison. Dès le lendemain, les cafés bondés ne résonnèrent plus que d'harmonie et de mélodie, de passé et de révolution. On s'écharpa dans les rues et plus encore au jardin du Palais-Royal. Les journaux se passionnaient pour cette guerre en oubliant celle d'Amérique, puisque de toute façon le roi refusait de s'y engager. Seul M. de La Fayette s'illustrait au combat. Sa bravoure et sa jeunesse la ramenaient à la personnalité d'Armand. Le jeune homme avait failli se faire prendre en embarquant au

Havre sur *L'Amphitrite* mais avait pu s'échapper par Nantes sur un navire américain. La nouvelle, officielle désormais, la soulageait. Même s'il était responsable de la mort de Charles, elle ne savait que trop combien le destin s'était joué de lui comme il s'était joué d'elle. Elle pensait à cette tendresse dans ses yeux à l'heure du départ, qui effaçait son inconscience et ses manières d'enfant gâté. D'ailleurs, n'était-il pas la seule famille, en dehors de sa tante, qu'elle pourrait jamais offrir à Élisabeth… Cette vérité lui serrait la gorge. La petite grandirait. Que répondrait-elle, un jour, à ses questions ?

Elle n'osait même pas y penser. Elle retrouva le jugement cinglant de Marmontel dans le *Journal de politique et de littérature*. M. Gluck y répondait lui-même : « *J'ai été confondu en voyant que vous aviez plus appris sur mon art en quelques heures de réflexion que moi après l'avoir pratiqué pendant quarante ans. Vous me prouvez, monsieur, qu'il suffit d'être homme de lettres pour parler de tout.* »

Cette ironie vexa M. de la Harpe qui contre-attaqua aussitôt :

Armé d'une plume hardie,
Quand vous traitez du haut en bas
Le vengeur de la mélodie,
Vous avez l'air d'un fier-à-bras ;
Et je trouve que vos débats
Passent ma foi la raillerie ;
Mais tout cela n'empêche pas
Que votre Armide *m'ennuie.*

Les *Vers d'un homme qui aime la musique et tous les instruments excepté la harpe* lui répondirent sur le même ton :

J'ai toujours fait assez de cas
D'une savante symphonie,
D'où résultait une harmonie
Sans effort et sans embarras.
De ces instruments hauts et bas,

Quand chacun fait bien sa partie,
L'ensemble ne me déplaît pas ;
Mais, ma foi ! La Harpe m'ennuie.

La situation tournait à la folie. À l'Opéra la foule s'entassait et se battait sans écouter. À la huitième représentation, il y eut tant de monde que lorsqu'un garde demanda à un homme du parterre de retirer son chapeau, il répliqua sincèrement :

— Venez me l'ôter vous-même, je ne peux pas faire usage de mes bras !

Enfin le triomphe de *L'Olympiade* à la Comédie-Italienne vint nourrir la polémique sur la supériorité de la musique italienne. La mélodie de M. Sacchini était élégante, certains décrétèrent qu'elle prenait décidément l'avantage sur le récitatif perpétuel de M. Gluck. L'Allemand ne put le supporter. Au nom du privilège de l'Opéra qui interdisait les chœurs et la présence de plus de sept chanteurs sur toute autre scène parisienne, il obligea M. de Vougny à faire suspendre la pièce. Ce fut un tollé général. Il était d'usage de fermer les yeux sur une loi dépassée et la jalousie du Chevalier éclatait enfin au grand jour ! Mais l'affaire devint plus grave quand on apprit que la pièce était donnée aux Italiens parce que M. Gluck lui-même l'avait fait refuser à l'Opéra…

La reine dut s'en mêler. Malgré son envie de protéger son ancien maître la révolte de la capitale lui coûtait ; elle invita *L'Olympiade* à la cour pour lui permettre de reprendre à Paris. M. de Vougny ne savait plus à quel saint se vouer. Ces messieurs de la Ville avaient perdu confiance et semblaient prêts à céder le privilège à un certain M. de Vismes du Valgay qui le réclamait avec une caution de cinq cent mille livres ! Il lui fallait faire diversion. Il afficha une pastorale de MM. Bocquet de Lincourt et Lebouteiller, *Myrtil et Lycoris*. Adélaïde chanta Lycoris et le jeune Lainé Myrtil.

Au milieu des combats l'ouvrage parut d'une fraîcheur déconcertante. Le public s'y pressa avec plaisir. Ce fut un succès bon enfant, comme l'avait été celui de *Sylvie.* Les Gluckistes furieux finirent par s'en prendre à Rosalie pour expliquer leur échec et la pauvre fille se fit huer par les siens, par le parti français qui exultait et par le parti italien qui préparait ses futures créations!

Adélaïde en aurait ri si elle n'avait pensé si fort à Élisabeth. Les rigueurs de l'hiver se chargèrent d'enterrer tout à fait *Armide* et les batailles de rues. Avec l'arrivée de la neige les Parisiens préférèrent s'attrouper pour voir passer les vingt et un traîneaux de la cour gagnant le bois de Boulogne. Le cortège emportait ici un lion, là un cygne ou un singe. Celui de la reine était une immense corbeille de fleurs et les badauds affrontaient le froid, tapant du pied, pour voir surgir ce rêve de printemps.

Ce fut par un de ces matins glacés que l'on apprit la nomination officielle de M. de Vismes. Dauberval débarqua comme un fou à la répétition. Le nouvel administrateur avait obtenu le privilège pour douze ans en toute liberté, le roi ne s'étant réservé que le droit d'intervenir dans la discipline et les règlements, et écartait sans égards M. de Vougny. Rien de plus facile, sa sœur était lectrice de la reine et son meilleur ami, M. Campan, son secrétaire.

— Les meilleures références en somme pour diriger la première scène parisienne! conclut le danseur hors de lui.

Sa révérence balaya le sol.

— Il va falloir se battre, opposa aussitôt Madeleine.

— Il va surtout falloir être solidaires...

Joseph se tut. Françoise s'était appuyée au mur devant lui, livide.

— Berton s'en va, murmura-t-elle.

Elle était incapable de faire un pas de plus. Il y avait en elle ce calme qu'on trouve face à la fatalité quand plus un mot, plus une fierté n'a d'importance. Adélaïde resta saisie. Pierre l'aimait, il lui avait toujours prouvé, même à la mort de Charles quand oubliant sa jalousie il l'avait portée sans faillir jusqu'au bout de sa grossesse. Elle ne pouvait imaginer de lendemains sans lui. Et puis il était l'un des leurs, il ne pouvait les abandonner… l'abandonner, elle.

Elle se rua dans le couloir. La porte était ouverte.

— Tais-toi… tais-toi, Adélaïde, ordonna-t-il sans se retourner. De toute façon ma décision est prise, je n'ai pas l'intention d'être un fantoche. Le roi nous ignore, la reine s'amuse et la Ville ne rêve que de cet argent qu'elle pourrait encore gagner. Pourquoi devrais-je rester ? Pour un Allemand qui se moque de moi ?

— Mais nous, nous te respectons tous ! s'écria-t-elle.

— Comment parler de respect ? Pendant vingt-trois ans, j'ai servi cette maison comme chef d'orchestre, compositeur et directeur. N'était-ce pas suffisant pour mériter un gramme de considération ? Qu'on me demande mon avis avant de nommer n'importe quel bellâtre ? Mais non, il faut s'effacer devant la puissance des amis de la reine.

— Cela changera !

Elle se jeta vers lui suppliante. Ne se répétait-elle pas cette phrase chaque jour en attendant son heure ? Elle avait presque réussi à s'en convaincre.

— Je t'en prie, les succès de M. Piccinni rétabliront l'équilibre, la reine se trouvera d'autres jouets et tout redeviendra comme avant…

— Non, c'est faux ! L'autorité qui régissait l'Opéra a disparu, comme ce titre de Première Actrice qui n'a plus aucune valeur, tu devrais le savoir mieux que personne. Les temps ont changé où quelques ambitieux profitaient de l'amitié d'un roi pour influencer les distributions. Aujourd'hui c'est la dictature d'une reine qui décide de notre quotidien, et il n'est plus d'ordre au pays du caprice ! Je ne vivrai pas dans ce chaos, j'en ai assez…

Un frisson le traversa malgré lui.

— … t'aimer dans l'ombre ne me suffit plus !

Il tremblait sur place. En un éclair elle le revit saisissant ses poignets, la retenant si près de lui, ses mots dans les siens, ses baisers doux quémandant sa permission avant de s'écraser sur sa bouche. Il y avait un précipice dans ses yeux.

Sa vie s'était arrêtée là.

Que pouvait-elle dire, elle qui n'avait jamais trouvé un mot d'amour ? Que leur travail ensemble ces derniers temps la remplissait de joie ? Que son *Anacréon* terminé, elle avait besoin de lui pour se lancer dans son orchestration et assumer sa création ? Son égoïsme lui faisait horreur. Elle se détourna, les lèvres mordues jusqu'au sang. Elle avait si bien vu ce jour dans ses rêves. Lui dirigeant son oratorio, elle pleurant en coulisses. Oh, le bonheur de partager cet instant comme le reste de leur vie, côte à côte, en confiance.

— Berton, je t'en prie, reste, balbutia-t-elle.

— Tu vois, tu n'as jamais pu m'appeler Pierre…

Un pauvre rire l'étrangla à ce reproche, un rire affreux, déshonorant, si plein de rancune qu'elle ne put le supporter. Elle se retourna et lui tendit les bras.

La porte avait claqué comme un coup de feu.

Elle était orpheline.

11.

Oubliant la rue de la Chaussée d'Antin, le salon de Mme d'Épinay ouvrait entièrement sur le jardin. Les arbres bourgeonnaient en ce printemps précoce et de minuscules fleurs grenat, comme une explosion de paillettes, illuminaient les camélias de Chine. Le vent était tombé. Dans le bassin des nénuphars flottaient, en état de grâce.

Adélaïde posa son front au carreau. Comme cette sérénité était loin de l'atmosphère étouffante que Berton avait laissée derrière lui ! En son absence, la création de *Roland* n'était qu'une escroquerie, une farce menée de main de maître. M. Gluck avait pris en main le premier opéra de M. Piccinni, imposé Rosalie contre toute volonté et dirigé lui-même les répétitions sous les yeux de son rival prostré dans la salle ! Si Grétry ne l'avait retenu, l'Italien se serait enfui dix fois de France. Le jour de la première, il avait fallu l'amener de force au théâtre. La froideur de la reine ne l'avait pas rassuré. Heureusement, le temps où le public devait attendre sa permission pour témoigner de ses sentiments était révolu. Marie-Antoinette avait voulu que l'étiquette s'efface, c'était chose faite. Les applaudissements étaient montés crescendo malgré la cabale des Gluckistes.

Le parti français s'était rallié aux Piccinnistes et se réjouissait de ce succès bon gré mal gré, saluant d'un côté le charme de la musique et maudissant de l'autre la main sacrilège de Marmontel sur le livret de M. Quinault. La mémoire du poète n'était pas près de s'effacer dans ce pays, M. Voltaire l'avait souligné avec son esprit habituel en déclinant l'invitation de Mme du Deffant :

De ce Roland que l'on vous vante,
Je ne peux avec vous aller, Ô du Deffant,
Savourer la musique douce et charmante,
Si Tronchin me le permet, Quinault me le défend !

Cette entente laissait les Gluckistes isolés. M. de Vismes ne pouvait l'accepter. Il avait imaginé un opéra en trois actes regroupant les airs les plus connus de MM. Lully, Rameau et Gluck sur un prologue écrit par son propre frère et une musique spécialement composée pour « rejointoyer » ces extraits : pour séduire le parti français, il avait chargé Grétry de cette tâche. Celui-ci avait accepté la mort dans l'âme, mais personne n'était dupe de la supercherie et ces *Trois Âges de la Musique* ne soulevaient qu'une vague de mécontentement général. Voir M. Gluck présenté comme le digne descendant des génies français était proprement scandaleux ! Quant aux innovations que s'était permis le directeur dans le théâtre, elles ne faisaient qu'accentuer l'indignation. Son idée surtout de retirer le grand lustre de la salle pendant la représentation lui avait fait perdre l'appui de toutes les femmes : ne venaient-elles pas à l'Opéra plus pour être vues que pour voir ? M. de Vismes était sans doute le seul homme à Paris à ne pas savoir cela.

Malgré sa rancune elle sourit et quitta à regret ces nénuphars tranquilles. Des talons claquaient. M. de Grimm traversa la pièce d'un pas vif sans se soucier des laquais qui s'affairaient encore ; galantine d'oseille, pâtés d'anguille et fleurs cristallisées en sucre se croisaient sur les plats de porcelaine. Derrière lui, Mme d'Épinay portait une robe d'un bleu sombre qui soulignait sa minceur, sans parement ni bijou. Son visage fin, peu fardé, s'accommodait parfaitement de ce naturel. Adélaïde s'inclina.

— Beaumesnil, c'est un plaisir de vous accueillir ce soir pour fêter le triomphe de *Roland*, assura le baron. Par bonheur personne n'a pu empêcher cette musique aimable de séduire. Si ce n'est que Rosalie Levasseur chante toujours aussi faux et que nous aurions préféré vous entendre !

Il lui baisa la main en grand seigneur, fier de cette victoire comme s'il s'était battu lui-même. Le blanc de céruse dont il aimait à se parer tirailla au coin de ses lèvres. Adélaïde retint un sourire. « Aimable », l'adjectif était bien choisi. M. Gluck refusait d'être aimable ; pour cela on lui refusait d'être français.

— D'ailleurs vous nous avez promis de chanter ce soir avec Grétry, appuya la marquise, après le concert de M. Mozart.

Elle s'élançait déjà vers ses premiers invités. À cet instant Madeleine parut en voisine, un châle de soie négligemment jeté sur sa robe, le regard étincelant. Adélaïde se détourna à la fenêtre. Le soleil baissait. Le jardin se figeait dans une ombre rougeoyante, comme un dessin à la sanguine.

— As-tu pensé à ce que je t'ai dit l'autre jour ? lui jeta aussitôt la danseuse. Le Bailli de la Tour est très épris de toi, il me demande chaque jour de lui obtenir une entrevue.

— Oh, je t'en prie, ne joue pas les entremetteuses, supplia Adélaïde.

— Je te parle en amie !

— Mais je suis heureuse, Madeleine, je n'ai besoin de personne.

— Tu as besoin de revenir à la vie ! A-t-on jamais vu une femme de trente ans vivre avec un enfant et deux domestiques ? Tu n'es pas veuve à ce que je sache ?

Adélaïde se retint de la contredire. Personne ne comprenait à quel point elle avait aimé Charles. Au temps du secret, sa disparition de la vie galante avait amusé; maintenant elle faisait jaser. Peut-être à cause de l'engagement signé du roi dans la guerre, qui suscitait tant d'intérêt, on racontait que sa fille était celle d'Armand, qu'il l'avait conduite au château de la Rouerie pour y être élevée par sa grand-mère tandis qu'il se battait en Amérique aux côtés de M. de La Fayette, et mille autres folies.

Mais elle savait comment dérouter Madeleine. D'un mot elle lui avoua la situation de sa tante et réclama son aide. Son amie se tut quelques instants. Ses yeux brillaient.

— Et que veux-tu faire exactement? lâcha-t-elle enfin.

— La faire évader… Qu'on ne puisse plus la retrouver et la cacher chez moi. Pour toujours.

Adélaïde s'étonnait elle-même de sa détermination. Les mots lui venaient en bouche sans qu'elle y pense.

— Je pourrais lui envoyer une fausse religieuse qui la déciderait à partir au couvent avec elle, murmura-t-elle, mais mes parents voudraient lui rendre visite et la comédie serait vite découverte.

— Et ce serait pareil avec n'importe quel prétendant riche et assidu! s'exclama Madeleine. Impossible d'envisager un simulacre de mariage et la fuite au bras d'un époux. Et si nous y allions tous? Une troupe de théâtre, de passage au château, on la déguise, on l'enlève…

Adélaïde éclata de rire.

— Pour se retrouver avec la police à nos trousses, non merci!

— Mais quoi que tu fasses ce sera le cas! coupa Madeleine vexée. Tu crois braver la morale et t'en sortir indemne. N'as-tu donc rien appris à l'Opéra?

Adélaïde faillit réagir. Comme si elle ne savait pas que libérer Élisabeth serait difficile! Elle avait beau tourner et retourner la situation dans tous les sens, elle ne trouvait pas la solution. L'arrivée de M. Mozart avec Joseph lui épargna de répondre. Son partenaire tint à faire lui-même les présentations. Le musicien sourit au doux nom d'amie et recula à celui d'Opéra. Son visage long, les yeux rieurs sous d'épais sourcils, trahissait sans hypocrisie ses sentiments.

— Vous n'appréciez guère les chanteuses françaises, monsieur ? souligna Adélaïde.

— Pardon, madame, j'aime le chant et les femmes, rétorqua-t-il, et si les Françaises ne se mêlaient pas de chanter des airs italiens je leur pardonnerais volontiers leurs beuglements français !

Joseph s'interposa.

— M. Mozart a toute l'impertinence qu'offre la jeunesse et que permet le génie.

— Je ne crois pas qu'à soixante-dix ans M. Mozart aura perdu un doigt de son insolence, affirma-t-elle, c'est un M. Voltaire !

Le musicien pirouetta, une main sur le cœur.

— Ah, je retire « beuglements », madame. L'intelligence vous revient de droit.

Joseph sourit, soulagé, et en profita pour les laisser en tête à tête. Son regard semblait charger Adélaïde d'une mission périlleuse. Elle dévisagea plus attentivement le jeune homme. Quelque chose en lui quémandait l'attention, le mot tranquille qui rompt la banalité. Il lui parut soudain très solitaire.

— Votre voyage ne fut pas trop pénible ? demanda-t-elle doucement.

— Neuf jours et demi, soupira-t-il. J'avais vendu notre chaise au voiturier, ainsi ma mère et moi avons pu faire la route sans les désagréments de la diligence.

— Et vous êtes heureux d'avoir gagné Paris ?

D'un geste il embrassa ce jardin délicieusement fleuri, bordé par ses murs de lierre.

— La Chaussée d'Antin n'existait pas quand je suis venu la première fois. Toute cette nouveauté, propre, aérée, ces rues larges, c'est si contraire à ce que Paris est devenu !

Et pourtant ce salon est parfaitement identique aux autres. Je dois faire des courbettes qui m'horripilent, attendre des heures dans des antichambres glacées et jouer sur des instruments déplorables quand on me le demande. Et devant quel public ! Miroir de la folie, politesse des médiocres ! Ils disent « oh, c'est un prodige, c'est inconcevable, c'est étonnant », et puis là-dessus « adieu »... C'est là le plus grand prodige ! Personne comme les Français ne sait si bien payer en compliments. Je dépense plus d'argent en voitures chaque jour que je n'en gagne en une leçon et ma mère reste seule...

L'amertume brisa sa voix. Elle posa une main sur son bras, étonnée.

— Mais Joseph connaît votre situation, n'est-ce pas ? Il vous aide au Concert Spirituel ?

— Oh, bien sûr, il met son clavecin à ma disposition car je n'en ai pas chez moi et me nourrit quand je ne dîne pas chez M. Noverre ou ici. Et il m'a fait quelques commandes, quatre chœurs dont deux seulement ont été joués, les moins bons. Quant à ma symphonie, elle est introuvable sur son bureau.

— C'est impossible, se récria-t-elle, jamais Joseph n'aurait...

— Ah, je n'ai rien dit, madame ! coupa-t-il vigoureusement. J'essaye seulement de me faire reconnaître et c'est bien difficile à Paris quand on ne veut se mêler d'aucune querelle ! Le baron me conserve son amitié bien que je refuse d'adhérer au piccinnisme déclaré de son salon, c'est faire assez cas de mon talent pour que je me taise ! Quant à votre Joseph Legros, il me fait l'honneur de m'aider, je ne veux pas savoir les intrigues qu'il sert.

Sa confiance s'était évanouie. Il tourna les talons et se dirigea vers le clavecin. Un murmure étonné suivit ses pas tandis que chacun prenait place. Il semblait fuir vers l'instrument comme on cherche refuge dans les bras de l'être aimé.

Elle avisa Joseph à l'autre bout de la pièce et l'interrogea aussitôt. Sa dureté le laissa interdit.

— S'il te plaît, ne juge pas sans savoir.

— Joseph…, insista-t-elle outrée.

— D'accord, reconnut-il, le signor Cambini est passé pendant une répétition l'autre jour aux Tuileries. Pour lui faire compliment d'un de ses quartetti, M. Mozart s'est mis à le jouer au clavecin en réduisant de mémoire les quatre parties qu'il n'avait entendues qu'une seule fois et en improvisant sur ses thèmes, riant, faisant des variations avec une telle facilité. L'Italien s'est senti humilié, il a utilisé tous ses appuis contre lui ! Oui, c'est vrai, j'ai laissé la symphonie de côté pour sauver une entreprise dans laquelle j'ai placé mon énergie, mes espérances et mon argent !

Il en avait les larmes aux yeux soudain. Elle se sentit coupable. Après l'échec de son opéra, cette direction comptait tant à ses yeux.

— On ne peut rien faire alors, murmura-t-elle.

— Ne dis pas cela, il faut attendre un peu, après tout ce M. Cambini n'est pas le roi.

Il n'eut pas le temps d'en promettre plus. À peine assis au clavier, M. Mozart avait attaqué. Phrasé, staccato ferme, traits perlés, sous ses doigts le clavecin semblait prendre vie. Les phrases se répondaient dans un sourire. Elle entendait l'inflexion des voix, leurs questions, leurs réponses. C'était une conversation heureuse jaillissant d'un bout à l'autre de la table un soir d'été. De l'élan à la douceur les boucles se dessinaient, rythmées par les basses, conclues par un trille aux allures de révérence, si parfaites que le public ne respirait plus qu'avec elles. Les éventails boudeurs s'oubliaient, et les dos guindés de bienséance. Il ne restait que la tranquille assurance d'être vivant et de partager cette quiétude qui, les yeux fermés, laisse entrevoir l'éternité.

Adélaïde ne pouvait s'empêcher de penser à l'aveu de Joseph. Elle travaillait à l'orchestration de son oratorio, à l'aise avec les cordes et si maladroite avec les vents qu'elle ne maîtrisait pas, mais tant de difficultés jalonnaient le chemin de toute création musicale, même entre hommes et même au Concert Spirituel. Qu'adviendrait-il de son *Anacréon* quand il lui faudrait affronter aussi la morale et les réserves masculines sur le talent des femmes ?

Les applaudissements s'envolèrent sur le dernier accord. Polis, presque indifférents. Elle avait cru à une salle passionnée et une ferveur toute populaire, mais seules les conversations se déchaînaient. Grétry apparut dans ce brouhaha, l'air si abattu que sans réfléchir elle lui laissa sa chaise.

— Mes amis, c'est pitoyable, murmura-t-il en y tombant. M. Piccinni vient d'accepter la dernière trouvaille de M. de Vismes. Une véritable bassesse, un déshonneur pour la musique et pour la France.

Ils se regardèrent interloqués. Madeleine s'était rapprochée, plus rose que son châle de soie. Jamais elle n'avait vu une telle tristesse sur le visage du compositeur.

— Ce satané directeur a imaginé un concours entre M. Gluck et M. Piccinni, lâcha-t-il. Un face à face à armes égales, sur un même thème, *Iphigénie en Tauride*. Et seul le public décidera du vainqueur.

Joseph baissa la tête. Les concours entre instrumentistes se multipliaient ces derniers temps, donnant à la musique des allures de foire, mais jamais une telle mode n'avait atteint l'Opéra ! « Si Berton était là... », marmonna-t-il sans le vouloir. Madeleine tapa du pied. Leur ami avait été un garde-fou ; sans lui les pires folies s'annonçaient. Elle aurait voulu croire en Dieu, faire sa prière et voir ce M. de Vismes s'écrouler sans autre forme de jugement.

— Il faut arrêter ce fou ou il nous mènera à notre perte, murmura-t-elle. Mais étant donné sa fortune, l'argent ne l'intéressera pas ! Que peut-on faire ? Le tuer ?

Adélaïde sursauta. Tuer son ennemi... C'était bien inutile quand les chemins de l'ombre suffisaient à le dompter.

Aucune trace, pas même l'odeur du sang. Comment avait-elle pu oublier les leçons de M. de Sartine ? Le parfum du lieutenant de police flottait encore sur sa nuque. Elle n'allait pas regarder cet affreux directeur verrouiller l'avenir pour que Paris s'étiole en vaines querelles, que Berton souffre loin d'eux et que son opéra ne voie jamais le jour.

Elle se détourna sans un mot. Un courtisan restait un homme, avec ses faiblesses, et elle les trouverait. C'était à elle de l'éliminer.

*

Un opéra à deux visages. Le duel parfait, non au jugement de Dieu mais au regard de Paris, autant dire du monde. Ainsi la querelle était consacrée ; rien ne pouvait mieux la conclure. M. de Vismes exultait et ne pensait plus qu'à échauffer les esprits. Pour lui la révolution musicale était acquise et ne permettait plus de garder au répertoire les chefs-d'œuvre du passé : il remonta *Castor et Pollux* pour le prouver. Dès le premier jour il fallut doubler la garde. L'orchestre, entièrement dévoué à M. Gluck, détruisait la partition. Les Premiers Sujets désertèrent. Adélaïde dut abandonner ce rôle fétiche que Sophie avait adoré. L'opéra de M. Rameau fut joué misérablement par les derniers doubles tandis que dans la salle on hurlait, on tapait du pied ou on applaudissait à tout rompre en fonction de son humeur et des amis qui vous accompagnaient. C'était une hystérie collective.

Quand on apprit que le premier quartier des appointements ne pouvait être payé aux artistes, le directeur ayant puisé dans les caisses de l'Opéra pour ses dépenses personnelles, l'hystérie tourna au scandale. Madeleine en profita pour réclamer une nouvelle fois au roi la mise en place d'un comité directeur. Chaque représentation devint pour le public une occasion de la soutenir. C'était des tempêtes de cris. Les feuilles volaient au milieu de la salle. Le Bureau de la Ville affolé se déclara enfin prêt à céder, il ne manquait que l'accord du roi.

Celui-ci ne répondait pas. Le ministre Amelot dut aborder ouvertement le sujet. « Qu'on ne me parle plus de cette canaille-là », éluda Louis XVI. Les artistes n'étaient pas les seuls à être outrés mais la « canaille » c'était eux, auréolés de pensions royales et assurant sans faillir leur service quotidien comme le bon plaisir de la cour pendant les fêtes. Maintenant ils savaient à quoi s'en tenir : quels que soient les mémoires qu'ils écriraient, rien ne viendrait du côté du pouvoir pour les aider.

Cette évidence les désespérait. Juin était pourtant d'une douceur extrême. La grossesse de la reine portait dans les rues un parfum de réjouissance et le public se pressa avec plaisir au Concert Spirituel pour écouter la symphonie de M. Mozart. Le jeune musicien avait parfaitement compris le goût français pour les accords précis et les contrastes de nuances : le thème de son premier mouvement, qui conduisait ses quatre accords et sa phrase ascendante à un silence théâtral, suivi d'un phrasé piano inattendu, séduisit aussitôt. L'andante calme et charmeur parut juste assez relevé de quelques unissons incisifs et la surprise de l'allegro, débutant par la douceur des violons pour mieux surprendre la salle à l'arrivée du tutti, décida du succès. Ce fut un soir de fête. Qui sait quels nouveaux triomphes M. Mozart aurait pu connaître si le drame ne l'avait brusquement anéanti ? Sa mère fut prise de frissons, de maux de tête. En deux semaines elle était emportée. Le jeune homme ne put résister à l'insistance de son père et se résigna à rentrer chez lui. M. de Grimm lui-même l'accompagna au coche de Nancy, vaguement coupable de ne pas l'avoir aidé plus. La capitale entière l'avait acclamé ; à peine était-il parti qu'elle l'oublia. La première d'*Iphigénie* devait être donnée dans l'hiver, son appétit s'arrêtait là.

En attendant, Paris se passionnait pour le feu des batailles et l'ambiguïté de la victoire navale à Ouessant, qui mettait fortement en cause le duc de Chartres. Un pamphlet fut distribué vantant les exploits du duc… à l'Opéra ! Chartres fulmina en vain. Comme l'affirmait l'adage des trois rois, il y avait eu un temps où l'on ne pouvait rien dire, un temps où l'on était puni pour ce qu'on disait et aujourd'hui tout pouvait être dit : le respect n'existait plus.

Adélaïde sourit avec le peuple. Chartres ne lui inspirait plus rien, elle se demandait parfois si elle l'avait un peu aimé. Même cette petite fille que Félicité de Genlis venait de lui donner ne la touchait pas. Élisabeth avait grandi, ses joues roses, sa volonté farouche de se tenir debout et son sourire pour son premier anniversaire la comblaient. Si seulement elle avait pu ramener sa tante à ses côtés, son bonheur aurait été complet. Au moins Sébastien, qu'elle avait lancé sur la piste de M. de Vismes, avait-il enfin découvert que le directeur se rendait régulièrement rue d'Enfer, en fiacre et incognito. Elle emmena Madeleine à l'adresse indiquée. La maison était pouilleuse. Aucune enseigne, il fallait entrer par la cour en traversant les pavés gras et l'odeur de moisi, mais une fois la porte poussée l'appartement du mage qui officiait là ne parlait plus que d'exotisme. Gentilshommes et dames de qualité s'y glissaient avec plaisir entre vases chinois et tapis persans. Dans une armoire monumentale protégée par trois serrures de prison reposait une collection de fioles. Tout le monde a des ennemis. Madeleine sauta de joie. S'il semblait impossible de payer M. de Vismes pour qu'il disparaisse, payer ce charlatan pour l'en convaincre semblait autrement à leur portée ! Ce plan était merveilleux.

Adélaïde ne pouvait croire à leur chance. Si elles réussissaient à pousser le directeur dehors, le retour de Berton redevenait envisageable. Elle réalisait avec effarement que son avenir reposait peut-être entre les mains de ce mage qui demandait des sommes exorbitantes pour jouer la comédie ! Mais là, il n'en avait pas l'intention : l'idée de jouer un bon tour à cet aristocrate prétentieux lui plaisait. Avant de poser une bourse sur la table ils étaient dans le même camp.

Il retint volontiers M. de Vismes après sa consultation, l'œil inquiet.

— Je me dois de vous dire la vérité, monsieur. Je sens comme un danger autour de vous, un danger fatal… Il n'est pas attaché à votre personne mais à votre fonction, cela est clair bien que le reste soit confus.

Sa voix s'assombrit. La paume du directeur était moite. Il quitta ce jour-là l'antre du mage en ne rêvant qu'à l'instant où il y reviendrait. Ce ne fut pas nécessaire. Par un hasard incroyable M. de Vougny, l'ancien administrateur qu'il avait si bien écarté, arriva en retard à un enterrement, se retrouva seul devant la fosse et y tomba. La jambe cassée, il s'évanouit. C'est le fossoyeur qui le découvrit et proposa de le remonter.

— Certainement, mon brave, répondit M. de Vougny, je ne voudrais prendre la place de personne !

Le bon mot fit rire Tout-Paris et quatre cents personnes défilèrent dans l'antichambre du malade le plus à la mode. Mais pour M. de Vismes, le pire était arrivé. La carte de pique. Le signe entre tous.

Il convoqua Madeleine, Adélaïde et Dauberval dans son bureau. Ils le trouvèrent à moitié affaissé, sans cou, sans prestance. On aurait dit un enfant honteux d'avoir essayé l'habit de son père.

— Mademoiselle Guimard, vous voulez diriger l'Opéra en comité d'artistes, articula-t-il, je suis prêt à vous céder le privilège. Vous m'avez parlé de deux cent mille livres ?

Madeleine s'immobilisa. Le fou rire la gagnait. Si elle avait pensé que les choses seraient si faciles ! Le ciel était avec eux, M. de Vougny avait couronné leur plan d'une phrase meurtrière.

— Deux cent mille livres, c'est entendu, dit Dauberval pour l'empêcher de se compromettre. Il nous faut quelques jours pour réunir la somme. Pouvons-nous prendre rendez-vous chez un notaire ?

— Mercredi, deux heures, maître Vivien.

Il leur tendit l'adresse. C'en était trop pour Madeleine. Elle dansait d'un pied sur l'autre, comprimant sa pièce d'estomac qui tremblait tandis qu'Adélaïde et Dauberval prenaient congé. Ils avaient tant de mal à ne pas hurler de joie. Déjà onze Premiers Sujets avaient signé la procuration au nom de Madeleine et Dauberval. Personne n'en avait parlé à Rosalie, de peur que cette garce ne les trahisse. Tout était prêt.

Ils refermèrent doucement la porte. Un long soupir salua leur sortie. M. de Vismes croyait leur avoir légué sa mort ; il leur avait offert la vie.

12.

L'étude de maître Vivien se trouvait rue des Blancs-Manteaux, près de l'église que le vieux couvent surplombait. L'ancienne fontaine des Guillemites passait presque inaperçue avec sa pierre noircie, mais de l'autre côté de la rue l'immeuble du Mont-de-Pitié reluisait comme un sou neuf. Il n'y avait pas deux mois qu'il avait été inauguré et son portail verni prenait des couleurs de miel dans le soleil.

Le carrosse de Madeleine attendait là. Adélaïde trouva son amie tout excitée. Elle ne comptait plus le nombre de volontaires qu'elle avait dû refuser pour les accompagner ! Mlle Théodore surtout, malgré son peu d'ancienneté dans le Ballet, qui s'était efforcée de la convaincre sans avouer ses motivations. Mais les regards en coin qu'elle jetait à Dauberval ne trompaient personne. La sainte-nitouche semblait avoir oublié la lettre qu'elle avait osé écrire à Jean-Jacques Rousseau en entrant à l'Opéra, lui demandant des conseils pour ne pas perdre sa réputation dans cet « antre de la débauche » ! Elle était amoureuse.

— Et ce diable d'homme qui fait mine de n'y rien voir ! explosa Madeleine. Si tu veux mon avis, il y a anguille sous roche !

À cet instant, Dauberval apparut à la portière, l'air mal à l'aise. Elle sourit. Il avait été assez longtemps son greluchon pour qu'elle joue les mères indulgentes.

— De quoi parles-tu ? demanda négligemment le danseur.

— De toutes celles qui voulaient venir aujourd'hui, répliqua-t-elle sans se démonter. Tiens, Mlle Asselin par exemple, avec son culot habituel, et cette petite Renard qui a failli s'imposer de force. Elle se croit tout permis, celle-là, depuis qu'elle est la maîtresse de Montbarrey et organise son trafic de charges militaires à l'Opéra !

— Tout de même, cette môme a du cran, elle risque gros.

— Penses-tu ! Elle a les reins solides… pour tout !

Madeleine sauta sur les pavés avec un entrechat des plus réussis.

— Ah ça, elle en voit passer dans son lit, des officiers qui payent cinquante mille francs une décoration qu'ils n'auront jamais ! Madame dit même à qui veut l'entendre qu'elle connaît des secrets d'État, qu'elle pourrait faire la pluie et le beau temps au ministère de la Marine et faire tomber Sartine…

Adélaïde tangua brusquement dans son sillage. Le soleil l'éblouissait. Elle n'avait cessé de penser à l'ancien lieutenant de police ces derniers temps avec cette histoire de chantage, mais cette idée-là était autrement délicieuse. Faire chanter le maître-chanteur. Quelqu'un prétendait cela possible. Quelqu'un en avait donc les moyens.

Le bruit lui fit relever la tête. La rue courbe, étroite, laissait peu de visibilité. Le carrosse était déjà là, fonçant sur elle au galop. La peur la figea sur place. C'est à peine si elle sentit un bras d'homme la saisir et la jeter en arrière. Le vacarme des sabots résonna dans tout son corps comme une volée de cloches tandis qu'elle heurtait le mur rêche. Devant elle, les images flottaient, Charles à terre sous le regard de la Vierge, ses pas accrochés au sol boueux, sans espoir, Élisabeth soudain, ses pommettes rondes, ses yeux bleus…

— Adélaïde!

Dauberval la ceintura. Elle rouvrit les yeux et reprit souffle d'un seul mouvement, avec la sensation de sortir de l'eau. Madeleine avait perdu son sourire.

— Mais où avais-tu la tête? s'écria-t-elle. J'ai bien cru que cette voiture allait t'emporter! Encore une chance que cet homme soit intervenu. D'ailleurs…

Elle se retourna, étonnée.

— Mais où est-il passé? C'est incroyable, pas un mot, alors même qu'il t'a sauvé la vie. Un gentilhomme se serait présenté et n'importe quel idiot aurait réclamé son dû! Es-tu sûre de ne pas le connaître?

Adélaïde nia de la tête. Un large chapeau, un menton en galoche, elle n'avait guère vu autre chose. Elle s'appuya au bras de Dauberval. Heureusement, l'étude n'était qu'à quelques pas. M. de Vismes les y attendait. Quelques gouttes perlaient au bord de sa perruque et son bel habit dégageait des relents de graisse et d'eau de Cologne. Ils avaient trop envie de rire pour dire un seul mot. Quelques révérences d'artistes et ils s'assirent en essayant d'échapper aux regards interrogateurs du notaire. De toute façon, M. de Vismes était pressé. Il voulait signer le premier.

Le claquement de la porte lui fit lâcher sa plume. Des bottes couraient dans l'escalier, il se raccrocha aux accoudoirs de son fauteuil. Des vagues sur le Styx, à l'entrée des Enfers, ne lui auraient pas fait plus peur. Le clerc parut d'abord, affolé. Déjà le commandant et toute sa troupe les entouraient.

— Je vous ordonne, maître, d'interrompre toute transaction entre M. de Vismes et les membres de l'Opéra!

Maître Vivien pâlit. Jamais pareille intrusion n'avait déshonoré son étude. Il faudrait des générations de charge, peut-être un anoblissement, pour effacer cet outrage.

— Et de quelle autorité osez-vous vous prévaloir, monsieur ? bafouilla-t-il.

— Par ordre du roi ! coupa le commandant sans ambages.

Les papiers du bail volaient. Madeleine tendit la main pour les rattraper. Leur avenir, tous leurs espoirs. Adélaïde sentit l'émotion la submerger.

— Madeleine, je sais… je sais comment libérer ma tante.

Son corps se soulevait d'impatience. Elle avait envie d'agripper la mine terrifiée du directeur, de l'embrasser à deux mains. Ce n'était pas l'enfer qui se dessinait sous ses yeux mais l'évidence. Elle cria presque.

— Je vais la faire arrêter !

*

Vingt millions de bons au porteur, émis en secret, impossibles à rembourser quand ils arriveraient à échéance. L'emprunt était colossal. Ni M. Montbarrey, secrétaire d'État à la Guerre, ni M. Baudard de Saint-James, trésorier général de la Marine, n'osaient dire un mot. Sartine se faisait déjà reprendre quotidiennement sur la hausse de son budget et le don qu'il avait à échapper à tout contrôle ! Quand M. Necker apprendrait la vérité, ils risqueraient tous leur place. La belle histoire. La petite Renard s'était à peine fait prier pour la raconter. Elle avait assez manqué de mère dans son enfance pour rester sensible à une réunion de famille.

Adélaïde sourit en tirant la cloche. Oh, cette moue de Sartine devant sa tirade, cette expression noire qui obscurcissait ses yeux… « Donnant donnant », avait-il dit. Ni vainqueur, ni vaincu, et un gramme de dignité pour tirer sa révérence. Elle n'était pas prête à lui en laisser autant. Pas question qu'elle accepte la prison de Fort-l'Évêque, ses bâtiments vieux et insalubres, et ses salles souterraines à hauteur de la Seine, même pour qu'Élisabeth y passe inaperçue dans la section des comédiens. Sartine avait d'autres solutions en poche, elle en était certaine. Il connaissait forcément de ces lieux d'enfermement où il faisait bon vivre, lui le champion des lettres de cachet qui avait envoyé tant de femmes loin de leur famille, moyennant finances et sous couvert d'immoralité.

Le couvent des Madelonnettes. Elle comprit sa dernière ironie dès que le garde ouvrit la porte. Sous les façades de brique rose, joyeuses malgré les rangées de fenêtres parfaitement alignées, la cour était propre, aérée, plantée de tilleuls. Une série d'arcades rythmait le rez-de-chaussée. Religieuses et femmes en robes d'été, le visage couvert d'un voile noir, s'y croisaient librement. Certaines s'étaient assises autour de la fontaine pour s'amuser d'un chien qui voulait se rafraîchir les pattes. À chaque fois qu'elles l'aspergeaient il reculait, et revenait tout de même. Elles riaient. Difficile de croire que cet endroit était un couvent et une prison tant il semblait reposer tranquille dans l'ombre massive du Temple.

Mais le garde attendait, une main sur la poignée.

— Je viens chercher Mlle d'Allière, murmura-t-elle.

Elle avait cru qu'à ce seul nom il sursauterait, prendrait un air entendu et, la tête basse comme pour un complot, lui ramènerait son dû. Pas du tout. Le bougre la dévisageait sans comprendre.

— Vous venez la visiter, fait-elle partie des détenues ? Des sœurs de Sainte-Madeleine, des sœurs de Sainte-Marthe ?

Déjà trois de ses acolytes s'approchaient, une pique à la main. De toutes ses forces elle maudit Sartine et ses mensonges. Se pouvait-il qu'il l'ait abusée encore une fois ? Mais pourquoi l'avoir prévenue alors ? Son billet était court : « *Votre courrier est arrivé rue des Fontaines-du-Temple. Je vous laisse le retirer, Mademoiselle de Villars. Bien à vous, Sartine.* » Pas un mot de plus. Peut-être aurait-elle dû s'en inquiéter.

— Oh, ça doit être la personne attendue par sœur Mathilde ! s'écria l'un des hommes. N'êtes-vous pas mademoiselle de Villars ?

Il lissait la ceinture de son uniforme, pas peu fier de sa perspicacité. Elle bénit son zèle et lui sourit aussitôt. Voilà le mot de passe qu'elle avait négligé. Ils s'engagèrent ensemble sous le passage couvert. Lui jetait vers elle des regards pressants ; en même temps son nom d'aristocrate le retenait et il hésitait, la galanterie au bord des lèvres. Ils traversèrent finalement en silence le bâtiment. Le jardin s'ouvrit, orienté à l'est, baigné de soleil entre les arbres. La religieuse venait à leur rencontre. Elle portait l'habit des sœurs de Sainte-Madeleine, la longue aube noire et son voile épais sous lesquels le plastron blanc enserrait de près les tempes et le menton, et la cordelette blanche à la taille virevoltait à chacun de ses pas.

— Je suis heureuse de vous recevoir, mademoiselle, dit-elle d'emblée. Votre tante a apprécié ces deux jours chez nous. Elle vous attend au verger.

Elle désignait une vingtaine de détenues voilées qui cueillaient des cerises et les jetaient par poignées dans des paniers garnis de linge. Ses yeux en disaient davantage.

— Vous raccompagnerez ces dames jusqu'à la porte. Toutes les deux, ordonna-t-elle avant de disparaître.

Rien n'était à ajouter. L'homme se figea sous sa fermeté comme au salut militaire. Adélaïde l'oublia là et s'avança dans la lumière. Si Élisabeth avait reçu sa lettre elle avait dû vivre cette arrestation le cœur serein, mais si ce n'était pas le cas, dans quel tourment devait-elle être ! Et ce nom de Mlle de Villars n'avait pu la rassurer. Elle savait bien qu'il lui était interdit.

Son cœur battait si fort qu'elle en perdait l'équilibre. Comment reconnaître sa tante parmi toutes ces poupées mystérieuses ? Douze ans qu'elle ne l'avait revue. S'était-elle étiolée seule, empâtée, courbée sous le poids de l'ennui ? Elle-même avait tellement changé en tout ce temps… Elles étaient si loin de ce lendemain de fausse-couche où elles s'étaient dit adieu !

La femme adossée au cerisier se retourna tout à coup. Un geste rapide, franc, sans coquetterie. Adélaïde l'aurait reconnue n'importe où. Les larmes la submergèrent. Elle se mit à courir, les bras ouverts, gémissant malgré elle. La détenue jeta son voile en arrière et le visage blanc lui apparut comme autrefois, les pommettes hautes sous le chignon, les yeux baignés de tendresse.

— Ma tante, ma tante ! hurla-t-elle.

Leurs larmes s'étaient rejointes. Elle sentit les bras tant aimés se refermer sur elle, la serrer au-delà de toutes convenances. Mais plus rien n'avait d'importance. Au diable ce garde qui devait écarquiller les yeux et ces femmes ébahies qui murmuraient autour d'elles. Il n'y avait plus que la voix de sa tante à son oreille. Mon petit oiseau. Ma petite fille. Elle retrouvait la paix de son enfance, cette sensation merveilleuse d'oublier la peur au creux des nuits d'orage. Dieu qu'elle s'était forcée à effacer ce bonheur d'autrefois pour ne pas souffrir, à ne jamais se retourner pour libérer sa gorge des images chéries, et que le poids de ces efforts avait été lourd ! Elle en prenait conscience maintenant qu'il lui était ôté. Tout son corps s'allégeait.

— Tout de même, ma chérie…

Élisabeth l'écartait doucement.

— … me faire arrêter chez moi, me déshonorer ainsi jusqu'à la fin de mes jours. Êtes-vous devenue folle ?

Elle en avait les joues qui rougissaient. Adélaïde faillit sourire. Comment trouver le moyen d'être vexée en cet instant ? Elle s'était attendue à tout sauf à cela ! Mais sa tante balançait, l'air perdu.

— Et qu'allez-vous faire de moi, ma pauvre petite ?

En une seconde, elle réalisa sa fragilité. Tant d'années à vivre sous la coupe de ses parents, isolée, à ne plus exister que par eux, à n'être qu'une gêne sur cette terre. Comme elle s'en voulait de ne pas être intervenue plus tôt ! On ne survit pas sans raison d'exister. Elle pensa à la petite qui l'attendait avec Nanette dans la voiture. Oh, ces deux Élisabeth dans les bras l'une de l'autre, pouvait-elle seulement l'imaginer ? Elle saisit le petit visage bouleversé entre ses mains.

— Élisabeth n'a pas deux ans mais elle est très douée au clavecin, murmura-t-elle, surtout à deux doigts pour nous jouer la pluie et l'orage, et puis le chat poursuivant la souris.

Les larmes revenaient sans qu'elle puisse les retenir. C'était sa propre enfance qui l'étranglait, comme ce jour-là sur le marche-pied du fiacre. Et pourtant tout était différent. L'avenir les attendait, et l'amour, et une petite fille adorable.

— Il lui faudra un bon professeur, ma tante…

Elle l'embrassa doucement.

— … et je vous engage.

13.

La condamnation des artistes de l'Opéra était l'affaire politique du moment. Tous ceux qui avaient signé la procuration étaient concernés. Ils attendaient un procès, au moins une date. Mais l'automne succéda à l'été, la glace commença à frissonner sur la Seine et rien ne s'annonçait à l'horizon. Plus les jours passaient, plus l'inquiétude grandissait.

L'Opéra était un enjeu considérable dans la balance de Paris. Ce qu'ils avaient pris pour une simple transaction de deux cent mille livres relevait en réalité du complot contre la monarchie ! Louis XVI tergiversait. En condamnant treize Premiers Sujets, il provoquait la fermeture immédiate du théâtre et le soulèvement de la capitale ; en leur pardonnant, il admettait qu'une troupe de comédiens, solidaire, puisse être victorieuse du pouvoir royal. Ni l'un ni l'autre des points de vues n'était admissible. La justice ne savait que faire pour l'aider à prendre sa décision.

La délivrance de la reine, le 19 décembre 1778, soulagea à peine ce ciel orageux. Louis XVI offrit un million de livres pour doter cent filles à marier, parmi les plus pauvres et les plus jolies, et le couple royal prit la tête du cortège pour conduire ces bonheurs d'un jour de Notre-Dame à l'Évêché. Sur le Pont-Neuf les vingt-huit carrosses, les gendarmes, les

Chevau-légers et les officiers de la Fauconnerie avaient fière allure, mais le peuple massé sur les berges était fatigué. La démonstration ne lui fit pas battre des mains comme on l'espérait. Marie-Antoinette reprocha au lieutenant de police de ne pas avoir payé assez ses aboyeurs.

Personne n'avait songé que la fête ne suffisait plus.

La morosité s'était abattue sur Paris. M. de Vismes dirigeait plus mort que vif un théâtre figé dans la tourmente. Quant au public, il hibernait sur quelques reprises comme pour mieux reprendre des forces avant le concours des deux *Iphigénie*. Madeleine et Dauberval, au premier rang des accusés par la procuration, proposèrent de montrer leur bonne volonté en offrant à un jeune couple sa noce au Vauxhall d'hiver et une dot de trente louis d'or. Tous les artistes étaient d'accord. M. Noverre rédigea le texte annonçant la souscription ouverte dans le *Journal de Paris*. Deux jours plus tard l'archevêque leur interdisait la réception au Vauxhall sous le prétexte de parodier la cour.

— La belle hypocrisie, décréta Madeleine, puisque c'est ainsi j'organiserai la fête chez moi.

Cette punition déguisée lui était intolérable. Après tout il ne s'agissait que d'une bonne action et il était temps qu'ils se défendent ! Le roi avait laissé M. de Vismes aller jusqu'au scandale parce qu'il était le protégé de la reine et les avait obligés à agir à sa place pour le bien de l'Opéra ; les accuser maintenant de mutinerie contre l'État était une lâcheté. Adélaïde partageait ce sentiment mais, à part la peur de perdre ses appointements pour nourrir sa maisonnée, elle se sentait loin de tous ces aléas politiques. La seule chose qui lui importait était que sa tante renaissait chaque jour un peu plus et, Élisabeth sur ses genoux, reprenait confiance en elle. Parfois même elle éclatait de rire sans raison, comme si sa vie passée se posait sur son bras et qu'elle trouve drôle de la chasser d'un geste, en insecte désagréable. Le reste du temps elle ne quittait pas la petite des yeux, surtout quand ses premiers pas l'amenaient vers l'escalier, patiente et téméraire. Ses yeux bleus, ses joues potelées, ses cheveux qui commençaient à boucler la ravissaient. Elle tentait de les coiffer avec des rubans que la petite arrachait consciencieusement l'un après l'autre, à la grande joie de Nanette. Ses deux fils étaient plus coquets qu'elle !

La vie des enfants rythmait désormais celle de la rue de Charenton. Adélaïde aimait à ressentir cette métamorphose, et l'harmonie qui surgissait du tableau. Elle avait l'impression que c'était un peu son œuvre. Cela lui donnait envie d'oublier la mythologie et d'écrire des mélodies sur les thèmes de la vie quotidienne, avec des rythmes contrastés. Une douceur nouvelle enrichissait ses harmonies. La présence de sa tante et son écoute attentive la ramenaient à ses plus beaux moments avec Charles. Elle le sentait à nouveau derrière sa nuque, enthousiaste, la poussant vers ce besoin dévorant : faire face au public. Elle en avait la force désormais, elle le sentait. Joseph lui répétait chaque jour que le Concert Spirituel était à sa disposition, que ce n'était pas une vaine promesse. Son orchestration d'*Anacréon* était terminée et lui plaisait. Grétry lui-même était confiant. Elle avait tellement hâte d'entendre l'orchestre donner vie à sa musique dans cette salle magnifique des Tuileries ! Un succès lui ouvrirait les portes de l'Opéra, si seulement Berton était là… Il fallait qu'elle réussisse à le ramener. Le roi devait comprendre que c'était son intérêt, qu'avec ce geste il mériterait l'amour de Paris. Ainsi tout rentrerait dans l'ordre.

Françoise se moquait de sa naïveté. La situation lui semblait dramatique. L'archevêque ne leur interdisait pas le lieu mais la fête même. S'entêter, c'était braver le roi, l'obliger à réagir ! Certains d'entre eux risquaient de payer pour les autres. L'entrain de Madeleine à préparer cette réception la révoltait autant qu'elle amusait le peuple, qui chantait dans les rues :

C'est Guimard qu'on vient d'élire
Trésorière à l'Opéra :
On a raison car elle a
La plus grande tirelire !

Adélaïde ne put la convaincre de se rendre avec elle rue de la Chaussée d'Antin. Madeleine avait pourtant bien fait les choses. Une allée de torchères éclairait la cour intérieure jonchée de roses. Des obstacles avaient été disposés comme pour une noce de campagne et les époux durent écarter rubans et tresses pour accéder aux marches du perron. Derrière eux, leurs invités en habits du dimanche écarquillaient les yeux sur le vestibule pavé de marbre, les cheminées crépitant au salon et l'élégante compagnie qui les y attendait. La multitude des chandeliers ravivait la pâle lumière de janvier. Pensées, hyacinthes et iris parfumés embaumaient dans des corbeilles de cannetille tandis qu'entre les fenêtres se dressaient de grands vases de Saxe et leurs fleurs de porcelaine. L'hiver s'oubliait.

Étienne Despréaux était là. Madeleine affichait des airs maternels pour le danseur de cinq ans son cadet, mais l'amour qu'il lui vouait depuis son entrée dans la troupe la séduisait autant que son inventivité. Elle laissait le jeune homme passer des journées entières à la villa et personne ne doutait que d'ici peu il puisse y passer ses nuits. Sa dernière trouvaille était un théâtre miniature qu'il avait posé sur une table au salon. Tous s'installèrent sur les chaises, intrigués. Sur un signe à l'orchestre, Étienne posa en scène deux petites jambes de tissu parées de chaussures et attaqua le menuet.

Ils éclatèrent de rire. C'était Vestris, à n'en pas douter ! Ces drôles de marionnettes l'imitaient avec une précision incroyable. Un tonnerre d'applaudissements salua le talent de l'artiste. Déjà d'autres chaussures surgissaient, les variations s'enchaînaient. Piqués au vif, les invités parés se mirent à crier comme aux charades. Les autres les regardaient sans comprendre. Ce spectacle-là était encore plus drôle. Étienne salua sous les acclamations et, emporté par l'élan, rejoignit d'un bond Madeleine pour l'embrasser.

Cette spontanéité émut Adélaïde. Elle rêvait tant de retrouver ne serait-ce qu'un instant les bras de Charles, sa barbe chatouilleuse contre sa tempe, ses baisers dont il savait faire un jeu ! Toutes ces sensations s'effaçaient doucement de son corps. Dire qu'ils avaient partagé tant d'heures merveilleuses à poser pour le tableau, riant, s'enlaçant parfois à n'en plus respirer, et qu'elle n'avait même pas un portrait de lui pour ranimer ses souvenirs. De toutes ses forces il lui fallait lutter pour ne pas les perdre tout à fait.

Madeleine, elle, ne connaissait que la coquetterie. Elle se dégagea de l'étreinte et d'un seul mouvement lança la farandole.

— Aujourd'hui tu ne m'échapperas pas, lui cria-t-elle au passage, j'ai invité le Bailli de la Tour et tu me dois au moins une danse !

Emportée par l'émotion, Adélaïde faillit lui répondre vertement. L'expression affolée de la domestique l'en empêcha.

— Madame, madame… le guet est dans la rue ! À votre porte, madame !

Les musiciens s'arrêtèrent, l'archet sur la corde. En une seconde, les mains se dénouèrent, l'élan retomba et seules les flammes dansèrent encore au bras des girandoles. La petite mariée retenait sa couronne. Autour d'elle, ses amis baissaient la tête : la justice divine ne se faisait jamais attendre, ce paradis-là n'était pas pour eux, ils l'avaient su en posant un pied dans cette maison.

Il n'en fallait pas plus pour que Madeleine se rebelle.

— Ah ça, je suis ici chez moi ! s'écria-t-elle. C'est une demeure privée et M. l'Archevêque n'y a aucun droit ! Étienne, réunis les domestiques devant les pièces du rez-de-chaussée, messieurs les gentilshommes, à vos épées, vous défendrez l'entrée et l'escalier.

Resplendissante de diamants, elle était prête à se battre avec une louche volée à la cuisinière. Chacun exécuta les ordres sans discuter. Adélaïde oublia son ressentiment et sourit.

— Ça ne sert à rien d'avoir l'air bête, marmonna son amie, ramène-moi donc Sébastien, il fera un parfait capitaine, et cherche aussi Dauberval. Cet idiot n'est jamais là quand on a besoin de lui !

Elle disparut, vexée. Adélaïde s'élança vers les communs avec une furieuse envie de rire. Tout le monde courait dans tous les sens maintenant, les rangées se formaient en bataillon. Jamais ils n'avaient vécu pareille aventure. On en oubliait presque ce commandant derrière la porte. Elle traversa d'un pas léger l'office et sa bonne odeur de sucre. Les pâtissiers mettaient la dernière main au dressage. Dans la cuisine l'effervescence était tout autre. On s'affairait de l'âtre aux fontaines d'étain, des potagers aux dessertes pleines. Les cheminées tiraient bruyamment. Un torchon à la main, une servante emportait la fumée devant la fenêtre ouverte. Un homme sortait du bûcher. Son menton en galoche sous le chapeau la sidéra.

— Sébastien ! hurla-t-elle.

Le Gascon jaillit de nulle part, les poings en avant, mais l'autre avait lâché son bois et sauté par la fenêtre. Ils dérapèrent ensemble sur le gravier. Un cheval affolé se cabra. L'inconnu le rassura d'une main en sautant en selle. Sébastien se pendit à ses rênes et sur quelques mètres tenta de le jeter au sol. Peine perdue. Déjà l'homme et sa monture tournaient au galop à l'angle de la propriété.

Elle le regarda disparaître cœur battant. La vérité fondait sur elle à la vitesse de cette voiture dans la rue des Blancs-Manteaux. Madeleine avait eu raison. Cet homme n'était pas intervenu par hasard. Il la suivait.

— Je suis désolé…

Le cocher revenait tout essoufflé. Elle le rassura d'un geste mais il tremblait, plus blanc que la porcelaine qui défilait autour d'eux.

— Ce n'est pas cela, madame. Voyez comme la bête lui a obéi, ce cheval était à lui et j'ai vu les armoiries sur ses rênes… c'était celles de M. de la Bélinaye.

La fumée la prit à la gorge. Toute la pièce tournait au rythme des broches, le feu crépitant, les grilles des potagers, leurs carreaux colorés. Elle ferma les yeux dans ce tourbillon. Ces cuisines étaient un enfer. Il fallait qu'elle sorte, tout de suite.

Il la souleva dans ses bras et l'emporta jusqu'au premier étage. Le palier était désert. Elle respirait à petites goulées contre lui, effarée de retrouver son poitrail large et le vertige de ce jour-là, devant les murs de l'abbaye. Comment avait-elle pu ignorer les conséquences de la mort de Charles ? Ne pas s'inquiéter que la maison lui reste, que personne ne vienne lui réclamer des comptes ? L'épouvantail des successions et des héritiers sans scrupules se dressa soudain devant le petit lit d'Élisabeth. Oh, son sourire d'enfant, sa respiration si fragile ! Était-ce possible que quelqu'un leur en veuille ?

— Rejoignez Madeleine dans l'entrée, Sébastien, balbutia-t-elle, elle a besoin de vous pour défendre la maison.

Il sentit qu'il devait obéir et disparut. Elle restait haletante sur la marche. Tant pis pour Dauberval et le poids qu'il pouvait avoir contre toute autorité, elle n'avait pas la force de le chercher dans cette maison. Un homme de main, payé par la famille de Charles ! Mais que lui voulait cet homme qui lui avait pourtant sauvé la vie, et pourquoi la surveiller ainsi en secret ? Agissait-il pour le compte de ce Bailli de la Tour, qui voulait en savoir plus sur elle ? Une façon comme une autre, peut-être, de la faire céder. Ou était-il payé par Armand ? L'enfant gâté était capable de vouloir la protéger, voire de s'assurer de sa bonne conduite en l'attendant, cette histoire de mariage l'avait tant exalté à l'heure de sa fuite ! Dieu qu'elle le détestait soudain.

Le cliquetis des armes envahit le vestibule. Elle se jeta vers la rampe. Madeleine s'avançait entre Étienne et Dauberval, un rang de gentilshommes sur ses talons. Les autres fermaient avec les domestiques les portes du rez-de-chaussée.

— Pour autant que je m'en souvienne depuis que l'Église m'a jeté dehors, aujourd'hui n'est pas un jour saint, s'écria Dauberval. Personne ne peut nous empêcher de faire la fête, je vous prie donc de vous retirer prestement, monsieur le capitaine.

— Et puis-je avoir prestement votre nom, monsieur l'insolent ? répondit le commandant sans s'émouvoir.

— Jean Dauberval... pour vous servir !

Le danseur n'eut pas le temps de la révérence. L'autre l'avait crocheté à l'épaule.

— Parfaitement, vous pouvez m'obliger, Dauberval. Je vous arrête ! Mademoiselle Guimard, veuillez ne pas intervenir je vous prie. L'ordre dont je suis porteur ne vous concerne pas. Sa Majesté a pris sa décision concernant les mutins de l'Opéra, elle a l'extrême indulgence de pardonner à onze d'entre eux mais Françoise Duplant, qui a demandé sa retraite, est renvoyée sans aucun droit et M. Dauberval...

Un sourire à l'insolent. Son métier n'était pas si plaisant tous les jours.

— ... est renvoyé lui aussi. Il devra quitter l'Opéra avec l'interdiction formelle d'y remettre jamais les pieds, même en payant, et il couchera ce soir en prison, pour l'exemple.

Le silence seul lui répondit. L'exemple, la bonne conscience des lâches. L'injustice par excellence. Que Louis XVI préfère remplacer un procès en bonne et due forme par une sentence arbitraire et casser l'entente entre Madeleine et Dauberval, Adélaïde pouvait le comprendre ; c'était une tactique bien connue, de bonne guerre. Mais condamner sa Françoise, qui n'avait même pas osé lui avouer qu'elle avait demandé sa retraite. Quelle faute avait-elle commise sinon se montrer lasse de leurs querelles, ni plus ni moins que Sa Majesté elle-même!

— Renvoyer M. Dauberval est inacceptable. En conséquence, vous voudrez bien apprendre au roi que Mlle Théodore démissionne.

La silhouette gracieuse se glissa aux côtés de Dauberval. Sa voix était menue mais tous l'avaient entendue. Le Premier Danseur se retourna. Lui si loquace d'habitude ne savait que dire. Il regardait ce petit corps qui, dépassé par sa propre volonté, lui offrait sa vie. Il n'était qu'un homme, ce serment l'éblouit. D'un geste il l'enlaça. La nuque de la jeune fille se cabra, tous ses muscles se tendirent et brusquement dans un soupir d'oiseau blessé elle se blottit contre lui, les lèvres sur les siennes.

Adélaïde frissonna. Devant elle les amoureux s'embrassaient, Madeleine jalouse ouvrait la bouche, prête à n'importe quelle folie. Françoise fondrait en larmes en apprenant la nouvelle. Ses amis. Tous ses amis.

Elle se pencha par-dessus la rampe.

— Capitaine, ne partez pas sans l'autre moitié du message.

Ses doigts se crochetaient dans le fer forgé. Elle eut le temps de voir Sébastien lever la tête et lui lancer un regard paniqué, comme s'il avait cru en cet instant qu'elle puisse se jeter dans le vide.

— Vous direz à Sa Majesté que Mlle Beaumesnil démissionne aussi.

14.

Le petit escalier pivotait sur lui-même à vous en faire tourner la tête. Arrivés en haut, le souffle court, hommes et femmes hésitaient une seconde avant de se lancer à l'assaut des bancs. La pente impressionnante facilitait les choses et chacun manquait tomber sur son voisin pour mieux faire sa place. Cette petite comédie était tout ce qu'elle cherchait à fuir. Elle se glissa discrètement vers les places du fond. Ce dernier rang d'amphithéâtre sentait la sueur et la terre humide, mais il la protégeait. Personne ne la reconnaîtrait ici dans cette robe prêtée par Nanette.

Assise, elle soupira enfin. Berton disparu, Françoise renvoyée, elle-même écartée du jeu. Elle avait l'impression d'être au bout du voyage. D'ailleurs qui se préoccupait encore de son sort ? La grâce de Dauberval avait été vite obtenue par ces dames qui l'aimaient tant et une nouvelle indulgence du roi ne pouvait être perçue que comme de la faiblesse. Elle était inconcevable. Mlle Théodore, Françoise et elle restaient la sanction, seule preuve du pouvoir, aussi infime soit-elle. De semaine en semaine le soutien du public faiblissait.

La nervosité de la salle la consolait un peu. M. Piccinni n'avait accepté ce concours que sur la promesse que son *Iphigénie* serait créée la première. Bien sûr c'est celle du

Chevalier qui avait été affichée ! Un déshonneur de plus imposé par M. Gluck. Paris était bien décidé à le lui faire payer. Son entrée ne fut pas plus applaudie que celle de la reine. La froideur était manifeste. Les premières phrases de l'ouverture y répondirent parfaitement, élégantes, imperturbables. Elle ferma les yeux. Elle ne savait comment les écouter. Qu'elles décident d'une victoire ou d'une défaite, *Iphigénie* ne lui appartenait plus.

Et brusquement le temple de Diane émergea de l'obscurité. Les prêtresses se jetaient à genoux, bras au ciel. La panique s'emparait de l'orchestre. Déjà de toutes les entrées le peuple accourait, affolé au milieu des éclairs. On oubliait les machinistes qui passaient derrière la toile lacérée, torches à la main, attentifs au danger. Cette tempête était si puissante qu'elle prenait à la gorge. M. Gluck n'était pas seulement le musicien des grandes passions et de la douleur comme on le disait, il était aussi celui du saisissement, du miracle absolu du théâtre et le prouvait en une page : la première.

Thoas parut dans un silence de plomb. L'oracle avait prédit au roi des Scythes qu'il serait tué par un étranger, il lui fallait un sacrifice de sang pour calmer les dieux. Deux Grecs échoués sur le rivage semblaient des victimes toutes désignées : Joseph et Henri, qui jouaient Pylade et Oreste, étaient arrêtés, emmenés en prison. L'urgence rythmait tout ce premier acte. Quand le rideau tomba, la salle haletait.

C'est à peine s'il y eut quelques murmures. Chacun écoutait comme si le grincement des poulies et le choc des fermes qu'on déplaçait tenait encore du ressort des dieux et de leur colère. Enfin le décor apparut, un souterrain humide dans lequel les deux héros se juraient une amitié sans faille. Les gardes les séparaient de force. Resté seul, Oreste s'écroulait. Une exclamation étouffée souleva l'amphithéâtre. Les Euménides semblaient flotter sur le sol plus qu'elles ne marchaient dans leurs larges robes rouges rebrodées de serpents et d'écailles noires, le poignard à la main. La magie opérait.

Leurs chants et leurs danses s'emparaient du sommeil du héros. L'entrée d'Iphigénie mit fin à leurs sortilèges.

Rosalie descendait lentement à l'avant-scène avec la voix d'un ange. Sa douceur pour s'adresser à son frère sans le reconnaître, pour réagir aux nouvelles qu'elle apprenait de sa bouche, la mort d'un père, d'une mère coupable, d'un frère enfin porta la tension à son comble jusqu'à son air « Ô malheureuse Iphigénie ». Les quatre vers répétés inlassablement entrelaçaient les phrases musicales avec une beauté et une inspiration sans cesse renouvelées. Ce fut une ovation.

L'émotion avait été si forte que les conversations se déchaînèrent aussitôt. Il ne restait que deux actes ; deux actes pour croire au miracle et empêcher un triomphe. Adélaïde piaffait derrière l'éventail. Comment cette garce pouvait faire pleurer toute une salle alors qu'elle n'avait pas un gramme de cœur. C'était bien là le plus grand des sortilèges ! Dire qu'elle aurait pu lui opposer une Iphigénie vibrante de sincérité et qu'elle s'en était volontairement privée. Seule la vue de sa pauvre Françoise enfermée chez elle, incapable de sourire ou de regarder l'avenir, l'empêchait de regretter son geste. Dix-huit ans de service et une retraite sans pension, autant dire la misère au bout du chemin, la sentence coupait les jambes de son amie. Elle passait ses journées, pâle, dans un fauteuil. Quand Adélaïde lui rendait visite, elle glissait ses mains dans les siennes et inspirait avec elle, retrouvant l'odeur de la loge, du poêle fumant et de la poudre dans son pot d'écaille. Elles n'avaient même pas eu à faire un ballot ; rien ne leur appartenait dans cette petite pièce où elles avaient été chez elles.

Non, elle n'avait pas de regrets. Jamais elle n'aurait pu chanter le cœur confiant comme Rosalie en sachant Françoise punie injustement. Par bonheur, sa tante la soutenait en tous points. Sa présence était un vrai réconfort, et une inquiétude de moins. Bien que l'homme au chapeau n'ait pas reparu, ils n'étaient pas trop de quatre à veiller sur la petite. Le Bailli de la Tour, en revanche, la pressait tous les jours. Il savait que privée de ses appointements elle finirait par lâcher prise. Pour le faire patienter elle lui avait vendu le tableau de M. Pujos. Seule l'empreinte de la toile restait sur le mur, lui rappelant tant de souvenirs. Nanette avait interdiction d'y toucher. Elle n'était que poussière et pourtant elle lui faisait du bien.

Les protections d'autrefois aussi n'étaient plus que poussière. Le prince de Conti était mort, le duc de Chartres avait perdu tout crédit auprès de Sa Majesté et Berton désabusé avait disparu en province. Sans doute ne savait-il même pas ce que Françoise et elle traversaient. Madeleine essayait encore de les défendre auprès de M. de Vismes mais leur directeur n'était plus qu'un pauvre gueux persuadé de sa mort prochaine et incapable de réagir. Le plan qu'elles avaient si bien élaboré s'était retourné contre elles. Madeleine était allée jusqu'à Versailles pour demander une audience à la reine ; celle-ci l'avait refusée.

Adélaïde se pencha vers la loge royale. Marie-Antoinette promenait son regard distant sur la foule. Personne ne lui prêtait attention. Elle avait voulu devenir une spectatrice parmi les autres et le payait chèrement. De tout l'entracte, elle n'eut pas un sourire et les applaudissements qui saluèrent le retour de l'orchestre ne se tournèrent pas vers elle.

L'enthousiasme pour l'opéra, lui, ne faiblissait pas. Chacun avait oublié sa rancune et ne vibrait plus que pour la surprise du dénouement. La fin du spectacle fut une merveilleuse succession d'émotions : d'abord le duo de Joseph et Henri espérant mourir l'un pour l'autre, puis l'air si brillant de Pylade « je vais sauver Oreste ou courir au trépas » qui enflamma la salle. Pendant toute la préparation du sacrifice on entendit les respirations nouées, à fleur de peau. Enfin le cri d'Oreste, « Iphigénie, Ô ma sœur, ainsi tu fus jadis immolée en Aulide ! », déclencha le tumulte. L'entrée des Grecs, la mort du tyran, la beauté musicale, l'extraordinaire talent de M. Gluck, tout fut acclamé ensemble. Il n'y avait plus de doute : la tâche de M. Piccinni s'avérait impossible, ce fameux concours était gagné d'avance.

Le rideau tomba pour se relever dans une clameur de triomphe. Les rappels s'enchaînaient. Le public était debout. Adélaïde profita du jupon de Nanette pour se glisser rapidement entre les rangs. Elle n'avait plus qu'une idée, échapper à cette foule qui l'avait aimée et qui bientôt ne la connaîtrait plus.

— Mademoiselle Beaumesnil !

Le cri du concierge la stoppa dans sa course. Il sautillait de marche en marche dans l'escalier. « La peste l'étouffe », pensa-t-elle en essayant de faire demi-tour. Mais il l'avait déjà rattrapée.

— Enfin, mademoiselle, vous êtes là. Je vous cherche partout ! M. de Vismes m'a fait promettre de ne vous laisser quitter le théâtre à aucun prix, il faut m'accompagner ou il me renverra...

Il croisa son regard effrayé.

— Je ne sais rien, avoua-t-il.

Elle le croyait aisément. La peur lui nouait le bas du dos. Que pouvait lui vouloir cet homme en ce soir de victoire ? Comme aux autres mutins, le roi lui avait donné un an pour se racheter par son zèle à ses yeux. C'était absurde. Lui ne demandait qu'à partir, les artistes qu'à reprendre une administration qui courait à sa perte et un roi qui ne connaissait rien au théâtre, sinon qu'il ne devait laisser aucun pouvoir aux artistes au risque d'une révolution, leur coupait la route. N'étaient-ils vraiment que de mauvais exemples ?

Son instinct lui commandait de fuir à toutes jambes. Mais le pauvre homme tremblait, elle ne pouvait le laisser là. Coupant d'un geste ses remerciements, elle le suivit en coulisses. L'atmosphère y était aussi joyeuse qu'en scène. Elle baissa la tête et pria le ciel de la faire discrète dans ce costume. C'était trop demander. La grande robe noire aux reflets moirés brillait en travers de son chemin.

— Je suis désolée, susurra la princesse.

Elle se retint de la gifler. Elle savait encore faire la différence entre théâtre et sincérité, et pour ce soir la tragédie était finie. De quoi cette fille pouvait-elle être désolée avec ses épaules parées de diamants et son petit nez retroussé au milieu de sa figure sans émotion ?

— Désolée, murmura-t-elle, te voilà bien hypocrite, comme d'habitude.

— C'est faux, s'écria Rosalie, moi je ne t'ai rien demandé, c'est toi qui es partie avant la bataille, bêtement, alors que le public pouvait enfin décider entre nous deux, clairement ! Au fait, c'est Mlle Laguerre qui te remplacera, sans doute ?

Le joli volte-face. La garce. Elle savait enfoncer un couteau.

— Ne va pas trop vite en besogne, souffla Adélaïde, ce que tu n'as pas compris, ma petite, c'est qu'on ne m'a pas renvoyée. Et certaines personnes respectent même un sentiment qui n'a jamais effleuré ton petit cœur rachitique, l'amitié !

— Ah ça, ma pauvre chérie, mais c'est le cerveau chez toi qui est rachitique !

Elle l'avait coupée en haussant le ton. Les uns et les autres se retournèrent, étonnés. Il y avait tant de témoins pour le duel, soudain, qu'elle sourit.

— Te sacrifier pour Dauberval, la belle affaire, quelle folie ! Tout le monde savait qu'il s'en sortirait tout seul ! Mais toi, tu crois qu'on va te supplier à genoux parce que tu as eu un geste héroïque ? Tu te souviens quand même que tu as bravé le roi… que tu as contesté sa justice ? Que tu l'as humilié ?

Ses yeux exorbités semblaient grossir en mesure. Comme elle coassait bien cette grenouille, enflant, enflant comme celle de M. de La Fontaine au milieu de sa mare. Adélaïde étouffait avec elle. Plaider l'honneur pour espérer le pardon… L'autre avait raison, en vérité elle s'était condamnée elle-même et pouvait garder ses rêves pour bercer ses nuits désormais. Jamais aucune œuvre de sa composition ne s'afficherait dans ce théâtre pour ranimer son souvenir ! Ce départ était une fin. La rage lui mangeait l'estomac. Elle aurait voulu une arme, n'importe laquelle, un pistolet pour tirer droit devant elle, une de ces poudres que le mage gardait jalousement sous clé, ou même…

Une carte. Une simple carte. L'atout maître. Oh, le beau jeu que Mlle Duthé lui avait vendu ! Elle l'avait mené au bout, le petit.

— Voyons, Rosalie, murmura-t-elle, ce n'est pas parce que tu n'es qu'une putain des foires qu'il faut crier si fort…

La flèche atteignit tranquillement sa cible. À l'instant même deux taches rouges enflammèrent les joues de la poupée. Elle était bonne à mettre en vitrine tant elle tremblait, les yeux fixes, tout occupée à soupeser son secret et sa vie dans la balance. Elle ne songeait même pas à nier, pauvrette. Le calcul mental n'était pas son fort. Pourtant l'opération était simple. Un seul mot et la vérité courrait ce soir les rues de Paris. Plus d'amitié de M. Gluck, plus d'avenir. Sa carrière ne résisterait pas une seconde à l'abandon du comte de Mercy-Argenteau.

Adélaïde hésita. Le cercle se resserrait avec avidité. La haute stature du Chevalier le dépassa d'une tête, son grand mouchoir à la main pour essuyer son visage luisant de sueur.

— Ah, mademoiselle Beaumesnil. Je suis heureux que vous soyez venue, c'est moi qui vous ai fait mander.

Rosalie manqua s'évanouir. Ses épaules cherchaient à disparaître sous terre. Même le diadème qu'elle portait si fièrement tout à l'heure en devenait terne. Mais le compositeur continuait sans la voir.

— Voici la partition de mon ballet *Écho et Narcisse*. Nous le monterons à l'automne et je veux que vous soyez mon Écho, Beaumesnil. Et j'entends bien avoir votre réponse ce soir !

Il avait pris sa voix grave. Des mots de Dieu, de miséricorde. Elle sentit le sol se dérober sous ses pieds.

— Vous vous moquez sans doute, monsieur. Merci de votre aumône, mais je n'appartiens plus à la troupe de l'Opéra.

— Adélaïde, écoutez-moi…

— Et pourquoi cela, Chevalier ? Parce que vous avez tous les droits en ces lieux, même celui d'inventer n'importe quelle histoire ? La scène ne vous suffit plus ?

— Mais laissez-moi parler ! supplia-t-il avec une douceur qu'elle ne lui connaissait pas. J'aime votre voix et votre instinct musical, Beaumesnil, simplement je l'entends résonner dans le sourire et non dans la tragédie. Le ballet est fait pour vous, je n'en doute pas.

— Moi non plus, je ne doute que de ma place, monsieur ! Je vous aurais cru plus prompt à lire les journaux. La reine elle-même, qui vous aime tant, m'a refusé son soutien !

— La reine, vous m'étonnez beaucoup…

Il était presque sincère. Elle lui tourna le dos sans plus se préoccuper des regards posés sur eux que de la mine ébahie de Rosalie. Tant pis pour la vengeance. Que cette orgueilleuse respire, l'heure était passée. Mais le Chevalier l'avait rattrapée. Il prenait sa main, doucement, y posait un feuillet, le déroulait. Le cachet royal resplendissait dans la cire écarlate. Elle lut et relut sans comprendre. Son engagement signé du roi. Comment était-ce possible ? Elle aurait pu sauter de joie et soulever ce rideau pour hurler à la foule ce que son cœur ne savait dire. L'image de Françoise l'ancrait dans le sol.

— Je ne puis accepter, murmura-t-elle, ma meilleure amie a été renvoyée avec la plus grande injustice et…

Son rire lui coupa la parole, un grand rire d'été aux reflets d'arc-en-ciel qui roulait à travers les cintres, cognait la coupole et ricochait à tous vents.

— Ah, ah, je le savais, hurla-t-il comme un enfant polisson qui n'a pas raté son effet, je savais que vous diriez cela !

Des mots d'allemand lui échappaient et se mêlaient à cette joyeuse cacophonie, tant et si bien qu'il ne pouvait reprendre souffle. Le deuxième feuillet vola entre ses mains. Elle se rattrapa à sa manche, étourdie.

— Et à quel prix fixeriez-vous votre retour, petite demoiselle ? hurla-t-il. Voici la grâce de Françoise Duplant, la reine l'a obtenue en même temps que la vôtre. Quant à Mlle Théodore, gageons que M. de Vismes la laissera se représenter aux yeux du public et qu'elle sera reçue à nouveau. Chacun sait que son geste n'a été dicté que par l'amour, Mlle Guimard l'a assez clamé partout pour obtenir son pardon.

Elle posa son front sur sa poitrine sans plus de pudeur. C'était un asile dur, rebutant, mais pour un soir elle n'en aurait pas voulu d'autres pour cacher ses larmes. Madeleine s'était battue pour Théodore malgré sa jalousie, la reine leur avait sauvé la vie bien qu'elles aient bravé le roi et ce grand homme qu'elle avait haï lui ouvrait les bras. Une paix effarante s'infiltrait en elle. Mais lui ne savait rien de tout cela ; il savourait sa victoire.

— Les répétitions d'*Écho* commenceront en août. Puis-je compter sur vous, Adélaïde ?

Elle acquiesça sans un mot. Son timbre caverneux résonnait à son oreille comme celui des enchanteurs. Le pays des fées reprenait vie, ces histoires d'enfance qui l'émerveillaient quand elle regardait avec Madelon les lueurs virevolter dans les arbres au couchant.

Août. Elle avait bien le temps de retrouver sa voix.

15.

D'Iphigénie enfin j'entends la voix touchante,
Voilà son âme tendre et sa noble douleur,
L'esprit censure en vain lorsque Beaumesnil chante,
Elle entraîne toujours le suffrage du cœur.

Le quatrain faisait le tour de Paris. La capitale était satisfaite de la clémence royale et M. Gluck ne cachait pas sa fierté d'avoir joué les pacificateurs. Son auréole en sortait grandie, comme celle de la reine. Peu importait que M. de Vismes ne soit plus que l'ombre de lui-même. L'Opéra avait d'autres directeurs.

Adélaïde ne voulait pas s'interroger sur les raisons de sa grâce. Le Chevalier lui avait offert sa place, le rôle d'Écho et même celui d'Iphigénie en alternance avec Rosalie. Qu'elle doive ou non son bonheur à une habileté politique n'y changeait rien, elle chantait chaque soir avec le cœur du condamné qui revient à la vie.

Ses amis n'étaient pas prêts à s'en tenir là. Le roi avait clairement avoué sa peur du conflit et il fallait battre le fer tant qu'il était chaud. L'« *Instruction du procès entre les Premiers Sujets de l'Académie royale de musique et le sieur de Vismes, entrepreneur, par devant la Tournelle du public* » fut vite écrite : tous les arguments accusant le directeur étaient réunis sous la forme d'un réquisitoire ; la « justice » réclamait ainsi ouvertement son renvoi. Même Rosalie le signa. Madeleine crut s'étrangler quand Dauberval lui apprit.

— Et comment refuser ? riposta le danseur. Quatorze Premiers Sujets épaulés par M. Noverre, c'est une force incontestable. Le roi sera obligé de capituler !

Pour lui la chose était entendue. Les signatures de Joseph, Henri et Gélin, Adélaïde, Françoise, Rosalie et Mlle Durancy pour le chant, de Vestris, Gardel, Dauberval, Madeleine et Marie Allard, Anne Heinel et Mlle Peslin pour la danse devaient faire pencher la balance en leur faveur. Adélaïde se garda de dire à Madeleine les vraies motivations de Rosalie. Depuis que cette fille avait compris qu'elle tenait son bel amour entre ses mains, elle filait doux et il n'était pas désagréable de la voir trembler ainsi. Elle avait bien envie de garder un peu son secret.

Le mémoire eut l'effet escompté : la salle tempêta. Le Bureau de la Ville prit peur, on ne reparla plus que de l'affaire de l'Opéra. Louis XVI promit qu'un arrêt du Conseil serait signé à Fontainebleau, sans préciser à quelle date il paraîtrait. Le public s'intéressait plus à l'augmentation possible du billet de parterre à quarante-huit sous, quand il s'affichait à vingt-quatre aux deux Comédies, qu'à une sentence contre les artistes. Il y avait fort à parier qu'en quelques mois cette affaire de mutinerie ne s'oublie.

Ce qui comptait avant tout, c'était le renvoi de M. de Vismes. Sans lui, tout redevenait possible, la direction en comité d'artistes et le retour de Berton. Cet espoir donnait des ailes à Adélaïde. Elle avait décidé de commencer son opéra et son choix était fait : l'acte des *Saturnales* des *Fêtes grecques et romaines*. Le livret de M. Fuzelier lui plaisait où Délie se jouait si bien de son amant. Puisque Tibulle s'était déguisé sans lui avouer son amour, la jeune fille s'amusait de lui jusqu'aux plus cruels tourments : « Je ne pourrais, sans vous, voir ici mon amant ! » Ce jeu était si féminin. Il lui semblait qu'une femme devait s'en emparer et donner au personnage non seulement toute la mesure de la coquetterie mais sa tendresse. D'ailleurs, l'intrigue l'inspirait tant que quelques airs étaient déjà écrits. Elle ne les avait pas soumis à Grétry ; s'il rentrait, Berton serait trop heureux d'être le premier à les entendre.

En attendant, sûre du Concert Spirituel pour sa création, elle s'était lancée dans un nouvel oratorio, *Les Israëlites poursuivis par Pharaon*. L'énergie qui la portait lui faisait multiplier trompettes et timbales. Sa tante écoutait et riait de sa facilité à écrire des marches militaires. « Votre père serait fier de vous ! » s'exclamait-elle avec un sourire moqueur qui disait assez combien le passé ne l'empêchait plus de vivre. Elle passait des heures au clavecin. Élisabeth et les deux fils de Nanette s'installaient en rang d'oignon sur la bergère et, la tête fière, les bras gracieux, elle leur chantait des airs d'autrefois, des mélodies italiennes aux cadences libres et virtuoses. Les enfants applaudissaient à tout rompre et l'inquiétude s'effaçait.

Adélaïde était certaine qu'Armand l'avait fait suivre et y avait finalement renoncé. Les journaux vantaient ses exploits en Amérique et le disaient à New York, menant avec sa compagnie des expéditions pour enlever des chefs anglais. Des actions folles, bien dans son caractère ! Devant son audace M. Washington lui avait remis un brevet de colonel, qu'il avait accepté sous le nom de Charles Armand pour mieux oublier sa noblesse. Mais elle ne pouvait croire seulement à de la ferveur populaire et ces deux prénoms accolés l'attendrissaient malgré elle. Elle savait trop ce qu'ils représentaient pour eux.

Les répétitions d'*Écho et Narcisse* commencèrent dans un climat serein. Puisque M. de Vismes avait manqué à sa parole, M. Piccinni avait refusé de faire jouer son *Iphigénie* juste après celle du Chevalier et réclamé au directeur que son *Atys* soit créé d'abord, et seulement dans l'hiver. Le pauvre homme n'était plus en état de lui refuser quoi que ce soit. Pour quelques mois, la querelle semblait vouloir se calmer. Cela n'entamait pas l'ambition de M. Gluck qui travaillait des heures durant, reprenant sans pitié certains passages, n'hésitant pas à interrompre tout l'orchestre au moindre défaut d'une phrase de basson. Mais un matin les mots lui échappèrent. Il prononça quelques syllabes incompréhensibles, les yeux vitreux, et voulut se rattraper à un pupitre. Ils n'eurent pas le temps de tendre les bras que son grand corps basculait en arrière et gisait au plancher.

— Il est mort, murmura Joseph.

Était-ce possible ? Une force de la nature terrassée ainsi en quelques secondes… Adélaïde se jeta d'un cri vers lui. Le théâtre vide résonna comme une église. Tout le monde se mit à courir. Lui restait inconscient. Son visage grêlé par la petite vérole s'assombrissait en noirs cratères. Elle regardait sa main dans la sienne, énorme, noueuse, une main de bourreau qui s'abandonnait. Cet homme restait une énigme. Elle ne savait pas si elle l'aimait ou si elle le détestait ; simplement elle priait.

Enfin le médecin arriva, on l'emporta : attaque d'apoplexie.

Trois jours plus tard, il sortait de son lit de force. Pas de repos, pas d'attendrissement, le travail reprit tambour battant. Mais l'élan était brisé. Le poème du baron de Tschudy semblait trop long. Depuis longtemps on savait que le Chevalier n'excellait pas dans la pastorale, que son style dramatique contrastait avec le sourire et l'innocence bucolique du genre. Malgré leur bonne volonté, l'alchimie ne se faisait pas.

Finalement ils ne purent échapper à l'ennui de la première. En entrant en scène, Adélaïde sentit le public bienveillant mais lointain. Rien ne le séduisit, ni la surprise d'un deuxième orchestre caché et d'un chœur en coulisses pour créer des effets d'échos, ni les nombreuses pantomimes, ni la réunion finale des amants sauvés par l'Amour. Le jeune Lainé campait pourtant un séduisant Narcisse et Joseph ne ménageait pas son énergie pour jouer Cynire, mais ils se heurtaient à la déception. Une déception terrible, aussi lourde que la fatalité.

En trois représentations la chute d'*Écho et Narcisse* fut certaine. Après le triomphe d'*Iphigénie*, le désaveu était sidérant. Le Chevalier mortifié fit ses adieux à la reine. Sa nomination immédiate comme Maître de musique des enfants de France ne le retint pas. Il se sauva sans un mot pour les artistes. À cet instant, Adélaïde comprit qu'il ne reviendrait pas.

M. de Vismes s'effondra. Les musiciens pleuraient, Rosalie promenait son nez ébahi dans les couloirs vides de complot. Seul le parti italien jubilait. Il s'était préparé à une bataille ultime, perdue d'avance, et voilà que l'ennemi se volatilisait… de là à l'avouer vaincu ! Les créations de M. Piccinni retrouvaient toutes leurs chances, à commencer par son *Atys*. Adélaïde ne voulait pas participer à cette revanche. La fuite de M. Gluck était misérable, indigne de lui. Au moins son dernier geste de paix devait-il être respecté. Elle abandonna le rôle de Sangaride à Josèphe Laguerre.

La voix de la belle rousse avait mûri, sa taille et son élégance naturelle lui offraient une majesté que Rosalie n'avait jamais eue. Grâce à elle, Paris ne put résister à la musique délicieuse de M. Piccinni. Les Gluckistes eux-mêmes ne surent lui reprocher que de « marmontéliser » les œuvres de M. Quinault : Marmontel avait amoindri tous les ressorts du livret pour laisser l'amour seul maître des destinées. En d'autres temps, on aurait parlé de blasphème, mais les esprits avaient changé et ce drame purement humain touchait le cœur des spectateurs. Françoise fut acclamée dans le rôle de Médée. De la coulisse, Adélaïde vit son amie relever fièrement la tête dans la lumière, le regard brillant de larmes. Cette ovation était une renaissance. Elle joignit les mains.

Que Berton rentre. Qu'ils soient tous réunis. Et elle remercierait Dieu en étant sûre de son existence.

Comme pour répondre à sa prière, l'arrêt du Conseil sur l'Opéra parut : sans dire un mot de la mutinerie, Louis XVI expliquait qu'un octroi levé par Paris sur tous ses habitants pour un Opéra réservé à l'amusement de la classe la plus élevée était une injustice. Ainsi il pouvait retirer le privilège à la Ville et renvoyer M. de Vismes pour reprendre lui-même l'administration du théâtre ! M. de la Ferté, qui avait tant supplié pour partir, devait le représenter. Ce remariage entre la cour et l'Opéra offrait aux artistes la dot de cent cinquante mille livres, tous les décors et costumes des Menus-Plaisirs, et l'obligation de jouer à Versailles et Fontainebleau douze fois dans l'année.

Ils restèrent anéantis. Un roi qui ne mettait jamais les pieds à l'Opéra et détestait que sa femme le fasse prenait leur destin en main pour ne plus entendre parler d'eux. Le beau gâchis politique. Sa Majesté n'avait compris qu'une chose : Berton était le seul à pouvoir les diriger. Il était nommé directeur général avec pleine et entière autorité.

Adélaïde faillit pleurer en l'apprenant. Au diable les peurs et les faiblesses du roi, elle le bénissait. Grâce à lui elle avait retrouvé sa place, Pierre allait retrouver la sienne et la vie reprendre son cours. Ainsi il dirigerait son *Tibulle et Délie* à l'Opéra ! Ce titre lui paraissait le meilleur, un couple, un homme et une femme côte à côte, comme eux pour réaliser son rêve ! Avec lui elle se sentait tous les courages, même celui d'affronter la critique. Sa musique rencontrait le public. Oubliant la décence et Mme Berton, elle aurait volontiers couru à son domicile pour l'embrasser.

Attendre ce matin d'avril lui parut une éternité. Chacun avait préparé son compliment et la haie d'honneur se forma près de l'entrée des artistes. Elle préféra rester en arrière, en proie à l'émotion. Heureusement. Elle n'avait pas prévu son visage marqué, usé par l'absence. Le temps avait roulé sur lui jusqu'à imprimer dans son front cette peine purgée loin d'eux. Deux sillons entre ses sourcils creusaient son expression tandis qu'il passait de bras en bras, les larmes aux yeux. Plus personne n'avait le cœur aux tirades. Henri lança simplement les vivats. Berton voulut pourtant faire son discours, retrouvant son énergie à leur promettre des assemblées, des votes, des jetons pour des voix consultatives... Enfin tout ce qui ressemblait à ce comité directeur dont ils avaient rêvé. Les acclamations le suivirent jusqu'à son bureau. Quand il ouvrit la porte son regard se tourna vers elle, suppliant.

Elle le suivit.

La pièce était vide. M. de Vismes avait fait débarrasser les meubles sans songer à les remplacer. Les rideaux avaient disparu, la pluie collait aux fenêtres nues mais lui marchait de long en large, respirant à pleins poumons entre ces quatre murs.

— Dieu que c'est bon d'être là, lâcha-t-il d'un trait. Si j'avais su que l'exil serait si dur et si long ! Je n'ai pensé qu'à mon orgueil, ma capacité à tenir tête à la reine. J'ai cru à du courage, à aucun moment je n'ai voulu voir de la lâcheté ! Et pourtant, en restant, j'aurais empêché tant d'excès...

Il buta au carreau et sourit. La place à ses pieds. Son spectacle quotidien.

— Mais c'est fini, assura-t-il, on ne me fera plus céder en me provoquant. Moi présent, jamais les deux *Iphigénie* ne seront jouées en alternance pour ce concours ridicule. Je rendrai son honneur à cette grande maison, je vous protégerai tous. Et toi aussi, mon Adélaïde, mon amour d'Adélaïde...

Il bafouilla soudain, si maladroit qu'elle s'élança vers lui. Ses bras l'enlacèrent. Tout fléchissait, sa volonté, les mots qu'il avait répétés. Il avait rêvé de cet instant tant et tant de fois qu'il aurait pu en pleurer.

— Tu nous as manqué, et à moi plus qu'à n'importe qui, avoua-t-elle.

— Je sais, j'ai été fou de partir.

— Non, tu ne sais pas, Pierre, tu ne sais rien de ce que nous avons vécu.

— Peut-être, mais je suis là maintenant, et tu n'as plus à avoir peur ! Je vais afficher *Castor et Pollux*, tu vas retrouver ta place…

Ses baisers glissaient sur son visage sans oser trouver sa bouche, et pourtant elle sentait ses mains si timides s'affermir sur sa taille et chercher son corsage. La vie les avait portés côte à côte pour le meilleur et pour le pire, oubliant d'être amants ; il ne l'admettait plus.

— Nous reprendrons nos projets là où nous les avons laissés, Adélaïde ! Le roi m'a donné les pleins pouvoirs, nous ne ferons plus de concessions, à personne, je dirigerai ton oratorio et cet opéra dont tu rêvais, ici !

— Pierre…

Elle ne put le retenir. Il la poussa jusqu'au mur et referma son étreinte.

— Tais-toi, je veux que tu promettes de te laisser faire…

Il n'y avait plus d'équivoque. Ses lèvres brûlantes s'emparèrent des siennes sans permission. Elle cherchait désespérément cette douceur qui les avait saisis au jour de colère à se goûter l'un l'autre. Il avait perdu sa réserve. La rage de vivre l'emportait et l'écrasait contre elle. Rattraper le temps perdu, aller au bout de ses envies, les satisfaire avant de capituler. Elle s'abandonna, dépassée par son désir d'homme. Ses bras avaient toujours été un asile merveilleux. Peut-être étaient-ils son destin. Peut-être avait-elle seulement passé sa vie à nier l'évidence. Son cœur battait sans comprendre sous ses baisers. Elle l'aimait d'une certaine façon, elle ne pouvait dire le contraire, d'un amour qu'elle n'avait connu pour personne. N'était-il pas là pour lui offrir ses rêves comme il l'avait été pour l'auditionner, sauver sa vie et la porter tout au long de ces années quelles que soient les épreuves…

On frappa à la porte. Elle remercia le hasard et se jeta de côté. Un essaim joyeux s'éparpilla dans la pièce ; elle en profita pour lui lancer un baiser de la main et s'enfuir sans plus de courage. Dehors, elle courut droit devant elle dans la grisaille. Charles penchant la tête sur ses progrès, leurs soirées douces au clavecin, les fous rires pour monter l'escalier vers leur chambre, soudés l'un à l'autre, étaient les plus beaux moments de sa vie, morts et enterrés dans cette forêt de la Trappe. Comment les revivre avec Pierre ? Les partager sans y croire ?

La Seine l'arrêta. Au bout du port Saint-Nicolas, sur un bateau de selles, des blanchisseuses frappaient le linge au battoir, pliées en deux. Elle aurait voulu crier comme elles sur le fleuve agité. La pluie avait redoublé. Ses chaussures s'enfonçaient dans la berge.

Elle tendit son visage vers le ciel et laissa l'eau la transpercer.

*

Ce fut la plus belle reprise de *Castor et Pollux*. Le public les acclama debout, hurlant, trop heureux d'oublier les débordements scandaleux de l'année précédente. Il n'était plus de querelle, plus de remise en question ridicule du passé : M. Rameau comme M. Lully était un génie national et le serait toujours si chaque Français en gardait la mémoire.

Berton était heureux. C'était son œuvre que cet enthousiasme, la récompense de quelques semaines de travail acharné à remonter l'ouvrage et le diriger lui-même. Toute la troupe en était consciente. Ils partirent ensemble chez Josèphe Laguerre qui tenait à les recevoir tous. La villa de la rue d'Anjou prenait ses quartiers d'été. Son jardin regorgeait de tulipes, de roses et de giroflées multicolores. Dans la salle de verdure des treillis avaient été dressés en labyrinthe. N'écoutant que son cœur d'enfant, Madeleine s'y élança.

Berton saisit la main d'Adélaïde et la suivit. Il courait comme autrefois dans les couloirs, avec ses grandes jambes minces, et elle éclata de rire. Ici et là ils entendaient les cris de ceux qui butaient sur les impasses. Mais Madeleine avait un instinct de chasseur. Les canapés de perse colorée apparurent brusquement au détour du mur végétal avec d'étonnants bancs chinois regroupés en dessertes. Pierre hurla de victoire. Il haletait. Avant que les autres ne les rejoignent elle lut dans ses yeux que ce soir rien ne lui résisterait.

Mais déjà les domestiques s'inclinaient. Ils trinquèrent au vin de framboise et tombèrent dans les fauteuils. Les massifs de seringats à peine éclos embaumaient l'air. Berton serrait la main d'Adélaïde sans la lâcher, comme un trophée. Il cueillit une branche et la glissa d'autorité dans le bouquet de son corsage. Le parfum de fleur d'oranger, sucré, entêtant, se glissa entre eux. Elle sentait ses doigts caresser son sein sous le nœud de gaze ; ils n'avaient plus de maître.

— Ces petites fleurs sont un symbole, Adélaïde, celui de la mémoire. Ainsi nous n'oublierons pas cette nuit, la première, chuchota-t-il sans oser dire « la nôtre ».

Elle ne sut que répondre. Heureusement l'orchestre prenait place à l'intérieur, sur l'estrade. Madeleine décida aussitôt de lancer la gavotte.

— Et pas question de te dérober ce soir, mon petit Berton ! s'écria-t-elle en passant son coude sous le sien. Il va falloir danser !

Le cortège rieur les entraîna. Les bouchons de champagne sautaient comme des feux d'artifice. Dans un coin de la pièce Dauberval et Mlle Théodore s'embrassaient, seuls au monde. Adélaïde sourit. La vestale au cœur pur avait promis de ne se donner que dans le mariage mais sa candeur fondait à vue d'œil. Pauvre petite, que croyait-elle défendre ? Dauberval était un Dieu, elle se ferait prêtresse.

— Aux choses qui ont changé en mon absence, s'écria Berton en levant son verre, et à celles qui changeront encore !

Une exclamation générale lui répondit. Il se jeta avec Adélaïde à l'assaut du rigaudon et de son rythme enlevé. Il dansait comme un fou, perdant souffle à la sentir si proche. Elle se laissa faire sans songer à résister. Ses yeux brillants l'envoûtaient. Tout était décidé. La date d'*Anacréon*, le choix des solistes, le tableau des répétitions. Trois semaines à peine et ils feraient face ensemble à sa création. Au fil des danses les couples se faisaient, se défaisaient, mais lui la gardait jalousement. Sa main dans la sienne devenait fébrile et caressante. Chaque geste n'était qu'un prélude, ils le savaient tous les deux. Les domestiques ouvrirent enfin les fenêtres. L'air doux du jardin le galvanisa.

Il arrêta l'orchestre et entonna :

— À confesse m'en suis allée au curé de Pomponne, Le curé de pomponne m'a dit : qu'avez-vous fait mignonne ?

Ils éclatèrent de rire. Trois violons suivirent. La farandole s'organisa d'elle-même. Des heures ils hurlèrent en chœur ses refrains à travers la maison. Il imposa de boire à chaque passage au salon. Ils lui obéirent en bons petits soldats. Les chansons paillardes s'enchaînaient qu'il dirigeait le bras haut, en sueur. Il dut quitter son habit dans la nuit. C'est quand il renversa son vin que Madeleine fit chercher un fiacre.

— Allons, tu n'es plus en état, décréta-t-elle avec des airs de mère abusive.

Il se rebella à peine. Dauberval et Vestris voulurent le porter mais ils étaient aussi gris que lui et s'écroulèrent. « Embrassez-moi cinq ou six fois et je vous le pardonne ! » chanta-t-il entre leurs bras.

Il fallut s'y mettre tous. On le tira, on le poussa tant bien que mal dans la voiture. Ses yeux cherchaient Adélaïde. Elle lui tendit la main.

— En état de rien, ajouta Madeleine avec un sourire coquin.

Il baissa la tête comme un enfant en punition. La voiture s'ébranla. « Ah, il m'en souviendra, larira, du curé de Pomponne ! » Ils couraient à sa suite en agitant leurs mouchoirs dans la rue d'Anjou silencieuse à cette heure. Une chandelle s'alluma, des fenêtres s'ouvrirent. Leur joie redoubla. Ils étaient si heureux d'être à nouveau une famille.

— Ah, il m'en souviendra surtout d'un Berton fin saoul, riait Madeleine, je ne l'avais jamais vu comme ça !

Adélaïde ne répondit pas. Elle se sentait malheureuse et soulagée à la fois, et rentra aussitôt. Élisabeth, Nanette et les enfants dormaient tranquilles. Elle s'attarda à la fenêtre de sa chambre à regarder l'ombre massive des marronniers onduler dans l'obscurité. La maison retrouvait ses odeurs de campagne chaude. Comme elle aimait ce jardin touffu, ces volets de guingois et ce parfum des framboisiers. Elle se rendait compte que, quoi qu'il arrive, elle aurait voulu passer là le reste de sa vie.

La nuit se rafraîchit vite. Elle dormait depuis peu quand la porte grinça. Elle frissonna à cette main qui caressait son coude, et une seconde crut qu'il était là, oubliant toute convenance, avec la complicité de Nanette.

— Adélaïde…

La voix de Françoise était méconnaissable. L'aube glissa entre les rideaux. Elle pleurait.

— C'est arrivé très vite… dans la voiture, le cocher est revenu en arrière.

Elle tomba sur le lit, incapable d'en dire plus. Joseph parut derrière elle.

— Trop d'émotion, trop de vin, trop de…

Il eut un geste d'impuissance. Un oiseau piaillait dehors, solitaire, indifférent à tout sauf à ce printemps qui le réchauffait.

— Nous avons tous mal, tu sais, sanglotait Françoise, nous ne te laisserons pas seule aujourd'hui.

Ses larmes traversaient la chemise d'Adélaïde. Elle les sentait brûler sa peau et la pénétrer mieux que ces mots qui ne voulaient rien dire. Son cœur ne bougeait plus. Son corps non plus, hébété. Elle ferma les yeux. Seule, elle l'était depuis longtemps. Cette douleur-là n'était qu'un fantôme de plus à sa nuque. Pierre n'avait jamais eu une méchanceté, une hypocrisie. Du premier au dernier jour, il l'avait aimée et elle l'avait laissé partir sans un mot d'amour.

— Ne t'inquiète pas pour *Anacréon*, murmurait Joseph, rien n'est remis en question, je vais m'occuper de tout. Jean-Baptiste Rey acceptera sans doute de remplacer Pierre et j'ai confiance en lui.

Elle releva la tête. L'oiseau dehors s'était mis à chanter. Un soleil pâle venait à la fenêtre, d'une raie droite au bord de l'étoffe. Elle retrouvait la paix du chant grégorien. Les nuages s'écartaient au-dessus de l'abbaye, elle voyait loin, plus loin que l'enfer et le paradis.

— Personne ne remplacera Pierre, murmura-t-elle. C'est moi qui dirigerai.

16.

Vingt-quatre violons, quatre quintes, dix basses et quatre contrebasses, l'archet sur la corde. Deux flûtes, trois hautbois, deux clarinettes, quatre bassons embrassant l'instrument. Deux cors et deux trompettes devant la timbale, une quarantaine de choristes sur l'estrade. Tous immobiles, attentifs, suspendus à son bras.

Elle inspira dans le silence. La salle des Cent Suisses était pleine. Il y avait tant de monde qu'on avait dû resserrer les chaises et que des spectateurs restaient debout contre le mur du fond. La curiosité peut-être. Savoir ce qu'une femme pouvait écrire, s'en divertir. Le soleil baignait les fenêtres. Dans l'encadrement des volets intérieurs, le jardin des Tuileries ressemblait à un tableau de mille verts confondus.

Le son éclata à son attaque. Elle avait pris le bon tempo, ni trop lourd, ni trop rapide. Les musiciens du Concert Spirituel le suivaient, un œil à la partition et l'autre à son geste large. Toutes les couleurs étaient là qu'elle avait tant de fois rêvées. Ce n'était qu'un obstacle de passé. Les autres s'alignaient en file dans sa conscience. D'abord le chœur des Ménades et ses entrées fuguées, les contralti, les alti en canon, le crescendo des soprani pour accentuer leur polyphonie victorieuse. Elle se tourna vers les prêtresses de l'Amour pour articuler chaque syllabe du double chœur. Les répliques s'inséraient en place. Les voix des unes devenaient mordantes, les autres faiblissaient. La robe bleu indigo sortit du groupe. Bras tendus, suppliante, Lycoris fit seule face aux Ménades.

Son legato était le plus beau qui soit. Il suivait la courbe du phrasé sans rien perdre de l'articulation. Chaque mot y avait son importance, chaque respiration en devenait émouvante. Malgré la tension, Adélaïde sourit. Elle n'aurait pu trouver de meilleure interprète que sa rivale. Rosalie avait la voix et la présence. Pourtant, comme l'autre avait ouvert des yeux ronds quand elle lui avait proposé sa partition ! Une création, autant dire un piège. Les compositeurs insensiblement se détournaient d'elle et ne songeaient qu'à la petite Saint-Huberty, sa voix neuve et ses dents longues. Rosalie pouvait pleurer ; seules les héroïnes de M. Gluck lui resteraient pour l'éternité.

Ce combat était perdu d'avance. Les servantes de Bacchus emportaient leur prisonnière. Sa dernière note mourut doucement dans le pianissimo. Aux cordes de soutenir l'ostinato. Adélaïde resserra d'une main leur geste nerveux tandis que Joseph traversait l'estrade au rythme de son récitatif. Anacréon ne pouvait comprendre qu'on lui enlève sa bien-aimée. Pourquoi le poète, en adorant Bacchus, devait-il renoncer à l'Amour ? La rivalité des dieux le révoltait. Son aigu s'épanouit sur le point d'orgue, rebelle mais libre comme seul peut l'être le son qui ne connaît pas d'appréhension. Joseph avait été élevé aux bancs de la maîtrise. Chanter restait pour lui un jeu d'enfant. En une seconde ils retrouvèrent la confiance des partenaires en scène. Tempo, nuances, impulsions musicales, ils ne faisaient plus qu'un et une salve d'applaudissements salua la fin de l'aria.

Elle se détendit brusquement, comme si son corps n'avait attendu que cela pour respirer. À cet instant seulement le poids du public lui devint sensible. Elle sentait sa présence attentive et bienveillante sur ses épaules. La mémoire de Berton l'avait miraculeusement apaisée. Pierre avait payé de sa vie ces années d'affrontements et Paris n'était pas prêt à l'oublier. Son nom resté sur l'affiche l'avait sauvée de toute interdiction. On oubliait presque qu'elle n'était qu'une femme. Plus d'esprit de querelles, plus d'envies de violence, la paix désormais était une question d'honneur. Le triomphe réservé au dernier opéra du jeune Floquet, *Le Seigneur bienfaisant*, le prouvait assez. On attendait l'*Andromaque* de Grétry, le *Persée* de M. Philidor, et la nomination de M. Gossec aux côtés de M. Dauvergne à la direction promettait des temps nouveaux pour les compositeurs français. Elle serra les dents pour ne pas pleurer.

Où qu'il soit, Berton devait être heureux.

Mais Françoise avait paru dans la lumière. Les accords arpégés du clavecin, si fragiles après la masse orchestrale, accompagnaient son pas tranquille. Elle gardait ce corps long, un peu trop charpenté pour une femme, comme celui d'Élisabeth. Adélaïde pensa aussitôt à sa tante assise quelque part dans la salle, priant pour elle à chaque note. Mais comme l'une était élégante là où l'autre était maladroite ! Attendrie, elle laissa Françoise mener son récitatif à sa guise. Sa voix ample et généreuse savait où elle allait. Quand l'orchestre attaqua la cavatine, elle le domina sans peine. L'Amour était un dieu qui prônait la paix et devant son plaidoyer Bacchus ne pouvait que rendre les armes. Henri interprétait ce rôle avec un charme désinvolte, se fiant comme d'habitude à son instinct. Il y avait en lui une part d'improvisation qu'il ne savait retenir. L'instant primait, et le sentiment soudain. Elle se reconcentra. Les musiciens le sentirent et penchèrent un peu vers elle comme pour la rassurer. Quelque chose flottait. Ensemble ils eurent la sensation de traverser une suite d'obstacles, à l'aveugle et pourtant solidaires. Enfin le chœur éclata pour souligner la générosité du dieu et l'intermède orchestral conclut l'action dans un lumineux la majeur.

C'était un instant de plénitude. Mais loin de s'apaiser son sang s'accélérait dans ses veines avec le tempo. Le duo réunissait les amants, de bonheur en bonheur les vocalises se répondaient et s'envolaient. Elle en chantait chaque note dans sa tête. Tout son corps se nouait à cet exercice inutile. L'instant critique. Ne pas presser. De là dépendait l'équilibre du final. Le quatuor s'engagea dans cette course effrénée. La musique donnait à chacun sa trajectoire et elle, au milieu, lançait ses filins entre eux, à bout de bras, en capitaine. Chaque regard était un lien, secret, invisible, pour maintenir l'équilibre. L'entrée des cors retint le mouvement. Les voiles claquèrent, elle tangua avec le vaisseau et brusquement elle sut qu'elle n'avait plus à réfléchir, qu'elle pouvait cesser de regarder devant pour laisser le son la pénétrer. Le chœur reprenait le thème et l'enrichissait de contre-chants inattendus, l'orchestre soutenait les chanteurs sans les couvrir, les sonorités devenaient rougeoyantes. L'énergie la souleva du sol. Le crescendo les emporta tous. Les derniers accords. Le point d'orgue. Le silence.

Quelques secondes entières de silence.

Une éternité.

Et la salle des Cent Suisses explosa. La grande pièce parquetée de neuf mètres sous plafond, à l'acoustique exceptionnelle, vibrait tout entière. Elle se retourna pour embrasser cet écho-là de face, les bras ouverts dans le vide comme au sommet de la montagne pour s'approprier un exploit. Son œuvre au regard des autres. Ce cri muet l'étourdissait. Les saluts se suivaient, et les rappels, et les sourires. Ici et là le public se levait en vagues mouvantes, indomptées, pour la dernière ovation. Son corps en tremblait. Jamais elle n'avait été aussi heureuse.

Joseph l'entraîna presque de force en coulisses.

— *Anacréon* est un succès, Adélaïde, un succès ! Un succès !

Il répétait ces mots à en perdre haleine. Elle l'embrassa avant de se jeter dans les bras de Françoise. Les choristes défilaient autour d'eux, battant des mains. Grétry surgit tout excité.

— Bravo à tous, quelle réussite ! Oh, Adélaïde, le public est séduit, on ne dit que du bien de toi dans la salle ! Un de tes admirateurs m'a même confié cela.

Oubliant sa belle éducation, il agitait la feuille à bout de bras. Elle s'en saisit et lut tout haut :

— La nature, l'art et l'amour
T'ont fait part, Beaumesnil, de leur vertu secrète,
Afin de t'avoir tour à tour
Pour organe et pour interprète !

Henri éclata de rire.

— Oh, oh, ce ne sont pas des alexandrins !

— Tu manques un peu d'indulgence pour leur auteur, coupa Joseph, je trouve ces vers élégants et sincères, dommage que cet homme veuille rester anonyme ! La signature est d'un certain monsieur B... Beaumesnil, peut-être ?

Il n'était pas loin d'en rire. Elle caressa du doigt les larges boucles. Beaumesnil, Bélinaye. Si seulement Charles avait été là ce soir, ce triomphe aurait pris tout son sens. Elle avait tellement repensé à leurs discussions ces derniers jours, s'était tellement imprégnée de sa confiance qu'il lui semblait qu'il était là, au fond de la salle, incognito. Grâce à lui, elle était devenue la femme qu'elle rêvait d'être. Cette vérité la remplit soudain d'un bonheur intense. Elle se tourna vers Rosalie et lui tendit la main. Que ce soit par peur ou par intérêt, l'autre avait assuré sa part.

— Oh, le joli tableau, s'écria Grétry, on me l'aurait raconté que je ne l'aurais pas cru.

Le regard noir de l'actrice le retint. Il se tut et préféra leur désigner du menton une femme élégante, qui s'éloignait entre deux hommes en redingote. Un voile de gaze sous sa capuche protégeait son profil.

— La reine…, lâcha Adélaïde.

— Incognito, mesdames, point de basses révérences ! coupa son ami un doigt sur les lèvres. Sa Majesté a répondu à mon invitation et ne le regrette nullement. Elle m'a chargé de vous transmettre ses compliments. À toi d'abord, Joseph, pour abandonner ici ces grands motets qu'elle trouvait ennuyeux !

Joseph salua fièrement. Le soutien de Marie-Antoinette le confortait dans ses objectifs, afficher de grands solistes mais aussi une musique neuve et des symphonies concertantes, italiennes ou allemandes comme celles de MM. Manfredi, Boccherini, Ditters, Stamitz et Johann-Christian Bach.

— La reine salue également votre interprétation, mademoiselle Rosalie, ajouta Grétry pour se faire pardonner. Quant à toi, Adélaïde, elle ne s'attendait pas à te trouver autant de talent dans cette voie nouvelle. Je n'ai pas hésité à lui confier ton impossibilité de quitter l'Opéra pour la composition, à cause de ces quinze années nécessaires à la retraite et elle m'a promis d'y penser.

Il baissa la voix.

— Tu pourrais voir arriver ces jours prochains un carton et, qui sait, une voiture royale…

Elle le dévisagea sans un mot. Elle comprenait à peine ce qu'il voulait dire avec son sourire prometteur. Versailles, la plus grande des protections, l'honneur suprême, quand la reine lui avait déjà sauvé la vie…

— Viens, tu as besoin d'air, décréta Françoise.

Elle l'accompagna jusqu'à l'escalier. Sur le chemin Adélaïde s'inclinait, remerciait, glissait un mot aimable à chacun ; en même temps, elle ne songeait qu'au château étincelant et s'en voulait. Ce tourbillon était délicieux. Au détour des marches, elle aperçut une jeune fille menue près de Joseph.

— Mlle Morizet, du Concert de la Reine, murmura Françoise. Joseph l'a demandée en mariage et la noce aura lieu le mois prochain.

La nouvelle la cloua sur place.

— Et il ne m'a rien dit ? lâcha-t-elle déconcertée.

— Ne lui en veux pas, tu sais comme il est sensible et tu as tellement pleuré à la mort de Berton.

Son amie la soutenait avec tendresse. Adélaïde s'appuya à son coude. Elle se sentait coupable. Joseph l'avait à peine quittée ces deux dernières semaines, comment avait-elle pu passer tout ce temps près de lui sans rien remarquer… Était-elle donc si égoïste ? Ou peut-être commençait-elle simplement à oublier ce qu'était l'amour ? Confusément cette idée lui fit mal. Grétry qui les suivait sauta deux marches pour leur ouvrir la porte. La foule s'était massée par groupes devant le jardin. Le soleil fléchissait mais personne n'avait envie de partir tant les débats allaient bon train. Il y avait un tel enthousiasme dans ce tableau que, les larmes aux yeux, elle ne songea plus qu'à embrasser sa Françoise et supplier Grétry de l'emmener.

Ils contournèrent d'un pas rapide les grilles dont la peinture s'écaillait. La mode avait délaissé les Tuileries, seuls les mères de famille et les militaires en retraite les fréquentaient aux beaux jours. Des petites branches dépassaient sur son chemin qu'elle écarta d'une main rieuse. Oh, avancer droit devant soi avec la certitude d'avoir gagné la course, le nez au ciel en humant la victoire. Comme elle en avait rêvé ! Elle aurait pu traverser ainsi tout Paris si Sébastien n'avait posté la voiture près du manège royal.

Quelque chose dans son regard appuyé la prévint.

— Grétry, je suis épuisée…, murmura-t-elle.

Elle n'eut pas à chercher d'autres excuses. Son ami était ravi, toutes les espérances qu'il avait mises en elle étaient satisfaites et il avait hâte de raconter cette soirée à Jeanne. Il s'inclina et prit congé sans poser de questions.

Sébastien ne bougeait pas. Il aurait donné sa vie pour elle, elle le savait. Il avait déjà dû mettre Élisabeth en sécurité. Elle s'approcha sans peur. Il y avait bien un homme dans la voiture. Pas de regard fuyant sous le grand chapeau comme elle l'avait craint. Il était grand, mince, défiguré par une barbe hirsute où se mêlaient d'étonnants reflets roux.

— Armand… !

L'émotion la saisit. Il ressemblait tant à Charles ainsi.

— N'aie pas peur, c'est bien moi.

Il prit sa main et la porta à son visage buriné par le vent. Elle lut dans ses yeux les nuits de veille, la solitude dans le froid, tout ce temps loin d'ici.

— Comment m'as-tu trouvée ? murmura-t-elle bouleversée.

— Oh, pour ce soir c'était facile, Tout-Paris ne parle que de ta création.

Son timbre léger, si jeune, s'était envolé. Il ouvrit la portière et l'attira à lui. Ses mains glissèrent sur ses épaules dénudées. Pas un mot de sa musique. Elle ne savait plus quoi dire.

— Il paraît qu'on te connaît en Amérique sous le nom de colonel Armand…

— C'est pour cela que je suis ici, Adélaïde ! s'écria-t-il. M. Washington m'a signé d'élogieux états de service et m'a envoyé en mission auprès de Louis XVI, je serai reçu demain à Versailles.

— À Versailles… ?

Les mots lui avaient échappé. Seigneur, pourquoi fallait-il que leurs destins se croisent à nouveau ?

— Tu n'as pas idée de la situation que nous vivons là-bas, continuait-il sans voir son trouble, le roi doit absolument nous accorder une aide ! Heureusement le maréchal de Gontaut-Biron m'a promis son soutien. Grâce à lui Sa Majesté a accepté l'entrevue, à n'en pas douter il m'a pardonné mon passé… plus de moqueries, plus de surnom d'« évadé de la Trappe » à la cour ! Mais nous, nous n'avons rien oublié, n'est-ce pas, Adélaïde ?

Il enserrait son cou à deux mains pour mieux la rapprocher de lui. Son regard se faisait doux. La chaleur de son corps la pénétra, et cette sensation d'abandon qu'elle n'avait pas ressentie depuis si longtemps.

— Mon amour, tu me l'as promis à l'heure du départ. Je n'ai rêvé de Paris, chaque jour, que pour ton sourire…

— Armand…

— Ne réponds qu'à ma question, Adélaïde, veux-tu m'épouser ?

— Non, non, c'est faux !

Elle ne l'entendait plus. La rage la redressa.

— Jamais je n'ai promis, s'écria-t-elle, comment peux-tu parler ainsi ? Moi qui ai voulu t'aimer comme un fils, te pardonner par respect pour Charles…

Les murs de pierre l'emprisonnaient. Ces moines couraient, indifférents, tout occupés à porter leur fardeau sous la statue de la Vierge. Elle le saisit au col. Ses mains tremblaient. Elle avait cru qu'il ne reviendrait pas.

— J'aime ton oncle plus que tout, lui seul m'a rendue heureuse, jusqu'à mon dernier jour je lui serai fidèle !

— Mon oncle… mon oncle, vraiment, bégaya-t-il en secouant la tête abasourdi, c'est impossible… Alors je ferai mon devoir, je convaincrai le roi et rassurerai ma famille, puis je retournerai combattre, encore et encore, pour t'oublier tout à fait ! Et toi, Adélaïde…

La jalousie avala sa voix.

— Puisque mon oncle a su effacer le passé… soyez heureux ensemble !

Sans un regard il sauta de voiture. Elle restait crucifiée. Quatre ans de silence, quatre ans de mensonge. Comment réagirait-il en découvrant que Charles n'était pas à Paris ? Que seule une tombe l'attendait en Bretagne ?

Elle ne l'avait pas retenu au premier jour, c'était sa plus grande faute. Elle se jeta à la portière. Trop tard. Il avait déjà contourné l'Hôtel de Noailles.

Le son mourut dans sa gorge. Jamais il ne pourrait lui pardonner.

17.

La chaleur planait sur Versailles. Le carrosse passa les grilles au galop. Les armes royales lui donnaient tous les droits. Dédaignant le bassin des nymphes rieuses, il traversa les parterres et obliqua vers Trianon. Au loin Apollon disparut sur son char, plus scintillant dans le soleil que l'eau du grand canal à sa suite.

Elle se pencha à la portière. L'ombre rosée du petit château veillait sur le jardin français mais le cocher n'avait manifestement pas l'intention de ralentir. Inutile de frapper à la paroi pour lui rappeler son invitation, le bougre n'entendait rien. Le sol était si sec que les roues crissaient sous la voiture. Les chevaux les emportèrent à bride abattue jusqu'aux arbres.

Un Suisse attendait là, en faction semblait-il au milieu de nulle part. Déjà il tirait le petit escalier et s'inclinait. Elle retint les questions qui lui mordaient les lèvres. L'endroit était désert. Une douce odeur de genévriers embaumait l'air et seuls des cris d'oiseaux ponctuaient le silence. Tournant le dos au lac ils s'engagèrent dans cette nature sauvage, sans aucune trace de vie. Enfin la charmille s'ouvrit droite comme une haie d'honneur. Elle aperçut le porche à l'antique qui offrait sa découpe étonnante dans le long bâtiment rectiligne. Les deux gardes ne bougeaient pas. Au-dessus de leurs têtes les emblèmes de la comédie et de la tragédie encadraient l'Apollon enfant couronné de lauriers.

La jeune femme était seule dans le vestibule.

— Je vous souhaite la bienvenue, mademoiselle Beaumesnil, murmura-t-elle en se retournant. Oh, mais ne vous effrayez pas de ma tenue, nous ne sommes pas à Versailles ici.

Un sourire tordit le visage de la reine, éclairant d'un coup ses joues roses, un peu lourdes sous le regard étincelant. D'une main elle caressait le pierrot de soie et sa frange multicolore. Adélaïde plia le genou sans un mot. Jamais elle n'avait imaginé pareille intimité.

— Si je pouvais vivre plus simplement encore, soupira Marie-Antoinette, dans une de ces robes chemises que Mme Vigée-Lebrun offre à ses modèles. Quelle merveille que sa peinture, n'est-ce pas ? Je respecte les femmes de talent, mademoiselle, surtout celles qui savent le défendre aux yeux de tous et affirmer la valeur de notre sexe. C'est pourquoi j'ai voulu vous recevoir ici, chez moi. J'aime tellement la solitude que cet endroit m'offre encore, quel qu'en soit le prix.

— Majesté…

— Oh, ne dites rien ! Je sais combien Trianon m'attire de médisances, allez, presque autant que de me rendre à votre bal de l'Opéra ! Cet homme masqué me l'a assez rappelé l'autre jour en me reprochant tout haut de ne pas être auprès de mon mari ronfleur ! On ne l'a pas encore oublié à Paris, n'est-ce pas ?

— À vrai dire… on parle d'un acteur, avoua Adélaïde, sans doute Du Gazon.

— Ah, le monstre, c'était donc lui, déguisé en poissarde ! S'il savait combien il me fait du tort avec ses folies !

D'une main légère elle écarta son amertume. Tout lui était reproché désormais, les artistes le savaient mieux que personne, même cet amour pour le monde du théâtre qui avait tant séduit Paris à son arrivée. La moindre familiarité devenait un blasphème. Ainsi cette petite parure de plumes qu'elle avait refusée d'une danseuse voilà des mois, affirmant que la coiffure lui allait trop bien pour l'en priver, et qui faisait toujours scandale. Adélaïde hésita.

— Je ne pense pas que la réputation de Votre Majesté puisse être salie dans le cœur de ceux qui la connaissent…

— Le peuple ne me connaît pas, coupa la reine. Cela justifie-t-il les vérités qu'il s'invente ? Si ce n'était cet espoir d'héritier, il n'y aurait pas de limites à son insolence, je suis plus chansonnée dans les rues qu'une demoiselle d'Opéra…

Adélaïde baissa la tête. La plaisanterie ne se ressentait d'aucun mépris, seulement d'une grande lassitude qui la touchait. Bien sûr la reine avait ses torts, elle avait assez payé pour son inconscience, mais en cet instant où elle ne rêvait que de quitter la ruche intrigante de l'Opéra pour un jardin, une plume et un clavecin, elle comprenait ce besoin de respirer dans un lieu où l'on peut être soi-même.

Marie-Antoinette ne lui laissa pas le temps de s'en expliquer.

— Quant à vous, mademoiselle, vous pouvez dès aujourd'hui échapper à tout cela. Voici votre pension de retraite, le roi a jugé bon d'y ajouter une pension royale de mille livres, à ma demande.

Elle avait sorti son présent de derrière son dos d'un geste léger. Les rouleaux cachetés étaient parfaitement identiques. Adélaïde se sentit trembler. Il lui semblait retrouver sa grâce et celle de Françoise. Un miracle, deux miracles. La fierté l'étirait vers le ciel.

— Allons, pas de remerciements, murmura gentiment la reine, vous les devez à M. Grétry, il n'a pas ménagé sa peine pour plaider votre cause. Et suivez-moi plutôt, mademoiselle. Voici mon théâtre, là où je jouais la comédie, avant…

Une seconde ses yeux s'assombrirent entre les murs bleu pâle. Elle se retint de dire « la mort de ma mère » et fermement poussa la double porte. Adélaïde resta saisie sur le seuil.

La salle bleu et or était minuscule et pourtant croulait sous le poids des tissus et des détails sculptés. On aurait dit une maison de poupée, luxueuse et douce, où l'on avait envie de se glisser pour rêver des heures. Quelques bougies allumées aux candélabres éclairaient à peine le plafond de M. Lagrenée avec son Apollon trônant sur un nuage, les oculi dorés qui le soutenaient, le décor d'acanthes et la folle exubérance des sculptures de carton-pâte et des peintures imitant le marbre. Deux cariatides relevaient souplement le rideau d'azur en gros de Tours frangé d'or. Partout le bleu dominait, de la moire des murs aux banquettes de velours. La reine glissa entre elles, aussi gracieuse que l'arabesque des loges et du balcon.

— La fosse d'orchestre peut accueillir vingt-deux musiciens, lança-t-elle, quant au plateau, il est deux fois plus grand que la salle ! C'est M. Boulet, le mécanicien de l'Opéra et des Menus-Plaisirs, qui en a conçu la machinerie.

Elle claquait des mains avec orgueil.

— Et l'acoustique, mademoiselle, dites-nous quelque chose pour l'acoustique ! Ces vers que M. Moline vous a dédicacés, par exemple, qui vantaient « vos si touchants accords ».

Adélaïde s'approcha de la scène. Sa rampe alignait quatre-vingts bougies, prête à se lever éblouissante. Elle se retourna. La salle ressemblait à une miniature de lapis-lazuli sertie d'or. Ici et là les lampes à huile reposaient dans leurs boîtes de fer-blanc. Sa voix résonna dans ce coffret précieux.

— Ils doivent leur triomphe au pouvoir de ta lyre,
Par un double talent tu captives nos cœurs.
D'un art si merveilleux, étends le vaste empire
Dans un nouveau sentier que tu couvres de fleurs.

Elle attendait des applaudissements mais Marie-Antoinette avait ouvert les bras et souriait, en suspens, telle l'actrice avant la tirade.

— Je sens que vous aimez cet endroit autant que moi, mademoiselle Beaumesnil. J'espère que son souvenir bercera vos rêves et conduira votre plume ! Écrivez-nous un bel opéra et il trouvera asile à Versailles avant d'être créé à Paris, je vous en fais la promesse.

L'écho tournoyait sans fin au ciel poudré. Adélaïde ploya en révérence. Ce plancher neuf sentait la colophane. C'était donc cela le parfum du paradis, cette odeur inattendue, poivrée et exaspérante. Dieu que Grétry avait raison, Marie-Antoinette était la femme la plus généreuse du monde ! Et comme elle savait choisir ses mots ! N'était-ce pas un droit d'asile qu'elle lui offrait avec une salle acquise, loin des cabales ? Le bonheur résonnait à ses oreilles, sa musique à elle, note à note dans ce théâtre vide, ses accords marqués du sceau royal, *Tibulle et Délie*... Elle écrirait son ouverture en mi majeur et l'air de Délie multiplierait les vocalises en un largo amoroso. Il faudrait deux duos, au moins, et une suivante dans la confidence, dévouée, intelligente. Toutes deux se joueraient du déguisement de l'amant et de sa jalousie, et l'allegro emporterait Tibulle jusqu'à l'aveu. Là le ré majeur couronnerait son bonheur et la fête de Saturne. Les flûtes soutiendraient l'entrée des pâtres, elle ajouterait des trompettes, des cors et des bassons pour le ballet final, la gavotte et le rigaudon. Elle savait tout soudain, la forme, les ruptures rythmiques et les ressorts des sentiments. Chaque phrase s'imprimait dans son corps et dans sa mémoire, et elle aurait voulu que cet instant ne finisse jamais, comblée comme devant une salle hurlant au triomphe.

Mais les bougies s'éteignaient une à une. Le garde les soufflait. Là-bas Marie-Antoinette rejoignait déjà la lumière, la robe virevoltante, avec des airs de bourgeoise inspectant son domaine. Elle la suivit dans une quasi-obscurité. Un étrange sentiment lui battait les tempes.

— M. Armand de la Rouerie a quitté la cour, il a regagné Fougères.

La reine s'était retournée et la dévisageait avec curiosité. Derrière elle, la charmille frissonnait dans la brise, laissant le soleil danser par éclats mouchetés sur le sol.

— Le roi lui a fait donner la croix de Saint-Louis, bien sûr, ses exploits auprès de M. de La Fayette se devaient d'être récompensés ! D'ailleurs il s'est bien battu, j'ai rarement vu un homme capable de tant de véhémence pour obtenir ce qu'il veut. Mais vous devez savoir cela, vos aventures avec ce soldat ont assez fait parler d'elles en leur temps...

Le ton sonnait faux, semblant quémander une suite. Adélaïde cherchait vainement les mots. Elle était incapable de répondre.

— Allons, mademoiselle, soyez heureuse.

Marie-Antoinette lui tendait sa main comme un pardon. Elle recula tête basse, murmurant mille remerciements et détestant sa maladresse. Ces éclaboussures de lumière l'étourdissaient. Ainsi Armand avait regagné sa Bretagne. Il savait la vérité. La supporterait-il ? Sans aucun doute. La reine l'avait dit elle-même, il était fort, en soldat, plus fort que le destin. La mort de Charles ne l'abattrait pas. Il tiendrait parole, rembarquerait pour l'Amérique et se battrait.

Elle releva les yeux. La silhouette gracieuse s'éloignait. Il ne restait dans sa trace que cette odeur de pin presque irréelle. L'orgueil la redressa. Qu'Armand disparaisse. C'était la meilleure chose possible et elle n'avait pas à s'en sentir coupable. La gloire l'attendait là-bas, comme elle ici. Ils suivraient leurs routes. Et elle écrirait, peut-être, par-delà cet océan qui les séparait.

*

Deux carabbas étiraient leurs cages d'osier tressé d'avant en arrière, emportant à leur rythme les passagers entassés à l'intérieur. Les bagages passaient presque par-dessus le toit. Le carrosse royal les doubla pour s'engager dans Paris.

Il y avait foule rue Saint-Honoré. La mercerie du Louis-d'Or, les étoffes de Mme Buffault, la vitrine de La Croix-de-Lorraine où s'exposaient les plus belles plumes de la capitale attiraient les élégantes. Cette agitation parisienne lui parut brusquement le reflet parfait de son excitation. Les deux rouleaux cachetés lui brûlaient les mains sans qu'elle puisse les lâcher. Elle avait tellement hâte de retrouver Élisabeth pour lui raconter son entrevue avec la reine et cette route nouvelle qui s'ouvrait, merveilleusement différente, qu'elle seule avait méritée. Comment profiter de cet horizon enfermée dans une voiture ? Si ce cocher avait été Sébastien, elle aurait sauté allègrement sur les pavés. Celui-là peinait à faire son chemin dans les ruelles qui se rétrécissaient vers la Place de Grève. Quelques coups de fouet devant l'église du Saint-Esprit et il réussit pourtant à rejoindre la rue de la Mortellerie. Le silence revint avec les échos assourdis du Port Saint-Paul. Un bateau de bains flottants apparut sur la Seine, auréolé de son nuage de vapeur.

Elle cligna des yeux pour mieux profiter du tableau. Tout lui paraissait parfaitement à sa place. Françoise avait retrouvé son public, Madeleine oubliait sa frivolité dans les bras du jeune Despréaux, Joseph découvrait l'amour et Dauberval lui avait annoncé son départ pour Bordeaux. Il y était nommé Maître de Ballets, Mlle Théodore Première Danseuse. Ils allaient travailler ensemble, vivre ensemble, se marier.

La nouvelle ne lui avait pas tiré une larme. Elle l'avait seulement confortée dans sa décision. Sébastien resterait auprès d'Élisabeth et de Nanette pour veiller sur les enfants. Prendre la diligence ne lui faisait pas peur. Quel que soit le temps nécessaire pour traverser la Bretagne, elle découvrirait le vieux château asymétrique et dans l'église, près du chœur, la tombe gravée. Du doigt, elle caresserait le nom de Charles. Elle ne savait pas quelle prière la porterait, si elle resterait silencieuse ou demanderait pardon, mais là, à genoux sur la pierre, elle prendrait assez de forces pour l'aimer jusqu'au bout de sa vie.

Les chevaux avaient contourné le Grand Arsenal. Ils tirèrent d'un coup vers la liberté. Une brise chaude pénétra la voiture. La maison surgit, orangée dans le soleil. Tout était possible maintenant. Vendre la rue Pavée et racheter cette propriété de campagne qu'elle aimait tant.

Mais Sébastien l'attendait devant la grille. La lourde berline verte était rangée de biais, à sa place habituelle, avec son blason d'argent et ses trois têtes de bélier de sable. Elle crut s'évanouir.

— M. de la Rouerie est là, madame, murmura-t-il aussitôt.

Il la porta presque. La dernière fois qu'ils avaient vu la voiture, c'était dans cette cour carrée, si clairement ordonnée au milieu de la forêt de la Trappe. Ce souvenir lui soulevait le cœur. L'abbé avait dû la renvoyer à Fougères. Pourquoi Armand était-il rentré ici avec elle ? Découvrir la mort de Charles n'avait donc pas été une épreuve assez grande ?

Le jeune homme marchait de long en large, nerveusement, sous les marronniers. Elle se dirigea vers lui. Il lui faudrait affronter ses reproches, sa rancune, ses cris peut-être. Tant pis, elle était prête.

— Armand, je suis désolée, dit-elle, je ne voulais ni te mentir, ni te faire souffrir.

Il se tourna vers elle sans dureté.

— Adélaïde…

Les mots lui manquèrent. Il lui baisa la main. Sa barbe avait disparu, il avait retrouvé son vrai visage. Sans savoir pourquoi cela la rassura.

— Je n'ai pas trouvé la force de te dire la vérité avant ton départ et tu ne m'en as pas laissé le temps quand tu es revenu ! avoua-t-elle d'un trait. Je devais t'aider à partir, te laisser cette énergie qui t'emportait au combat pour retrouver ton honneur. Si je t'avais appris sa mort ce jour-là, tu ne te serais jamais pardonné ! Mais aujourd'hui je le regrette, vraiment…

Il lui lança un regard étonné. C'est lui qui avait l'air embarrassé maintenant. Son habit était défait, son col ouvert, des mèches s'échappaient de son catogan.

— As-tu été sur la tombe de ton oncle ? murmura-t-elle.

Il se détourna.

— J'ai vu ma famille, répondit-il doucement, ma mère était si inquiète. À la bataille de Camden ma légion a été décimée et les rumeurs de ma mort avaient circulé jusque là-bas ! Elle avait même écrit à Benjamin Franklin pour savoir. Elle a cru embrasser un fantôme !

Il tournait en rond, une main sur la nuque.

— Bien sûr elle aurait préféré que je reste, mais elle a compris ! Le roi fait la sourde oreille, pas d'hommes, pas d'armes, il m'a tout refusé. Que lui importe que le congrès continental soit en faillite, que les hommes désertent pendant que les Anglais ravagent le pays et que le peuple soit à bout de la guerre. Au moins m'a-t-il fait Chevalier de l'ordre de Saint-Louis pour avoir bonne conscience !

Il avait l'air si amer qu'elle n'osa dire qu'elle le savait par la reine.

— J'ai emprunté cinquante mille francs, ma famille m'a aidé, reprit-il fièrement. Je vais acheter du matériel et j'embarquerai à Brest, escorté par une frégate de la Marine Royale puisque c'est la seule chose que Sa Majesté m'ait accordée.

Il se tut. Élisabeth avait paru sur la terrasse. Un ruban retenait sur ses tempes la masse des boucles châtaigne. Malgré ses joues potelées, la ressemblance avec Armand était frappante. Jamais elle ne l'avait vue comme aujourd'hui. Ils avaient le même regard. Celui de Charles.

— C'est ma fille, dit-elle avec émotion.

— Je sais.

Elle sursauta.

— Comment cela, tu sais ? Tu es là, dans mon jardin, à me raconter ta vie sans demander une seule nouvelle de la mienne. Tu sais déjà tout, n'est-ce pas ? Tu n'as pas trouvé cette maison par miracle ! C'est toi qui m'as fait suivre depuis deux ans sans m'en prévenir…

La colère la prenait sans qu'elle puisse la retenir. La petite glissa sa main dans la sienne.

— Comment as-tu pu nous faire surveiller ainsi ? Et pourquoi ? Pour t'assurer de ma bonne conduite pendant que tu cherchais la gloire ? M. de la Rouerie rachetait sa jeunesse, sa passion d'enfant gâté ! Mais ce n'est pas digne d'un soldat de se comporter en espion !

Il ne réagit pas. Une tristesse infinie l'avait envahi. Elle réalisa brusquement que s'il l'avait fait suivre, il aurait nécessairement appris que Charles n'était pas auprès d'elle. Elle s'accrocha à son bras, désemparée.

— Je ne savais rien jusqu'à ce que j'aille en Bretagne, lâcha-t-il, je te le jure, Adélaïde, sinon je serais intervenu bien avant…

Son visage s'éclaira follement.

— C'était un malentendu !

Un malentendu. Le monstre, comment pouvait-il mépriser ainsi sa détresse ? Elle se détourna. La berline était à sa place habituelle, de biais devant les rosiers, les roues sur le tertre. À sa place habituelle. Un tremblement la saisit.

— Je m'en veux tellement, murmurait-il, c'est moi qui vous ai séparés, mais j'étais si loin de croire qu'il t'aimait à ce point. Oh, Adélaïde, le plus grand amour n'est-il pas de vouloir le bonheur de l'autre avant le sien ?

Sa main caressait doucement son bras. Il avait peur pour elle tout à coup.

— S'il a engagé cet homme, c'était pour veiller sur toi, te protéger. C'est pour cela aussi qu'il a payé la maison, il faut lui pardonner…

Une vague qui s'écrase. Ses éclaboussures de dentelle. Il voulut la retenir. Elle n'entendait plus. Pardonner, les hommes sont fous.

— Quand les moines l'ont sauvé il n'a songé qu'à toi ! Mais un an s'était écoulé, l'enfant était là, il croyait que c'était le nôtre et il a voulu nous laisser une chance, il pensait que je rentrerais de la guerre, que je t'épouserais…

— Charles…

Elle s'était mise à courir. L'allée s'allongeait sous ses pieds, rebelle, infinie. Plus d'arbres insensibles pour enfermer sa prière. Le dédale de la Trappe disparaissait qui l'avait emmurée vive. Elle bénit cet abbé vertueux, ses moines, et Dieu pour sa miséricorde. Ses talons cognaient le gravier. La petite ne pouvait pas suivre. Elle la souleva d'un geste, l'emporta dans ses bras. Nanette apparut dans l'office, lumineuse. Il y avait une ombre à la fenêtre. Ce vieux chapeau démodé. La grande barbe rousse.

— Charles ! Charles !

Elle hurla. Le son emplit sa tête, sa poitrine, son corps et elle s'y abandonna tout entière. Elle hurla, elle hurla comme elle n'avait jamais chanté. Élisabeth qui sautait dans ses bras éclata de rire.

Et la porte s'ouvrit.

Remerciements

J'ai découvert l'existence d'Henriette-Adélaïde de Villars, dite la Beaumesnil, lors de mes recherches pour un DEA d'Histoire de l'art sur « Les portraits des demoiselles d'Opéra au XVIIIe siècle » : l'étude d'archives de l'Opéra de Paris aux Archives nationales m'a alors passionnée, et le destin de ces femmes artistes plus encore… pourquoi l'ai-je choisie, elle, en particulier ? Sans doute parce que nous partagions l'intimité de la voix, la connaissance du clavier et cette envie même d'écrire qui la rend moderne à mes yeux, et représentative de toutes celles qui en cette fin de siècle osent affirmer le talent au féminin …

Adélaïde a créé *Tibulle et Délie* à Versailles le 16 février 1784 et à l'Académie royale de musique le 16 mars suivant. En décembre de cette année-là, son deuxième oratorio fut joué au Concert Spirituel et en 1792 Paris se pressa à son nouvel opéra, *Plaire, c'est commander*. Puis la Révolution efface ses traces. Elle serait morte en 1803 selon les uns, 1813 selon les autres, une erreur de copie vraisemblablement en ces temps troublés où les artistes, privés de toute pension « royale », tentent de ne pas finir leur vie dans la misère. Tous les événements historiques de ce roman sont donc vrais, les premières et leurs distributions, les critiques, les pamphlets et même les aventures de coulisses, s'appuyant avant tout sur les *Mémoires secrets* de Bachaumont et la *Correspondance littéraire* du baron de Grimm, ainsi que sur les ouvrages de Théodore Lajarte et d'Émile Campardon. En revanche, la vie privée d'Adélaïde, peu connue, m'a permis de laisser libre cours à mon imagination tout en respectant les éléments authentiques : son succès, débutante, en remplaçant au pied levé la grande Sophie Arnould, la rivalité amoureuse qui a opposé un de ses protecteurs à son propre neveu et cette lettre de cachet provoquée par sa rupture avec le comte de Stainville.

J'ai commencé à écrire ce livre quand j'étais étudiante. Aussi, je ne remercierai jamais assez mes éditrices, Arlette Nachbaur et Isabelle Laffont, de m'avoir offert l'aboutissement de ce rêve et de m'avoir conduite, avec patience et enthousiasme, à sa meilleure réalisation possible.

C'est à Denise Dupleix que vont toutes mes pensées en cet instant, parce qu'elle m'a transmis la passion de la voix et a été pour moi bien plus qu'un simple professeur de chant.

Merci également à mes amies d'avoir été là pour me lire et me critiquer, Isabelle, Anne et Noëlle, et pour me soutenir si gentiment, Patricia, Marie-Jo, Martine et Véronique… elles se reconnaîtront.

Merci enfin à mon frère Alexandre de son aide sur mon chemin, et à mes enfants d'avoir supporté mes absences et l'isolement nécessaire à ce travail d'écriture, si important pour moi.

CET OUVRAGE A ÉTÉ COMPOSÉ PAR BELLE PAGE
POUR LE COMPTE DES ÉDITIONS J.-C. LATTÈS
ET ACHEVÉ D'IMPRIMER PAR
GRAFICA CAYFOSA
EN OCTOBRE 2016

Mois d'impression : octobre 2016
Dépôt légal : novembre 2016
Imprimé en Espagne